国家出版基金项目
NATIONAL PUBLICATION FOUNDATION

绿色发展及生态环境丛书

生产方式绿色化之绿色企业

Shengchan Fangshi Lüsehua Zhi Lüse Qiye

郭玲玲 著

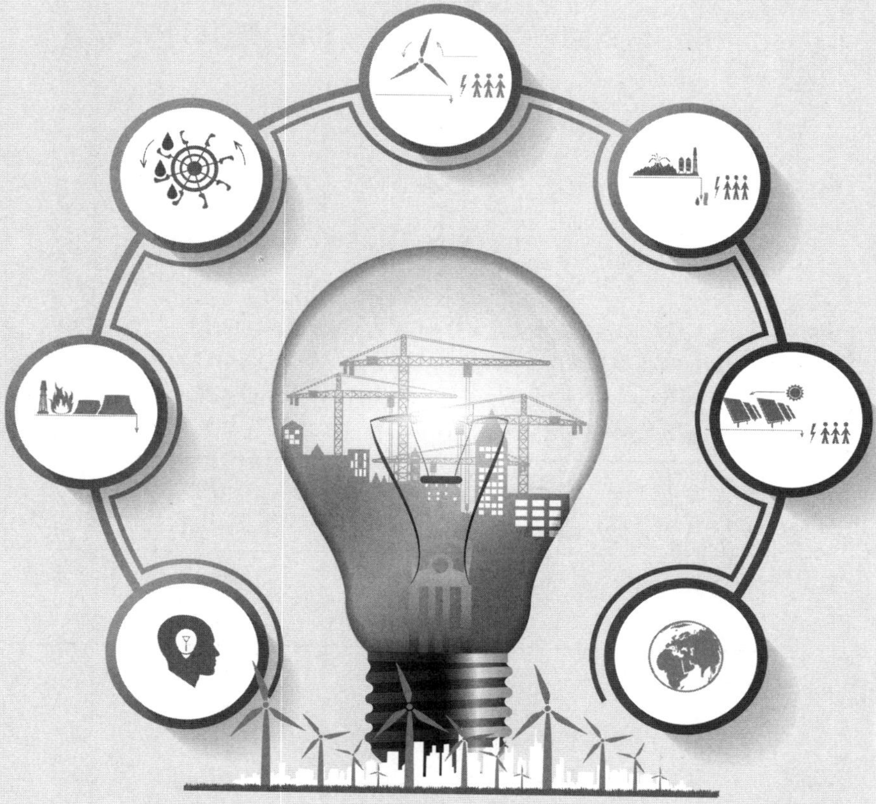

图书在版编目(CIP)数据

生产方式绿色化之绿色企业 / 郭玲玲著. — 大连 : 大连理工大学出版社, 2021.12
(绿色发展及生态环境丛书)
ISBN 978-7-5685-3166-5

Ⅰ. ①生… Ⅱ. ①郭… Ⅲ. ①企业经济—绿色经济—研究—中国 Ⅳ. ①F279.2

中国版本图书馆 CIP 数据核字(2021)第 181160 号

大连理工大学出版社出版
地址:大连市软件园路 80 号 邮政编码:116023
发行:0411-84708842 邮购:0411-84708943 传真:0411-84701466
E-mail:dutp@dutp.cn URL:http://dutp.dlut.edu.cn
大连金华光彩色印刷有限公司印刷 大连理工大学出版社发行

幅面尺寸:168mm×235mm 印张:15 字数:223 千字
2021 年 12 月第 1 版 2021 年 12 月第 1 次印刷

责任编辑:邵 婉 王 洋 责任校对:杨 洋
封面设计:冀贵收

ISBN 978-7-5685-3166-5 定 价:68.00 元

本书如有印装质量问题,请与我社发行部联系更换。

《绿色发展及生态环境丛书》编委会

前言

2017 年 4 月，生态环境部从全国抽调 5 600 名环境执法人员对京津冀及周边传输通道“2＋26”城市开展大气污染防治强化督查。督查统计数据显示，京津冀及周边地区有 2 万余家企业大气污染防治不达标，不合格率占比高达 54.5％，企业生产导致的环境污染和环境违法已成为可持续发展中不可忽视的重大问题。

十九大以来，我国对加快生态文明体制改革、推进绿色发展、建设美丽中国进行了全面部署，《中共中央关于制定国民经济和社会发展第十四个五年规划和二〇三五年远景目标的建议》明确指出要“推进重点行业和重要领域绿色化改造”。作为市场主体，推进低碳转型、实现绿色发展是企业必须承担的责任和使命，也是企业打造核心竞争优势、实现高质量发展的必由之路。为贯彻落实习近平新时代生态文明思想，深入打好污染防治攻坚战，坚决遏制高耗能、高排放项目盲目发展。2021 年 11 月，生态环境部发布了《环境保护综合名录(2021 年版)》，旨在引导企业技术升级改造，促进重点行业企业绿色转型发展。本书以全面解读绿色企业为基本目标，以建设绿色企业为根本动力，对绿色企业的相关内容进行系统介绍与分析，为促进我国企业实现绿色转型与绿色发展提供决策参考与依据。

本书研究内容分为7章，第1章从企业实现绿色发展的必要性和迫切性出发，系统梳理了绿色发展理念的演变历程和绿色企业的发展实践；第2章对绿色企业的概念、特征、理论基础和主要内容进行了阐述；第3章至第6章基于全生命周期理念，分别介绍了绿色设计、绿色采购、绿色制造、绿色回收四个环节的产生、发展、内涵、特征和具体应用等，并辅以典型案例佐证；第7章聚焦于企业的绿色管理，在介绍绿色管理的产生与发展、内涵的基础上，剖析了企业绿色管理体系构建和实施策略。

绿色正逐步成为企业经营管理的主色调，实现绿色发展正在快速成为企业参与市场竞争、获取收益的准入门槛，也是我国提升经济增长质量的有效手段。希望本书的研究内容能够加深读者对绿色企业建设过程的认知，为推进绿色发展、建设美丽中国贡献绵薄之力。

本书由郭玲玲著，并负责全书的总体设计。此外，非常感谢大连理工大学经济管理学院武春友教授、曲英教授在本书编写过程中提供的指导与建议。硕士生袁英敏、芦梦君、朱盼盼、田雪莹、崔淼在本书编写过程中做了大量辅助性工作，大连理工大学出版社相关编辑亦对本书的顺利出版给予了帮助。在本书的写作过程中，著者参阅了大量国内外文献，已尽数列出，如有疏漏，敬请谅解，在此向所有参考文献作者致以最诚挚的谢意。著者水平所限，书中观点或结论难免有值得商榷之处，敬请广大读者或相关业内人士批评指正。

郭玲玲

2021年10月

目录

第 1 章　绿色企业的兴起 …… 1

1.1　绿色时代的到来 …… 1

1.1.1　绿色发展诞生背景 …… 1

1.1.2　绿色新政的实施 …… 4

1.1.3　企业面临的绿色挑战 …… 11

1.1.4　绿色企业发展的必要性 …… 16

1.2　绿色企业的发展历程 …… 19

1.2.1　绿色发展理念的演变历程 …… 19

1.2.2　绿色企业的发展实践 …… 26

第 2 章　解读绿色企业 …… 32

2.1　绿色企业概述 …… 32

2.1.1　绿色企业的概念与内涵 …… 32

2.1.2　绿色企业的特征 …… 34

2.2　绿色企业评定的理论基础 …… 38

2.2.1　企业全生命周期理论 …… 38

2.2.2 绿色管理理论 …… 40
2.2.3 绿色物流理论 …… 43
2.2.4 绿色营销理论 …… 46
2.2.5 绿色文化理论 …… 51
2.2.6 绿色品牌理论 …… 54
2.3 绿色企业的内容 …… 57
2.3.1 绿色设计 …… 58
2.3.2 绿色采购 …… 58
2.3.3 绿色制造 …… 59
2.3.4 绿色回收 …… 60
2.3.5 绿色管理 …… 62

第3章 绿色设计 …… 72
3.1 绿色设计的产生及发展 …… 72
3.1.1 绿色设计的产生背景 …… 72
3.1.2 绿色设计的发展需求 …… 75
3.1.3 国内外企业绿色设计的应用概况 …… 78
3.2 绿色设计的内涵界定 …… 80
3.2.1 绿色设计的定义 …… 80
3.2.2 绿色设计的内涵 …… 81
3.2.3 绿色设计的特点 …… 82
3.2.4 绿色设计的评价标准 …… 84
3.2.5 绿色设计的原则 …… 86
3.3 绿色设计的方法及流程 …… 88
3.3.1 绿色设计的方法 …… 88

3.3.2 绿色设计的流程 …… 90
3.4 绿色设计在生产中的应用 …… 92
3.4.1 服装设计与生产中的绿色设计理念 …… 92
3.4.2 建筑行业生产中的绿色设计理念 …… 95
3.4.3 汽车工业生产中的绿色设计理念 …… 97

第4章 绿色采购 …… 109
4.1 绿色采购的产生及发展 …… 109
4.1.1 绿色采购的产生背景 …… 109
4.1.2 各国绿色采购的实践 …… 110
4.2 绿色采购的内涵 …… 113
4.2.1 绿色采购的定义 …… 113
4.2.2 绿色采购概述 …… 114
4.2.3 绿色采购的作用 …… 116
4.2.4 绿色采购的特征 …… 119
4.2.5 绿色采购的原则 …… 120
4.3 绿色采购的影响因素 …… 121
4.3.1 绿色采购的内部影响因素 …… 121
4.3.2 绿色采购的外部影响因素 …… 123
4.4 绿色采购下对供应商的要求与选择 …… 125
4.4.1 绿色采购对供应商环境责任的要求 …… 126
4.4.2 绿色采购对供应商合作关系的要求 …… 127
4.4.3 绿色采购中对供应商的评价 …… 128
4.4.4 绿色采购中对供应商的选择 …… 130

第 5 章 绿色制造 …………………………………… 132

5.1 绿色制造的产生及发展 …………………………… 132

5.1.1 绿色制造的必要性 ……………………………… 132

5.1.2 绿色制造的产生背景 …………………………… 137

5.1.3 绿色制造的发展趋势 …………………………… 139

5.2 绿色制造的内涵界定 ……………………………… 142

5.2.1 绿色制造的含义 ………………………………… 142

5.2.2 绿色制造的特征 ………………………………… 143

5.3 绿色制造体系建设 ………………………………… 145

5.3.1 绿色制造体系建设提出背景 …………………… 145

5.3.2 绿色制造体系建设具体内容 …………………… 146

5.3.3 绿色制造体系建设发展成效 …………………… 148

5.4 绿色制造的前沿技术 ……………………………… 149

5.4.1 绿色制造的关键工艺技术 ……………………… 149

5.4.2 绿色制造的数字创新技术 ……………………… 150

5.4.3 绿色制造的信息支撑技术 ……………………… 153

第 6 章 绿色回收 …………………………………… 163

6.1 绿色回收的产生及发展 …………………………… 163

6.1.1 绿色回收的产生背景 …………………………… 163

6.1.2 绿色回收的发展历程 …………………………… 165

6.2 绿色回收的内涵界定 ……………………………… 166

6.2.1 绿色回收的含义 ………………………………… 166

6.2.2 绿色回收的特点 ………………………………… 167

6.2.3 绿色回收模式分类 …… 168
6.3 绿色回收的应用概述 …… 173
6.3.1 包装废弃物回收 …… 173
6.3.2 废旧电池回收 …… 177
6.3.3 工业余热回收 …… 180

第 7 章 绿色管理 …… 188
7.1 绿色管理的产生及发展 …… 188
7.1.1 绿色管理的产生背景 …… 188
7.1.2 绿色管理的发展趋势 …… 190
7.1.3 绿色管理在中国的发展前景 …… 191
7.1.4 企业绿色管理实践典型案例 …… 192
7.2 绿色管理的内涵界定 …… 194
7.2.1 绿色管理的定义 …… 194
7.2.2 绿色管理的实质 …… 195
7.2.3 绿色管理的内涵 …… 195
7.2.4 绿色管理的内容 …… 196
7.2.5 绿色管理的原则 …… 198
7.3 绿色管理体系的构建 …… 199
7.3.1 绿色管理构建的必要性 …… 199
7.3.2 绿色管理体系的组成 …… 201
7.3.3 绿色管理体系的目标 …… 202
7.3.4 绿色管理体系与传统企业管理的差异 …… 202
7.4 企业绿色管理实施策略 …… 204
7.4.1 企业推行绿色管理的意义 …… 204

7.4.2 企业推行绿色管理的障碍 …… 206
7.4.3 企业绿色管理的实现途径 …… 207
7.5 企业绿色战略联盟的构建 …… 210
7.5.1 绿色战略联盟的主要方式 …… 210
7.5.2 绿色战略联盟的构建原则 …… 212
7.5.3 绿色战略联盟构建的对策 …… 213

参考文献 …… 215

后　记 …… 227

第1章 绿色企业的兴起

1.1 绿色时代的到来

1.1.1 绿色发展诞生背景

人类社会在经过两次工业革命后,文明得到了极大发展,但资源消耗、废弃物排放却成为传统工业化的典型特征。在人类社会发展的过程中,人以万物主宰自居,随着不断的进化与发展,征服与掠夺自然成了人类生存和发展的理念,全球能源、资源与生态危机等问题渐渐涌现。当传统工业与城市化进程逐步加深,面对自然社会和人类社会出现的各种问题,人们经过不断反思和质疑,提出了“绿色理念”。该理念首次出现在1962年美国作家卡逊发表的《寂静的春天》一书中。该书描述了自然环境在传统工业下受到的恶劣影响,激起了社会对环保的广泛关注。1972年,罗马俱乐部发表《增长的极限》,认为西方国家工业化不断发展的同时带来了资源的高消耗和环境的高污染,并怀疑未来发展的可持续性。因此,初期绿色理念的主要观点是解决环境污染的末端。1987年,世界环境与发展委员会发表《我们共同的未来》,重点提出要通过开发使用新能源,提升资源的使用效率,减少污染物的排放。在该报告中,可持续发展理念首次被提出,不仅为可持续发展的推进奠定基础,也对世界发展规划和政策产生重要影响。随后,可持续发展理念繁荣发展。1989年,英国环境经济学家皮尔斯等人出版《绿色经济蓝图》一书，绿色经济的概念第一次出现在公众视野之中，它从经济角度出发，对资源、环境、产品和服务进行一定的估值，来推动经济发展与环境保护的统一，从而达到可持续发展的目的。

在21世纪初期的十年中，环境危机、能源危机与全球金融与经济体系危机接连爆发，人类与自然矛盾升级，各类社会问题的变化加速并对世界产生了巨大影响。伴随传统工业化而来的环境污染、能源危机、生态资源破坏、气候极端变化等环境难题，从一个国家逐渐蔓延到世界，并逐步发展为世界性难题，然而单一的国家体系很难彻底解决这些问题，要以世界视野改变经济发展方式，共同采取措施，才能达到发展与自然的协调和统一。自2008年全球性金融危机以来，为应对高消耗、高污染的“褐色经济”或“黑色发展”带来的社会、经济和环境问题，绿色经济成为学者们寻求的解决方案之一。在环境发展经济学领域内，绿色经济也成为研究热点，并经过不断创新和发展逐步完善，其能有效重建世界经济秩序，治理全球环境问题。联合国环境规划署在2008年提出了绿色新政，目的是提升就业率、推动经济发展、树立向绿色经济转型的发展理念，全球范围内绿色低碳产业发展的序幕由此揭开。在探索新的经济增长路径、推进经济发展方式转型的过程中，人类对经济发展与环境之间关系的理解不断加深，绿色新政、绿色增长等相关概念与理念不断增加。

应用绿色技术是将当前环境不友好的发展模式转变为可持续社会经济发展模式的重要途径。在全球经济低迷的大环境下，为实现经济复苏，解决气候变化问题，美国、欧盟、日本、韩国等众多国家都先后提出了绿色健康可持续发展战略。从全球范围来看，迄今为止，世界上没有任何地区是真正生态文明的绿色地区，中国也是如此。如今世界主要发达国家与发展中国家已经吹响了绿色低碳转型的主旋律，开始向建设绿色国家和地区、促进绿色发展这一方向迈进。2007年12月3日，联合国气候变化会议召开前夕，时任联合国秘书长潘基文在《华盛顿邮报》上发表了《新的绿色经济》一文，提出这次的联合国气候大会将打开绿色经济时代的大门，并将协同各成员国构建一个全球性的总框架，来组织协调全球各方力量为应对气候变化做出努力与贡献。2010 年美国学者范·琼斯出版了《绿领经济》，该书对美国新兴的绿色浪潮进行点评："不管是蓝色旗帜下的民主党人还是红色旗帜下的共和党人，一夜之间都摇起了绿色的旗帜。"奥巴马政府实施绿色新政，重点关注绿色品牌，制定绿色经济发展战略，促进社会向绿色低碳转型。北欧的部分国家，如瑞典、丹麦等，则重点关注清洁能源，它们在绿色能源计划的各方面均位列全球顶尖水平。而在亚洲，日本实施了绿色战略规划，同时积极转向低碳经济，构建低碳经济的发展新模式，意在使日本成为世界上首个绿色经济低碳化的国家。韩国也制定了绿色促进经济振兴、低碳化社会发展的国家战略，促使韩国成为世界"绿色大国"之一。特别是在绿色新政遍布世界之际，多个国家都试图努力引领全球绿色潮流。种种事迹均表明，发展绿色经济、推动绿色低碳转型、实现绿色发展是时代发展的必然趋势，绿色经济成为 21 世纪人类文明和经济社会的主旋律，绿色经济发展模式已开启时代新征程。

我国自改革开放以来，经济高速发展，随之而来的是严重的环境和生态破坏问题，面对此种情况，我国经济发展战略转向与环境相协调的发展模式。2007 年，在第 15 次亚太经济合作组织领导人会议上，中国明确提出要发展低碳经济。自联合国发表《2002 年中国人类发展报告：绿色发展，必选之路》之后，中国逐渐将绿色生态发展提上日程，将绿色发展理念的建立落实到实际行动上。中国共产党第十九届中央委员会第五次全体会议于 2020 年 10 月 26 日至 29 日在北京举行。在生态环保方面，首先，会议提出了到 2035 年基本实现社会主义现代化远景目标：广泛形成绿色生产生活方式，碳排放达峰后稳中有降，生态环境根本好转，美丽中国建设目标基本实现；其次，提出了"十四五"时期经济社会发展主要目标：生态文明建设实现新进步，国土空间开发保护格局得到优化，生产生活方式绿色转型成效显著，能源资源配置更加合理、利用效率大幅提高，主要污染物排放总量持续减少，生态环境持续改善，生态安全屏障更加牢固，城乡人居环境明显改善；最后，会议提出坚持绿水青山就是金山银山理念，深入实施可持续发展战略，加快推动绿色低碳发展。

面对世界绿色发展和可持续发展趋势以及我国社会主义现代化建设过程中出现的新问题，党中央高度重视绿色发展，提出一系列新思想、新观点、新论断，形成绿色发展理念，促进绿色发展理念在中国的发展与创新。2012 年 11 月，党的十八大报告第一次单篇论述生态文明，第一次把“美丽中国”作为生态文明建设的目标，将生态文明建设放在首位，指出要把生态文明建设纳入经济、政治、文化与社会建设的所有方面与全过程，融入中国特色社会主义事业“五位一体”总体布局；党的第十九届中央委员会第五次全体会议也提出，要推动绿色发展，促进人与自然和谐共生。随着一系列法律、法规、政策的公布与实施，绿色发展理念逐渐深入人心。在绿色环保政策的约束下，中国不断努力为世界环境做出贡献，树立负责任的大国形象。

绿色发展，从广义上说，是由节约、低碳、循环等内容构成的，是推动生态文明建设的基本路径和方法，同时需完成转变经济发展方式的重要任务。绿色发展的本质是要恰当处理好经济发展与环保间的关系，建立保护生态环境、发展绿色经济的理念。绿色发展是对以往发展观的扬弃，突出“自然规律优于经济规律”，把遵守自然规律、按自然法则办事作为基本原则，侧重自然保护、资源可持续利用和环境治理等基础内容，将“环境保护、经济发展、经济效率与社会公平之间的合理平衡”作为关键指标与基本方法，建立“绿色经济、绿色新政、绿色社会”三位一体的发展体系。

1.1.2 绿色新政的实施

从全球来看，各国经济稳步增长，但绿色发展的情况差异甚大，发达国家如美国、德国、英国等的二氧化碳排放量基本平稳，但是发展中国家的二氧化碳的排放量依然较高。对于发展中国家如中国来说，伴随着经济的发展，二氧化碳的排放量快速增加，尤其在 2007 年至 2011 年，增加速度很快，2011 年以来，中国在污染控制方面采取了相关措施，二氧化碳的排放量增加速度变缓。不论是发达国家二氧化碳排放量的居高不下，还是发展中国家二氧化碳排放量的持续增加，都应受到关注与重视。近年来，世界各国都针对本国实际发展情况，积极采取环保措施，减少污染的产生，推进清洁生产，实现绿色发展。

1.美国绿色发展相关政策及实践

美国在发展进程中制定了绿色发展战略，该战略的关键在于提高绿色能源在能源领域的核心竞争力，围绕此关键形成新的经济增长点，增加该领域的就业机会，推动社会经济向低碳经济转型，开拓了提升美国经济竞争力的新路径。

美国政府将绿色经济发展策略分为节能增效、开发新能源、应对气候变化。其中，绿色经济政策的核心内容是新能源的开发。2009 年 2 月 15 日，《美国复苏与再投资法案》出台，美国政府在该法案上的总投资额度超过 7 870 亿美元，该法案被称为“绿色经济复兴计划”，其中的 1 000 亿美元用于投资清洁能源和鼓励发展减税政策。该法案把新能源开发作为关键内容，包含发展高效电池、智能电网等内容。在世界能源紧张与节能减排的双重压力下，美国政府将开发绿色能源作为经济刺激计划的重点，将把美国传统制造中心转换为绿色技术发展与应用中心。为提升清洁能源的产能，并保证美国在清洁能源经济方面保持全球领先，美国政府自奥巴马上任起就着手促进美国的经济转型，并把此战略与推动经济增长和提升就业率的政策相结合。2010 年 10 月，美国 56 个行政机关公布并且开始实行《可持续力绩效战略规划》，推动政府部门在温室气体减排、水资源和能源使用等方面做出表率，提倡在经济复苏的关键时期发展“清洁能源经济”。近几年，美国加大对绿色能源的开发利用，推动能源方面技术的研究使用，使新能源产业飞速发展，同时拉动相关行业的快速崛起，有助于刺激经济发展。从长远角度来看，美国政府的新能源战略将促进经济增长模式的转变，也对世界其他地区经济发展起到重大作用，有力推动全球范围的绿色产业革命。

2.英国绿色发展相关政策及实践

2003 年 2 月,英国时任首相布莱尔发表白皮书《我们未来的能源——创建低碳经济》,其中提出在 2050 年将英国变为一个绿色化国家,其认为绿色发展是改变当前经济衰退现状的有效手段。绿色经济发展模式的载体是绿色城市,发展绿色城市有助于引领人们进入绿色文明的新时代。经济相对发达的英国,借助其本身的地理特点,在绿色城市和绿色建筑方面践行了绿色理念。1965 年之前,英国首都伦敦发生过 12 起烟雾污染重大事件,而 1952 年的烟雾污染事件造成超过 12 000 人死于空气污染。由此,英国政府对环境问题尤为重视,为提高城市空气质量,加快环境保护立法,英国先后出台了《洁净空气法》与《工作场所健康和安全法》,并采取一系列环境保护措施。经过漫长高效的环境问题管控和保护,曾经恶名在外的"雾都",已经成为空气清新、环境洁净、绿色宜居的国际化城市。曼彻斯特是英国工业革命的发源地,政府持续加大规划投资力度,推进节约能源、环境改造与绿色经济改革,使曼彻斯特成为一个以金融、服务、教育与体育为支撑的多元化绿色城市。尤其是伯丁顿低碳社区,建设于 2002 年,是世界自然基金会与英国生态区域发展集团引领建设的第一个"零能耗"社区,在能源利用上,根据环境、经济等方面的需要,采用节能技术减少能源消耗、水消耗以及汽车使用次数,降低碳排放,目前已成为引领英国乃至全世界绿色城市建设和可持续发展的典范。此后,英国相继发布了《低碳转型计划》与《可再生战略》等国家战略文件,鼓励发展低碳绿色产业,建设一个更加清洁、绿色、繁荣的国家。

3.德国绿色发展相关政策及实践

德国因为经济发达、重视环保,绿色生态工业相比其他国家开始时间更早,发展速度也更快,特别是在绿色环保技术工业方面的探索上十分成功。近些年来,在环保技术研发方面的投资持续加大,使得德国环境保护技术设备位于全球领先地位,经济和技术方面的竞争力也得到持续强化。在金融危机笼罩全球的大背景之下,德国政府从长远角度出发,制定新的经济发展策略，不但把发展绿色经济作为其克服经济危机的最优手段，还谋求面向未来的经济可持续发展之路。2009 年 6 月，德国《经济现代化战略》文件指出，生态工业政策要成为德国发展经济现代化的指导方针，该政策包含严格实施环境保护政策、制定各行业能源有效利用战略等六项内容。为完成传统经济向绿色经济的转变，德国除了重视强化与欧盟工业政策协调以及国际合作，还计划加大对环境保护技术创新的投入，并且积极鼓励私人投资，德国政府通过公共与私人资金的募集，设立环保与创新基金，用来应对资金短缺难题，以促进绿色经济的发展。在销售市场上，德国环保产业非常关键，也对其本身劳动力市场形成正向影响。因为绿色市场的发展需要培养大量专业化人才，因此即使经济增速缓慢，环保行业对人才的需求依然保持着持续增长的状态。当前，德国一些科技型企业抓住时代关键点，开始重点研发新能源与节能型产品，大部分企业都加大自主创新的力度，投身于环境保护技术的研发应用，并取得显著效果。

4.中国绿色发展相关政策及实践

改革开放初始，我国的经济发展处于粗放型发展阶段。随着经济规模的逐渐扩大，中国也日益意识到转变自身经济发展方式的重要性。1978 年，党的十一届三中全会预备着手制定森林法、草原法、环境保护法等法律。1979 年 2 月，中国将每年 3 月 12 日确定为植树节，与此同时开始营造三北防护林。1983 年 12 月，第二次全国环境保护会议召开，确定环境保护是中国必须长期坚持的基本国策。

1992 年开始，中国的生态文明建设进入可持续发展阶段。在从环境保护到可持续发展的进程中，党和国家显著推动了生态文明的认识和建设实践。1994 年 3 月，中国发布《中国 21 世纪议程》，将其作为制定国民经济与社会发展中长期计划的纲领性文件。1996 年 7 月，第四次全国环境保护会议召开，提出保护环境的本质就是保护生产力。1997 年 9 月，党的十五大报告提出，现代化建设必须实行可持续发展战略。2000 年 11

月，国务院印发了《全国生态环境保护纲要》(简称《纲要》)，该《纲要》强调"全国生态环境保护目标是通过生态环境保护，遏制生态环境破坏，降低自然灾害的危害；推动自然资源的科学利用，完成自然生态系统的良性循环；保护国家生态环境安全，保证国民经济与社会可持续发展"。

2002 年开始，中国的生态文明建设进入科学发展时期。党的十六届三中全会提出，要坚持以人为本，树立全面、协调、可持续的发展观，推动经济社会与人的共同发展。2004 年中央人口资源环境工作座谈会上，胡锦涛主席指出当前环境工作的重点之一是"要加强环境监管工作。制定重要的规划、开发计划等，都要考虑对环境的影响，切实做到环境和发展综合决策"。[①] 党的十七大将生态文明建设作为全面建设小康社会的目标之一，要求建设以资源环境承载力为基础、以自然规律为准则、以可持续发展为目标的资源节约型、环境友好型社会。党的十八大强调要大力推动生态文明建设。党的十九大提出，建设生态文明是中华民族永续发展的千年大计，把坚持人与自然和谐共生作为新时代坚持和发展中国特色社会主义基本方略的重要内容，把建设美丽中国作为全面建设社会主义现代化强国的重大目标，把生态文明建设和生态环境保护提升到前所未有的战略高度。

为贯彻《国务院关于加强环境保护重点工作的意见》(国发〔2011〕3 号)，按照《工业和信息化部发展改革委环境保护部关于开展工业产品生态设计的指导意见》(工信部联节〔2013〕58 号)要求，工业和信息化部决定组织开展工业产品生态设计示范企业创建工作，并研究制定了《生态设计示范企业创建工作方案》，下发《关于组织开展工业产品生态设计示范企业创建工作的通知》(工信部节函〔2014〕308 号)，按照工作要求，选择钢铁、石化等 8 个行业于 2014 年进行生态设计示范企业创建工作。以构建中国工业生态设计的激励机制与推行模式，推动工业污染防治由"末端治理"转向"全生命周期控制"，在资源消耗严重，环境问题突出，产业关联度

① 胡锦涛.在中央人口资源环境工作座谈会上的讲话[N].人民日报，2004-04-05

高并且产品影响广泛的工业中，选择具有代表性、影响力大、技术基础良好、管理与经济实力强的企业集团，建立生态设计示范企业的试点工作。

2015 年 4 月，《中共中央国务院关于加快推进生态文明建设的意见》（简称《意见》）指出，生态文明建设是中国特色社会主义事业的关键，涉及人民福祉，关系到民族的未来，影响到“两个一百年”奋斗目标以及中华民族伟大复兴中国梦的实现。《意见》鼓励推动技术创新，促进产业结构的优化升级，促进新兴产业与先进制造业的持续健康发展；利用先进的环保技术来推动传统产业的发展，发展壮大服务业，使整个行业的基础设施与产业合理化；推动新能源汽车的发展，提升创新能力与产业化水平，强化配套基础设施建设，加大推广与普及力度；发展有机农业以及特色经济林等产业。2015 年 5 月，国务院印发了《中国制造 2025》（国发〔2015〕28 号），这是在新的全球大环境下，我国政府着眼于国际产业变革大势，所做出的综合提高我国制造业发展质量与水平的重大战略部署。《中国制造 2025》提出，坚持“创新驱动、质量为先、绿色发展、结构优化、人才为本”的基本方针，坚持“市场主导、政府引导，立足当前、着眼长远，整体推进、重点突破，自主发展、开放合作”的基本原则，通过“三步走”实现制造业强国的战略目标，其根本目的在于改变中国制造业“大而不强”的局面，为在 2045 年把我国建设成一个具备吸引力与影响力的制造强国奠定了扎实的基础。

2015 年 11 月 3 日，党的十八届五中全会通过了《中共中央关于制定国民经济和社会发展第十三个五年规划的建议》（简称《建议》），《建议》提出了创新、协调、绿色、开放、共享“五大发展”理念，五大发展理念各有内涵、相互融通、有机结合。绿色发展理念就是将马克思主义生态理论和如今的时代发展特征进行融合，同时纳入东方文明凝练后诞生的新的发展理念，是把生态文明建设融入经济、政治等社会建设各方面与全过程的新的发展理念，是深刻展现新阶段中国经济社会发展规律的重大理念，其能引领我们更好实现人民富裕、国家富裕、中国美丽、人与自然和谐，进而实现中华民族永续发展。在推动绿色发展方面强调“坚持绿色发展，必须坚持节约资源和保护环境的基本国策，坚持可持续发展”，“加快建设资源节约型、环境友好型社会，形成人与自然和谐发展现代化建设新格局”，提出“全面节约和高效利用资源。坚持节约优先，树立节约集约循环利用的资源观”。

2016年5月，第二届联合国环境大会上，联合国环境规划署发布了《绿水青山就是金山银山：中国生态文明战略与行动》报告。该报告显示，截至2014年底，我国城镇累计建成节能建筑面积为105亿平方米，约为城镇民用建筑面积的38%；新能源汽车的产量在2011至2015年增长了45倍。

2017年9月21日，中共中央办公厅、国务院办公厅印发的《关于深化环境监测改革提高环境监测数据质量的意见》指出“环境监测是保护环境的基础工作，是推进生态文明建设的重要支撑”，要“立足我国生态环境保护需要，坚持依法监测、科学监测、诚信监测，深化环境监测改革，构建责任体系，创新管理制度，强化监管能力，依法依规严肃查处弄虚作假行为，切实保障环境监测数据质量，提高环境监测数据公信力和权威性，促进环境管理水平全面提升”。

2017年10月，习近平总书记在十九大报告中明确提出“加快建立绿色生产和消费的法律制度和政策导向，建立健全绿色低碳循环发展的经济体系”。此外，习近平总书记在第七十五届联合国大会一般性辩论上的讲话中表示，“中国将提高国家自主贡献力度，采取更加有力的政策和措施，二氧化碳排放力争于2030年前达到峰值，努力争取2060年前实现碳中和。”①

在2020年12月12日的气候雄心峰会上，习近平主席进一步对碳达峰和碳中和目标做出了具体细致的安排和规划，即“到2030年，中国单位国内生产总值二氧化碳排放将比2005年下降65%以上，非化石能源占一次能源消费比重将达到25%左右，森林蓄积量将比2005年增加60亿立方米，风电、太阳能发电总装机容量将达到12亿千瓦以上”。《中共中央关于制定国民经济和社会发展第十四个五年规划和二〇三五年远景目标的建议》也明确指出，要加快推动绿色低碳发展，广泛形成绿色生产生活方式，碳排放达峰后稳中有降。在2020年12月18日结束的中央经济

① 习近平.在第七十五届联合国大会一般性辩论上的讲话[N].人民日报，2020-09-23(003)

工作会议上，做好碳达峰、碳中和工作被列为 2021 年的重点任务之一。

2021 年 6 月 17 日，中国常驻联合国代表团向联合国秘书长交存了中国政府接受《〈关于消耗臭氧层物质的蒙特利尔议定书〉基加利修正案》(以下简称《基加利修正案》)的接受书。该修正案将于 2021 年 9 月 15 日对我国生效(暂不适用于中国香港特别行政区)。《基加利修正案》通过后，《蒙特利尔议定书》开启了协同应对臭氧层耗损和气候变化的历史新篇章。中国政府高度重视保护臭氧层履约工作，扎实开展履约治理行动，取得积极成效。作为最大的发展中国家，虽然面临很多困难，但中国决定接受《基加利修正案》，并将为全球臭氧层保护和应对气候变化做出新贡献。

1.1.3　企业面临的绿色挑战

《中共中央关于制定国民经济和社会发展第十四个五年规划和二〇三五年远景目标的建议》(简称《"十四五"规划建议》)中明确指出，"十四五"时期，坚定不移贯彻创新、协调、绿色、开放、共享的新发展理念。"十四五"时期经济社会发展主要目标中，生态文明建设实现新进步是其中重要目标。《"十四五"规划建议》还指出，推动绿色发展，促进人与自然和谐共生。坚持绿水青山就是金山银山理念，加快推动绿色低碳发展。推进重点行业和重要领域绿色化改造。在此背景下，企业作为一种资源配置的机制，是国家实现绿色发展的重要载体，实施企业绿色发展战略，推进企业绿色转型与绿色升级十分重要。但在绿色发展的过程中，我们面临着许多挑战，这些挑战也对企业的绿色转型与绿色发展造成了阻碍。

1.能源结构难改变

能源结构改变任务艰巨。2020 年 9 月 22 日，国家主席习近平在第七十五届联合国大会一般性辩论上向国际社会做出碳达峰、碳中和的郑重承诺，即"中国将力争 2030 年前达到二氧化碳排放峰值，努力争取 2060 年前实现碳中和"。[①] 随后，这一"3060 目标"被纳入"十四五"规划建议，

① 习近平.在第七十五届联合国大会一般性辩论上的讲话[N].人民日报，2020-09-23(003)

2020 年 12 月 16—18 日的中央经济工作会议也首次将做好碳达峰、碳中和工作列为 2021 年度重点任务之一。而通过查阅每年的《世界能源统计年鉴》可知，如表 1-1 所示，在 2005 年全球一次能源消费结构中，原煤占 27.8%，而中国高达 68.9%①。2019 年全球一次能源消费结构中，原煤占 27.0%，比 2005 年下降 0.8%，中国原煤消费比 2005 年下降 1.8%②。与石油、天然气等燃料相比，燃煤产生单位热量形成的碳排放比燃用石油、天然气分别高出约 36%和 61%。以往的能源发展模式以化石能源为主，大量事实证明该种模式难以持续，与清洁低碳的发展的终极目标相违背。在此背景下，我国能源结构短时间内无法形成根本性改变，能源转型仍将经历漫长的过程。

表 1-1　　世界一次能源消费结构

年份	一次能源结构中的份额/%						清洁能源/%
	原油	天然气	原煤	核能	水力发电	再生能源	
2005	36.1	23.5	27.8	6.0	6.3	—	—
2006	35.8	23.7	28.4	5.8	6.3	—	—
2007	35.6	23.8	28.6	5.6	6.4	—	—
2008	34.8	24.1	29.2	5.5	6.4	—	—
2009	34.8	23.8	29.4	5.5	6.6	—	—
2010	33.6	23.8	29.6	5.2	6.5	1.3	13.0
2011	33.4	23.8	29.7	4.9	6.5	1.7	13.1
2012	33.1	23.9	29.9	4.5	6.7	2.0	13.2
2013	32.9	23.7	30.1	4.4	6.7	2.2	13.3
2014	32.6	23.7	30.0	4.4	6.8	2.5	13.7
2015	32.9	23.8	29.2	4.4	6.8	2.8	14.0
2016	33.3	24.1	28.1	4.5	6.9	3.2	14.6
2017	34.2	23.4	27.6	4.4	6.8	3.6	—
2018	33.6	23.9	27.2	4.4	6.8	10.9	39.2
2019	33.1	24.2	27.0	4.3	6.4	5.0	—

数据来源于 *BP Statistical Review of World Energy*

① 数据来源于《世界能源统计年鉴 2006》
② 数据来源于《世界能源统计年鉴 2006》

在能源转型的过程中，煤炭清洁发展、建立绿色生态、实现煤炭企业转型升级，是能源转型的关键一环。2021 年国务院发布关于落实《政府工作报告》重点工作分工的意见。意见提出，扎实做好碳达峰、碳中和各项工作。制定 2030 年前碳排放达峰行动方案。优化产业结构和能源结构。推动煤炭清洁高效利用，大力发展新能源，在确保安全的前提下积极有序发展核电。在此背景下，寻求绿色发展、结构转型，也是煤炭企业自身应对经济大环境变化的立身之本。2018 年，我国召开首届中国煤炭绿色生态发展论坛，来自经济学界、金融行业、煤炭行业的专家和学者，共同探讨供给侧改革、新经济贸易形势、蓝天保卫战等背景下煤炭企业的发展和转型。"十四五"是碳达峰的关键期、窗口期，2021 年中央财经委员会第九次会议提出，要重点做好以下几项工作：构建清洁低碳安全高效的能源体系，控制化石能源总量，着力提高利用效能，实施可再生能源替代行动，深化电力体制改革，构建以新能源为主体的新型电力系统。此次发声后，新能源在未来电力系统中的主体地位首次得以明确。

2.政策机制不健全

目前我国有一部分经济激励政策缺乏具体举措，不易实现政策落地和执行，同时环境经济政策不够完善，难以得到实际应用。例如，当今政策中的各类环保补贴，相较于企业对环保的投入，所占比例过低，无法吸引大中型企业；环保补贴范围过窄，在环保领域很多方面的投入和运营成本均未纳入优惠政策，如电除尘设备等不符合减税优惠政策；同时政策补贴的手续过于繁杂，流程审批周期长，导致企业为拿到补贴反而需要投入较高的时间和人力成本。目前的税收优惠政策，对先进环保的生产设备产品关注较多，却忽视了给予生产绿色消费性产品企业一定的税收优惠。在绿色信贷方面，出台的相关政策法规过于模糊，如《关于落实环境保护政策法规防范信贷风险的意见》对绿色信贷提出的标准多为综合性的、原则性的，缺少具体的绿色信贷操作标准和环境风险评估标准，贷前审查难以准确把握。因此，中国的绿色信贷还处于低级的发展阶段。从整体来说，中国现阶段部分与环境经济相关的政策面临着难以有效实施的问题，相关政策机制仍需进一步完善。

3.温室气体难减排

根据世界资源研究所(WRI)公布的全球温室气体排放大国的排放数据可知，发达经济体2019年度的减排量与其他经济体增加的碳排放量大致抵消。从图1-1可以看出，1990—2019年全球碳排放量逐年增加。

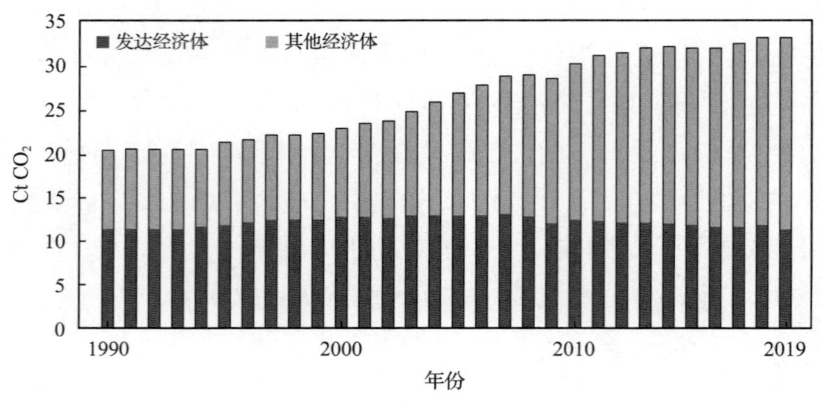

图1-1 1990—2019年全球碳排放量

目前，全球气候变暖现象加剧，温室气体排放是主要原因，且排放量呈现逐年增长的趋势。企业的经营活动是温室气体的主要排放来源，尽管在发达国家如美国，居民家庭温室气体排放量较大，但企业活动排放的温室气体也占据总量的70%左右，而该比例在发展中国家更高。因此，企业应当积极承担温室气体减排的责任，以企业活动为基本来源的温室气体减排应是控制全球气候变暖的核心。企业能否做到大幅度减排温室气体，关系到处理全球变暖难题能否取得成功。当前我国印发了众多企业温室气体排放法规，以规范企业行为。例如，2020年12月生态环境部编制了《企业温室气体排放报告核查指南(试行)》，并从2021年2月1日起施行。2021年3月生态环境部办公厅印发《关于加强企业温室气体排放报告管理相关工作的通知》,随后编制了《企业温室气体排放报告核查指南(试行)》。这些都为企业减排提出了更高的要求。因此,如何在实现企业利润最大化与股票价格增长的同时做到节约能源、减少温室气体的排放,实现绿色发展,成为企业目前面临的一大挑战。

4.企业环保意识弱

企业环保意识弱是影响企业主动降低污染排放、推动发展绿色产业的主要原因。2021 年我国相关政策对企业环境保护提出了更高要求。2021 年 3 月,生态环境部办公厅提出关于印发《企业温室气体排放报告核查指南(试行)》的通知和《关于加强企业温室气体排放报告管理相关工作的通知》(环办〔2021〕9 号),提出加强对重点排放单位温室气体排放的日常管理,重点对相关实测数据、台账记录等进行抽查。但是,重发展轻环保的老旧观念还存在于人们心中,在短时间内,有些企业的理念还无法实现从重视经济利益转向重环境保护。

5.企业环境管理水平有限

虽然当前国家针对环境管理提出了众多法律要求,如《固体废物污染环境防止法》《国家危险废弃物名录(2021 年版)》,但是企业实现绿色发展受到自身环境治理水平的限制,这是绿色发展存在的客观障碍。我国大部分中小企业的环境污染治理技术水平较低,无法实现环境污染治理设备的有效运行管理,尤其是中小企业,面临巨大的生存压力,使得企业在环境治理方面投入过少,管理水平低下,环保管理和污染防治方面的人才缺乏,造成无法对污染实现有效治理的现象。

6.企业绿色技术水平不足

国内绿色技术水平尚处于较低阶段,缺乏专业性环保服务。高水平的先进绿色技术,是促使企业推行绿色管理的技术保障。我国绿色产业起步较晚,绿色技术开发能力和水平相对于国际水平还较低,同时我国对绿色环境保护意识尚未形成,市场大小以及需求处于不确定的状况,而绿色技术的开发具有开发周期长、投资高等特点，面临着较大的风险。因此，绿色技术的研发和迭代，仅依靠单个企业自身是无法保证的，需要在专业化环境保护服务下，提供集约化、产业化和规模化的专业环境社会运营和环境保护治理服务。在市场化和全球化不断加深的今天，这种绿色服务的专业提供具有多重效益：一是充分发挥环保公司专业化和规模化的特点，降低环境保护成本，提高治理水平；二是为其他企业节能增效，提高企业的环保水平，从侧面提高国际竞争力；三是能够大大缓解政府污染治理的压力，降低政府的环境管理成本。

1.1.4 绿色企业发展的必要性

1.企业实现绿色发展是经济可持续发展的必然选择

在目前世界发展的阶段中，发展绿色经济是必然趋势。21 世纪，全球经济的新增长点便是绿色经济，但对全球各个国家来说，绿色发展是一个新的概念，也是一条区别于其他经济的发展道路，在既没有已有的发展模式可以借鉴，也没有发展成熟的相关经验可以学习的情况下，需要中国的企业做到自主创新、大胆创新、科学创新。走绿色发展的道路，不仅仅是创新绿色技术，生产绿色产品，开拓绿色市场，更重要的是实现整个生产过程的绿色发展。根据前面提到的我国绿色发展面临的挑战可知，在快速发展经济的过程中，多数国家可能会面临资源快速消耗、环境快速恶化的过程与现象。由于长时间、大规模、高强度、粗放式的开采煤炭等资源，我国的优质储煤量大幅下降。同时，由于碳排放量和排放强度较高，环境污染严重，产生的雾霾等污染性天气现象影响了人们生活质量和身体健康。企业需确定绿色生态的发展理念并践行到企业的运行之中，推动产业结构调整和升级，同时营造良好的社会环境和氛围，反过来引导企业积极主动地生产绿色产品、使用绿色技术、开展绿色营销、履行绿色责任，以实现长久持续高效的经济转型升级，促进经济的健康发展，实现环境、经济与社会效益和谐共存。

2.企业实现绿色发展是适应绿色消费的必然基本保障

随着人民对美好生活需要的日益增长，城乡居民的消费内容和消费模式发生了显著变化，从关注量的满足逐步转向追求质的提高，绿色消费悄然兴起。2019 年 12 月 27 日，北京京东公益基金会联合世界自然基金会（WWF）、深圳市一个地球自然基金会、地球观测组织的海洋与沿海部门（CEO Blue Planet）、京东物流与多家企业和机构共同举办了“蔚蓝地球·消费与可持续发展论坛”。在此次论坛上，京东大数据研究院发布了《2019 绿色消费趋势发展报告》（以下简称《报告》），《报告》显示，“绿色消费”商品的种类已经超过 1 亿种，销量的增速更是超出京东全站 18%，并在不断向低线市场渗透。其中粮油调味、面部护理、童装童鞋、家具和汽车装饰成为销量 TOP5 细分品类。同时，《报告》还显示，2019 年“绿色消费”商品在各市场等级占比上，二线和三线市场占比相对更高；一线市场绿色消费总量最高，但因为其品类拓展相当丰富，因此渗透率并没有拔得头筹。从各等级市场“绿色消费”商品占比两年变化来看，下沉新兴市场的销量增速快。以上数据说明，绿色消费正在成为消费新时尚，企业必须适应这一消费形式的变化，制定绿色措施，做到绿色发展，满足消费者对于绿色产品的需求。

3.企业实现绿色发展是企业自身生存发展的迫切要求

在 WTO 制定的框架中，对几乎所有行业的污染程度、资源开发方法设置了一定的限制条件，这些也被称为“绿色壁垒”。由于这些限制条件的存在，我国大量产品在国际市场上受到不同程度的冲击。2003 年，39%以上的出口产品受到技术壁垒的制约，造成高达 170 亿美元的损失，其中数百个产品品种使用氟利昂制冷剂，违反臭氧层保护的相关国际公约而受到出口限制，如冰箱和空调，该项造成 50 多亿美元的损失。加入 WTO 之后，我国企业面临的严峻现实需要重视起来：在一个低环保标准的国度，无法开发出高环保标准的产品，进而企业竞争力也大幅减弱，而环保问题在一定程度上还可能演化为国家之间的贸易争端。在这种环境下,各企业必须进行环保生产,切实执行国际环境管理标准,走绿色发展之路,大幅度提升绿色产品的比例,强化企业在国际市场上的竞争力,尽量降低绿色壁垒对企业造成的经济损失。目前我国经济步入发展新常态,产业结构正在进行调整,对资源环境的依赖和消耗正在降低,污染排放的严重程度也逐步下降,若仅为保护环境而牺牲经济的发展,反过来经济落后将导致部分企业资金缩紧甚至难以维持正常运转。在这种形势下,企业唯有调整结构,加快转型,创新技术,培育发展绿色产业,才能较好地摆脱这种困境。

4.企业实行绿色发展战略,提高环境责任信息披露水平是营造国民良好生存环境、提升生活质量的基本保障

在空气质量方面,根据生态环境部发布的《2021 年 5 月全国城市空气质量报告》,我国城市轻度污染的天数比例仍为 9.6%,且与去年同期相比,重度及以上污染天数比例上升 0.6 个百分点。中国环境记协与北京化工大学共同发布的《中国上市公司环境责任信息披露评价报告(2019 年度)》指出,虽然上市公司环境责任信息披露水平有所提升,但企业污染排放披露情况仍处于较低水平,多家上市公司由于环保问题被生态环境部通报和处罚,该类信息却未披露在企业官网、企业社会责任报告或者其他相关环境报告中。

5.社会环境要求企业推行绿色发展

在绿色发展已成为全球浪潮的背景下,企业在考虑经营因素的同时,更需要对环境因素加以关注,这将是企业生存的一大挑战。在宏观环境层面,企业需要面对如保护消费者利益运动与保护生态平衡运动的压力,还需要面对政府规范化立法的压力。在诸多压力的作用之下,企业需要充分树立环保观念,顺应时代发展的规律,实施绿色经营战略。在市场竞争层面,随着环保意识的觉醒,缺乏绿色理念和技术的产品往往缺乏竞争力,企业需要及时改变经营理念,塑造绿色品牌,才有可能提升自身竞争力,赢得消费者的认可,不断提高市场占有率。

1.2　绿色企业的发展历程

1.2.1　绿色发展理念的演变历程

绿色战略是一种为了实现全球经济、社会、生态可持续发展目标而产生的发展理念。可持续发展战略在不同时期有不同的着力点与侧重点，清洁生产、循环经济、低碳经济、绿色发展都是其重要内容，如图 1-2 所示。

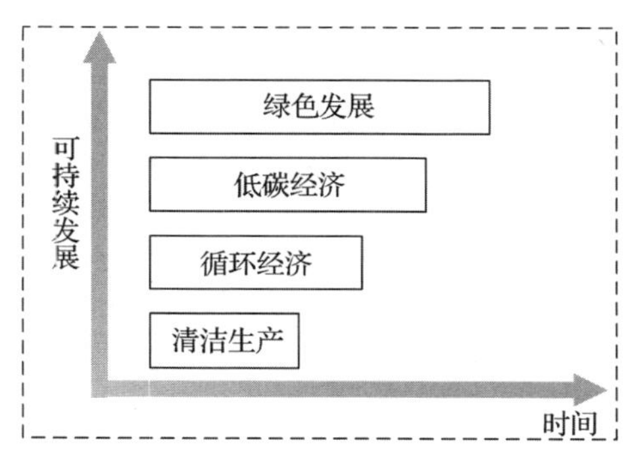

图 1-2　可持续发展各阶段

1.清洁生产

清洁生产的实质是对生产活动进行计划与管理，减少资源、能源的浪费，实现减量化、资源化、无害化。企业应尽可能地实现清洁生产，降低生产过程中的环境污染，这是人类历史上一次无硝烟的伟大的科学技术革命。我国历经了五个清洁生产阶段：①1992—1997 年，推行清洁生产的准备时期，国家环保部门是该时期的实施主体；②1997—2002 年，经济部门正式开展清洁生产相关行动，确定了清洁生产试点和相关的政策法规；③2002—2008 年，这一阶段我国公布了《清洁生产促进法》，加大力度推动清洁生产，提出了强制性的清洁生产审计制度，并制定了各行业的清洁生产指标体系；④2008—2012 年，国家强化了对重点行业和重点企业的清洁生产审计，并对“十二五”时期的工作进行了详细部署与推进；⑤2012—2020 年，推进清洁生产，发展环保产业，推进重点行业和重要领域绿色化改造，推动能源清洁低碳安全高效利用，2018 年，中华人民共和国国家发展和改革委员会颁布了《洗染业清洁生产评价指标体系》。相关资料见表 1-2 至表 1-4。

表 1-2　　1992—2001 年推动清洁生产的国家行为回顾

时间(年)	政府行为/政策颁布
1992	《环境与发展十大对策》
1993	第二次全国工业污染防治工作会议；“促进中国的清洁生产”项目
1994	《中国 21 世纪议程——中国 21 世纪人口、环境与发展白皮书》
1995	《大气污染防治法》《固体废物污染环境防治法》《水污染防治法》
1996	《关于环境保护若干问题的决定》
1997	中加清洁生产项目；清洁生产政策示范；《关于推进清洁生产的若干意见》
1998	原汉城(今首尔)《国际清洁生产宣言》签字；《建设项目环境保护管理办法》
1999	《关于实施清洁生产示范试点计划的通知》《淘汰落后生产能力、工艺和产品的目录》《清洁生产立法计划》
2000	《国家重点行业清洁生产技术导向目录》
2001	中华人民共和国国民经济和社会发展第十个五年计划纲要

表 1-3　　2002—2005 年推动清洁生产、循环经济的国家行为回顾

时间(年)	政府行为/政策颁布(行为机构)	
	清洁生产	循环经济
2002	《中华人民共和国清洁生产促进法》(全国人大常委会)	批复《关于贵阳市人民政府请求将贵阳市作为我国建设循环经济生态城市试点的复函》；批复《关于申请将辽宁省列为全国循环经济建设试点省的函》(国家环保总局)；成立循环经济与清洁生产课题组(中国环境与发展国际合作委员会)
2003	《关于加快推进清洁生产意见的通知》(国务院)；《国家重点行业清洁生产技术导向目录》(第二批)(国家经贸委；国家环保总局)	中共第十六届三中全会(党中央和中央政府)；第一次“循环经济发展高级论坛”(上海)(全国人大环境与资源保护委员会；发展改革委；国家环保总局；科技部)

（续表）

时间（年）	政府行为/政策颁布（行为机构）	
	清洁生产	循环经济
2004	《清洁生产审核暂行办法》（发展改革委；环境保护部）	召开全国循环经济工作会议（发展改革委）；国家中长期科技规划第十专题《循环经济、污染防治和生态建设》（国务院）；《中共中央关于加强党的执政能力建设的决定》（十六届四中全会）；“循环经济”课题组成立（中国环境与发展国际合作委员会）
2005	《重点企业清洁生产审核程序的规定》（环境保护部）	《国务院关于加快发展循环经济的若干意见》（国务院）；利用意大利资金支持的世界银行招标项目（全国人大环境与资源保护委员会）；《关于制定国民经济和社会发展第十一个五年规划纲要的指导意见》（十六届五中全会）；“循环经济试点工作方案”出台（发展改革委等六部门）；世界银行—全国人大环资委循环经济立法项目（全国人大环境与资源保护委员会；国家环保总局；发展改革委）

表1-4　2006—2020年推动清洁生产、循环经济和低碳经济的国家行为回顾

时间（年）	政府行为/政策颁布（行为机构）		
	清洁生产	循环经济	低碳经济
2006	中华人民共和国国民经济和社会发展第十一个五年计划纲要（全国人民代表大会）；《关于部分行业清洁生产评价指标体系》（试行）（发展改革委）	国民经济和社会发展第十一个五年规划纲要第二十二章《发展循环经济》（国务院）；《关于重点行业循环经济试点实施方案评估意见的复函》（发展改革委）	发布《气候变化国家评估报告》（科技部，中国气象局，发展改革委，环境保护部等六部委）
2007	《关于部分行业清洁生产评价指标体系》（试行）（发展改革委）；《国家重点行业清洁生产技术导向目录》（第三批）（发展改革委；环境保护部）	《胡锦涛在中国共产党第十七次全国代表大会上的报告》（中共十七大）；召开循环经济试点工作会议（重庆）（发展改革委；国家环保总局）；《关于请组织实施循环经济高技术产业重大专项的通知》（发展改革委）；《节能减排综合性工作方案》（国务院）	低碳经济和中国能源与环境政策研讨会在北京举行（中国环境与发展国际合作委员会）；发布《中国应对气候变化国家方案》（国务院；发展改革委）；修订通过《中华人民共和国节约能源法》（全国人大常委会）；国家应对气候变化及节能减排工作领导小组第一次会议和国务院会议（国务院）；发布《可再生能源中长期发展规划》（发展改革委）；胡锦涛在亚太经合组织（APEC）第15次领导人会议上讲话（中国政府）；发表《中国的能源状况与政策》白皮书（国务院）

（续表）

时间（年）	政府行为/政策颁布(行为机构)		
	清洁生产	循环经济	低碳经济
2008	《关于进一步加强重点企业清洁生产审核工作的通知》(环境保护部)；《重点企业清洁生产审核评估、验收实施指南》(环境保护部)；《需重点审核的有毒有害物质名录》(第二批)(环境保护部)	《2008—2010年资源节约与综合利用标准发展规划》(发展改革委；国家标准委)；发布《循环经济评价指标体系》(发展改革委；环境保护部；统计局)；《废弃电器电子产品回收处理管理条例》，该法于2011年1月1日起施行(国务院)；通过了《循环经济促进法》，该法于2009年1月1日起施行(全国人大常委会)	首届中国和谐城市论坛(环境保护部等)；国家发展改革委和WWF(世界自然基金会)共同选定了上海和保定作为低碳城市发展项目试点(发展改革委)；清华大学率先成立低碳能源实验室、低碳经济研究院(科技部)；《关于限制生产销售使用塑料购物袋的通知》；公布《民用建筑节能条例》(国务院)
2009	《关于抑制部分行业产能过剩和重复建设引导产业健康发展若干意见的通知》；《关于加强重金属污染防治工作指导意见的通知》；《关于落实抑制部分行业产能过剩和重复建设有关重点工作部门分工的通知》(国务院)	《循环经济标准化试点工作指导意见》(国家标准委；发展改革委)；《钢铁工业发展循环经济环境保护导则》和《铝工业发展循环经济环境保护导则》(环境保护部)	中国低碳经济发展国际研讨会(中国环境与发展国际合作委员会)；国务院常务会议决议(国务院)；通过《可再生能源法》修订案(全国人大常委会)
2010	《关于深入推进重点企业清洁生产的通知》(环境保护部)；召开全国清洁生产工作会议(发展改革委；环境保护部)	《关于支持循环经济发展的投融资政策措施意见的通知》(发展改革委)；《十七届五中全会会议决议》(十七届五中全会)	全国政协十一届第三次会议和十一届全国人民代表大会第三次会议(国务院)；发出《关于开展低碳省区和低碳城市试点工作的通知》(发展改革委)；通过《中共中央关于第十二个五年规划的建议》(十七届五中全会)
2011	中华人民共和国国民经济和社会发展第十二个五年计划纲要(全国人民代表大会)	《循环经济发展规划编制指南》(发展改革委)；召开《全国循环经济发展规划(2011—2015)》编制工作会议(发展改革委)；《国民经济和社会发展第十二个五年规划纲要》(全国人民代表大会)	《新兴能源产业发展规划》通过国家发改委审批已上报国务院(发展改革委)；发布《中国低碳经济发展报告(2011)》(发展改革委等)

（续表）

时间（年）	政府行为/政策颁布（行为机构）		
	清洁生产	循环经济	低碳经济
2018	中华人民共和国国家发展和改革委员会颁布了《洗染业清洁生产评价指标体系》	中华人民共和国循环经济促进法（2018 年修正版）	国家能源局颁布《关于减轻可再生能源领域企业负担有关事项的通知》
2020	中华人民共和国国民经济和社会发展第十四个五年规划和 2035 年远景目标纲要	中华人民共和国国民经济和社会发展第十四个五年规划和 2035 年远景目标纲要	中央经济工作会议提出要抓紧制定 2030 年前碳排放达峰行动方案；生态环境部颁布《碳排放权交易管理办法（试行）》

世界各国的研究与实践充分证明，清洁生产是提高资源利用率、减少工业污染、促进环境保护的有效手段。作为一种预防性环保战略，它是实现可持续发展的技术手段，是可持续发展的一种基本方式，是以可持续发展战略为指导的新一轮工业革命，同时也是现代工业发展的基本模式和现代工业文明的重要标志。《中国 21 世纪议程》指出，促进清洁生产的发展是我国实行可持续发展战略优先考虑的关键领域之一。

2.循环经济

循环经济的核心是实现资源的高效、循环利用，以“减量化、再利用、再循环”为原则，以低消耗、低排放、高效率为基本特征，符合可持续发展理念的经济增长方式。它使传统的“量产、大消费、大浪费”的增长模式发生根本性变化。循环经济是针对我国资源相对短缺、消耗量大的问题提出的经济增长方式，对于解决我国资源约束问题具有重要的现实意义。可持续发展注重人与自然的辩证关系，循环经济则体现了这一核心理念，强调在发展经济的同时，尊重自然的存在状态和内在价值，不应超过自然的承载力。

2002 年 6 月，《清洁生产促进法》颁布，同年 11 月，党的十六大制定了 21 世纪头 20 年经济“翻两番”的目标。许多地方将主要关注点放在经济增长的目标上，纷纷将经济增长作为工作的重点。然而，当时刚颁布的

《清洁生产促进法》却在一定程度上被忽视，并没有起到预期作用。为应对资源环境压力，中央政府当机立断提出了要坚持科学发展观，循环经济也随之产生，并掀起了探索新经济增长方式的高潮。2005 年，国务院发布了《关于加快发展循环经济的若干意见》；2008 年，《中华人民共和国循环经济促进法》颁布实施，明确了减量化优先的原则，建立了循环经济发展规划制度和总量调控制度，并建立了生产者责任延伸制度等，对重点行业的重点企业加强了监督管理。2010 年，《关于支持循环经济发展的投融资政策措施意见的通知》(发改环资〔2010〕801 号)是对相关投融资政策措施的深化和细化。

3.低碳经济

低碳经济又称“低碳发展”，是指在可持续发展理念指导下，通过产业转型、新能源开发等手段，尽可能减少高碳能源消耗的一种经济发展形式。发展低碳经济有利于建设“资源节约型、环境友好型”两型社会，实现人与自然的和谐共生。低碳经济的实质是发展清洁能源，其关键是低碳技术及相关配套设备的创新。发展低碳经济，能够推动能源、产业结构的优化升级，促进环境保护，提高企业的可持续竞争力，既符合资源环境承载能力有限的现实与可持续发展的要求，也符合国际发展趋势。

随着节能减排目标的提出，各国政府部门与学术界的研究学者普遍意识到，低碳经济会催生新的经济增长点，成为重塑世界经济版图的强大力量。中国政府为积极适应低碳经济全球化趋势，于 2006 年发布了《国家气候变化评估报告》，此后，中国的低碳经济大致经历了两个主要阶段。第一阶段是 2006—2008 年，我国政府加大了对能源安全的重视，并作为节能减排工作的第一着力点；第二阶段是 2008—2020 年，理论方面广泛组织科学研究，实践方面大力开展试点，同时颁布或修订了一系列法律法规，积极推动低碳经济发展。2018 年 3 月，全国工商联新能源商会低碳减排专委会颁布《关于碳排放权交易管理条例立法的建议》；2018 年 4 月，国家能源局颁布《关于减轻可再生能源领域企业负担有关事项的通知》；

2020 年 12 月,中央经济工作会议提出要抓紧制定 2030 年前碳排放达峰行动方案;2020 年 12 月生态环境部颁布《碳排放权交易管理办法(试行)》。

4.绿色发展

绿色发展是基于传统发展而实现的模式创新,它是指在生态环境容量与资源承载能力的约束下,以环境保护为重要支柱,以实现可持续发展为目的的一种发展模式,其主要有以下几个特点:一是把环境资源作为社会经济发展的内在要素;二是以实现经济、社会和环境的可持续发展为目标;三是要把经济活动过程和结果的“绿色化”与“生态化”作为主要内容和途径。

《2002 年中国人类发展报告:绿色发展之路》提出,中国应摒弃以牺牲环境为代价的经济高速发展的“危险之路”,选择一条以保护环境为前提的绿色发展道路。2011 年 3 月发布的《中华人民共和国国民经济和社会发展第十二个五年规划》(以下简称《规划》)是中国第一个国家级绿色发展规划,《规划》以“绿色发展”为主题,着力推进生态保护与恢复,加强水利和防灾减灾体系建设,积极应对全球气候变化,加强资源节约和管理,促进生态保护和恢复,建设资源节约型、环境友好型社会。2015 年 4 月,中共中央、国务院印发《关于加快生态文明建设的意见》,提出要全面实现我国经济社会发展的绿色转型。2016 年 3 月,《中华人民共和国国民经济和社会发展第十三个五年规划》正式发布,全面部署未来五年我国经济社会发展,“绿色发展”贯穿纲要。2020 年 10 月 29 日中国共产党第十九届中央委员会第五次全体会议通过《中共中央关于制定国民经济和社会发展第十四个五年规划和二〇三五年远景目标的建议》,提出推动绿色发展,促进人与自然和谐共生,立足新发展阶段、贯彻新发展理念、构建新发展格局。2020 年,我国在联合国大会上明确提出,二氧化碳排放力争于 2030 年前达到峰值,努力争取 2060 年前实现碳中和。

如表 1-5 所示,清洁生产、循环经济、低碳经济和绿色发展都是可持续发展战略下的重要理念，随着人们环保意识的增强与生产认识实践的丰富，更为全面、广泛、高效的理念被逐渐提出。

表 1-5　　可持续发展各阶段理念的对比

阶段	清洁生产	循环经济	低碳经济	绿色发展
原则	节能、降耗、减污、增效	减量化、再利用、再循环	降能耗、减污染	绿色、低碳、循环
主要对象	生产过程、产品、服务	区域、城市、社会	高能耗产业	传统污染行业、新兴科技行业
基本目标	以最少的资源、最小的环境影响实现最优的经济增长	在经济过程中系统地避免或减少污染物	优化能源结构、促进企业转型升级	效率、和谐、持续
基本特征	预防性、综合性、统一性、持续性	低消耗、低排放、高效率	低耗能、低污染、低排放	战略性、紧迫性、实战性

清洁生产是循环经济的前提和本质。清洁生产与循环经济的关系是一种点对面关系，可以说，前者是微观的，后者是宏观的。一个产品线和一个企业都可以实施清洁生产，但循环经济的覆盖面要大得多。清洁生产的目标是防止污染，用更少的资源消耗生产更多的产品，循环经济的根本目标是系统地避免或减少经济发展过程中的浪费。

低碳经济的主要目的是应对气候变化，减少温室气体排放，循环经济是绿色经济的重要组成部分。低碳经济要求在经济发展中实现工业低碳、生活消费低碳和能源减排，发展循环经济包括节约一切自然资源，减少各种废弃物和污染物的排放，是有效促进低碳经济的途径之一。

绿色发展包括低碳经济，其内容相较于低碳经济更加宽泛，低碳经济是绿色经济发展的理想途径之一。低碳经济和绿色发展的具体实践是根据不同地区的实际情况选择的，但绿色发展的一般实践路径或模式是通过低碳经济来实现的。

1.2.2　绿色企业的发展实践

在当前可持续发展的大环境下，绿色环保、生态经济的理念逐渐深入人心，影响着消费者的选择，从而对企业经营理念与生产营销模式产生影响。对企业而言，树立绿色发展理念，采取绿色生产方式，将有助于企业树立良好的社会形象，为企业带来新的财富来源。目前国际上众多企业已经积极采取措施，逐步向绿色企业靠拢。

1.美国绿色企业发展

美国的通用电气、沃尔玛等多家世界 500 强企业的 CEO 们都认为，在全球变暖的形势下，要向低碳经济转型，必须找到新的发电、出行、设计、建房、办公、取暖、降温等新方式，而且企业是开展这些创新活动的主体。因此，发展绿色企业将成为解决环境问题的基础措施。

大陆航空公司在大多数波音 737 和 757 飞机上安装了小翼，这种节油装置可以减少 5%的废弃物排放。此外，自 2000 年以来，大陆航空公司休斯敦航空枢纽的地面设施排放量降低了约 75%。该公司有 13 名专业的环境保护工作人员，他们和发动机制造商合作设计出的绿色环保的航站楼，具备跟踪碳排放路径、分类回收垃圾等额外功能。

作为全球最大的原铝、铝加工产品和氧化铝生产商，美国铝业始终致力于环境保护，并决心成为减少温室气体和重视气候变化的领导者。铝具有强度高、重量轻、可回收利用等特点，凭借多年丰富的生产经验，美国铝业在汽车制造商设计和制造方面发挥了重要作用。美国铝业澳大利亚公司执行总裁韦恩·奥斯本(Wayne Osborne)也表示："铝在减少温室气体排放和节约石油方面的作用是惊人的。车身每使用一公斤铝材料，在车辆使用寿命内就可以节省约 8.5 升机油和减少 20 公斤二氧化碳排放。"

2.英国绿色企业发展

英国政府规定，2001 年起，所有工业、商业和公共部门都应根据使用煤炭、石油、天然气和电力等高碳能源缴纳气候变化税；如果利用生物、清洁或可再生的能源，就能拥有税收减免的权利。2009 年 7 月 15 日，英国发布了《低碳转型计划》《可再生能源战略》等战略文件，鼓励发展低碳产业，目标是建设一个更清洁、更绿色、更繁荣的国家。在政策的带领和约束下，英国企业与公共部门能源利用率得到明显提升，而且政府将征收的税收投入到环保相关行业、企业和项目中，进一步推动了英国节能减排工作的进行以及绿色经济的发展。

英国正在成为世界顶级低碳解决方案和绿色技术的中心，英国的知识、技术和经验为世界范围的碳减排做出了重大贡献。如今，世界上越来越多的消费者开始关注低碳品牌，但是许多消费者仍然对低碳产品缺乏信任。英国已经注意到并开始解决这个问题，在低碳产品的价值链上贴上“碳标签”，为消费者提供信心保障。据统计，超过47%的消费者会第二次评估产品的碳足迹。碳足迹是指在材料开采加工、生产、包装、运输配送、使用、再利用、回收到最终废弃物处置的各个环节直接或间接释放的温室气体总量。英国致力于落实品牌在碳排放和低碳技术方面的优势。电力方面，英国进行了电力市场改革，旨在使消费者更智能、更有效地使用能源，从而节约消费成本。生物质能方面，已建成 370 多座生物质能发电厂，可利用锯末、能源作物以及农业、工业和城市废弃物等原材料进行发电，装机容量达 8.48 万亿。

2007 年，英国零售业巨头特易购被《财富》杂志评为世界十大绿色企业之一，主要是因为其致力于降低能耗，努力提高客户的环保意识。该企业通过使用风力发电的商店、装有生物柴油发动机的送货卡车等多种方式削减能源消耗。2006 年，该企业承诺到 2010 年将英国门店的平均能耗减半；几年后，该企业表示，预计将提前两年实现这一目标。为确保领导层言行一致，该企业将节能降耗目标的实现程度作为高管奖金发放的决定因素之一。此外，还通过使用设计精良、噪声和污染比正常少的列车，减少了数千吨二氧化碳排放，还对携带可重复使用购物袋的顾客给予加分，以肯定他们的环保行为。

3.德国绿色企业发展

德国政府在执政协议中强调数字化转型，并将其作为未来发展的重点。事实上，数字化的发展正在深刻地改变着经济市场和社会生活的各方面。对于德国的绿色企业来说,数字化实现了解决方案的系统化,极大地支持和促进了绿色技术的发展。除了经济效益外,数字化还将带来可观的、积极的生态效应,覆盖了水资源、大气、土地、生物多样性、景观、噪声等多个领域,大大提高了以保护环境、资源和气候为目的的产业的绿色化程度。

西门子是一家绿色标杆企业,长期以来,它一直致力于提高工业用户的生产力、效率和灵活性,使其更具竞争力。西门子能源管理集团致力于为化工行业提供高效、可靠、绿色的能源管理解决方案,提供覆盖高、中、低压的行业领先的输配电技术,以及高度自动化、智能化的能源和数字电网解决方案和服务,并为风能、光伏、电动汽车、智能建筑、基础设施等行业提供能源管理方案。

4.韩国绿色企业发展

2009年7月,韩国公布《绿色增长国家战略及五年计划》,计划2009—2013年累计投入107万亿韩元用于发展绿色经济,努力借助发展绿色产业以及能源自立等战略于2020年进入全球“绿色大国”行列。韩国实行绿色经济增长战略以来,在低碳技术研发、新能源开发和温室气体减排等方面取得了一定成果。随着清洁生产水平的提高和环境管理制度的不断加强,韩国越来越多的企业达到了绿色企业标准。截至2009年底,共有化工、电子、餐饮、汽车、机械、造纸、玻璃、纺织、钢铁等行业187家企业通过环保认证,其中包括三星电子、三星电器、现代汽车、LG显示器等著名企业。

长期以来,绿色环保理念贯穿于三星电子生产的产品开发、产品验证、回收处理等各个关键环节。在产品设计方面,三星电子应用了生命周期的概念,初期仅应用于打印机和冰箱,现已推广到全系列产品,三星的绿色产品都附有节能和生态标志。从1992年开始,三星电子就开始研究废旧产品和零部件的回收机制,2003年,废旧产品回收主要包括冰箱、洗衣机、空调、电视机的整体和部件;2005年以后,加大了对废旧手机和音像设备的回收利用。此后,三星电子不断建立回收管理机制,并在欧洲各大营销网点设立了自己的回收中心。

5.日本绿色企业发展

20 世纪 80 年代以来,日本企业的价值观以及经营理念逐渐由大规模消耗自然资源与能源转变为资源能源的节约与循环利用,谋求环境、经济和社会的协调发展。根据日本环境省 2015 年公布的《环境友好型企业行动调查报告》,80.3%的上市公司实行了绿色采购,56.3%的非上市公司也实现了绿色采购。越来越多的企业要求供应链上的全部产品都要通过 ISO 14000 认证。

日本许多企业都积极改进生产流程,努力实现产品的清洁生产。例如,富士通是世界上第一家开发出可回收的酸性锰磨料的企业,实现了磨料零浪费的设想,减少了制造阶段的环境负荷;在联合利用系统的开发中,本田技术研究产业有限公司推出了区域性小型电动车租赁业务,在 600 人的区域内配备 75 辆车,提高了每辆车的利用率;宝马日本公司自 1989 年起建立了车辆回收系统,回收处理费用全部由宝马公司承担。

此外,日本企业非常重视自身对环境的影响。日本 Jatco 是世界上最大的无级变速器供应商,在其工厂里,有一间十几平方米的铁皮房子,四周用铁丝网隔离,这里面是 NAS 电池设备。为了节约能源,公司从电力部门租用了这些设备,夜间用电较少时,将电能储存起来,然后在白天用电高峰期释放出来,缓解用电压力。Jatco 在世界各地有许多工厂,每年的节电量相当可观。此外,公司办公楼和工厂的屋顶都覆盖着太阳能芯片,太阳能芯片可以转换电力,以保证办公楼内所有设备的运转。同时,办公楼外墙覆盖绿色植物,可有效降低建筑温度,从而减少夏季空调的用电量。

6.中国绿色企业发展

“中国绿色公司”项目由我国企业家俱乐部(CEC)于 2007 年发起,目的是表彰在应对全球气候变化方面取得突出成就的中国公司以及跨国企业。2008 年 4 月 22 日,中国绿色公司年会首次创办,这是我国企业首次举办跨行业、国际化的可持续发展峰会。峰会强调政府决策者、企业界、学术界和非政府组织要就促进绿色经济发展、推动社会经济可持续发展转型进行深入交流。2009年中国绿色公司年会首次提出了绿色公司的定义,即通过打造良性生态赢得可持续竞争力的公司。我国目前还是发展中国家,能源与环境所面临的问题是限制我国经济可持续发展的瓶颈,采用低碳发展方式能够有效发挥我国后发优势,充分释放发展潜力,实现我国既定的可持续发展战略目标。作为一个整体,中国的企业正在共同应对低碳转型的挑战,部分企业已经加快结构升级与绿色转型的步伐,包括天能集团、中粮集团、中国石化等众多行业领头企业。

天能集团是中国高端铅蓄电池行业的先驱。在追求经济效益的过程中,天能集团始终坚持“成为世界领先的绿色能源解决方案提供商”的战略目标,并率先在蓄电池领域建立了“生产－销售－回收－熔炼－再生产”的绿色闭环产业链,加速推进清洁生产和绿色智能制造,为其他企业树立了标杆。在污染控制方面,天能集团全面采用行业先进的环保技术——初沉＋滤筒＋高效过滤处理技术、级联微负压收集系统、酸雾二次碱液喷雾处理工艺等,实现了废物的回收和集中处理。

作为中国最大的粮油食品公司,中粮集团始终坚持“绿色产业链,低碳优质产品”的发展理念,将加强绿色发展、促进节能减排、发展循环经济、建立碳清单机制作为绿色转型的关键要素。中粮集团致力于绿色食品行业的健康发展,研究食品干燥设备的开发和产业化。还通过完善碳排放监测体系,参与国家碳交易试点建设,开展生物多样性保护等,积极把握绿色可持续发展的制高点。

2018年4月2日,中国石化在北京召开了《绿色企业行动计划》发布会,正式启动了全国最大的跨产业链绿色企业创建行动,致力于推动全社会绿色发展。在新闻发布会上,茂名石化与中国石化签署了建立绿色企业的承诺书,在一年内建立绿色企业,帮助我国打赢抗污染斗争,努力成为生态文明的实践者和美丽中国的建设者,为中国石化积累全面建设绿色企业的成功经验。

第2章 解读绿色企业

2.1 绿色企业概述

2.1.1 绿色企业的概念与内涵

绿色一直是“青春”“和平”“生命”与“安全”的象征，因此，人们也倾向于把它和“环保”“可持续发展”联系起来，比如“绿色工业”“绿色经济”等。一般来说，绿色指的是使用对自然环境危害最小的方式生产制造产品或提供服务，从而保护生态环境，确保社会和环境的可持续发展。全球经济的快速发展带动了绿色浪潮，根据相关专家推测，21 世纪会成为我国经济发展的“绿色世纪”。所以，企业要想在 21 世纪立足，必须从“可持续发展”和“环境”两个问题入手，即 21 世纪的企业应该是“绿色企业”。

绿色企业的提出与研究历史较短，这一概念至今并没有统一的定义，综合现有文献，可将绿色企业表述为：以可持续发展作为指导理念，将环境管理纳入企业经营管理过程，运用绿色高新技术研究开发清洁生产工艺，生产对环境无害的产品，合理利用资源并降低污染物排放的企业。绿色企业是一种环境效益高、资源利用率高的现代企业模式，综合考量了环境、社会和经济效益，把环境保护的理念融合到整个生产经营过程中去。在产品生产的各个环节，绿色企业都把环境因素和节约资源放在首要位置，重复利用产生的废弃物，大大降低对生态环境的破坏。绿色企业不仅充分满足了社会公众的消费需求，还在此基础上实现了节约资源、减少环境破坏、实现自身经济利益与环境效益的共同发展，绿色企业的基本要点见表 2-1。由绿色企业的定义及要点分析可知，绿色企业发展模式与传统企业存在差别，见表 2-2。

表 2-1　　绿色企业的基本要点

定义	要点
绿色企业	生产环境友好型产品
	运用绿色高新技术
	开发清洁生产工艺
	节约资源与能耗
	产品易回收处理

表 2-2　　绿色企业发展模式与传统企业的区别

维度	传统企业	绿色企业
追求目标	经济效益	经济效益与环境效益并存
资源利用	不合理、严重浪费	合理、节约
环境影响	破坏严重	保护环境
经济效益	较高	更高
社会效益	负面效益	正面效益
员工环保意识	很差	较强
企业环保责任感	很差	较强

从绿色企业的定义以及与传统企业的区别中可知，绿色企业的基本内涵，即在经营管理的各个层面，企业均进行绿色管理，努力研发绿色高新技术，积极利用清洁生产工艺，进行绿色设计，生产绿色产品，实现绿色制造，做到绿色回收，从而实现废物减量排放，在资源再利用与环境保护上获得良好的成效。此外，绿色企业重视对员工的环保培训与教育，帮助员工提高环保意识，树立绿色价值观，同时热心社会环保宣传教育与社会公益活动，在确保不损害环境的前提下，实现企业可持续发展。

2.1.2 绿色企业的特征

企业若想成为绿色企业，就要从经营的各个环节入手，节约资源、治理污染，达到企业社会效益、环境效益、经济效益的和谐统一。作为绿色企业，实施绿色发展，必须具备以下几个特征：

1.生产绿色产品

绿色产品是绿色企业的核心内容和重要标志。绿色产品指的是产品从开发设计、制造加工、运输、销售到回收处理的整个过程中都符合环保要求，对生态环境不造成危害或危害极少，高资源利用率而低能源消耗的产品。具体来讲包括：在生产中使用清洁原料、采用清洁工艺；客户使用产品时对环境的污染很少乃至没有；在回收处理中生成较少废物；产品自身使用尽量少的材料并可以被最大限度再利用；产品生产能够尽可能节约能源。绿色产品各个环节的特点如图 2-1 所示。

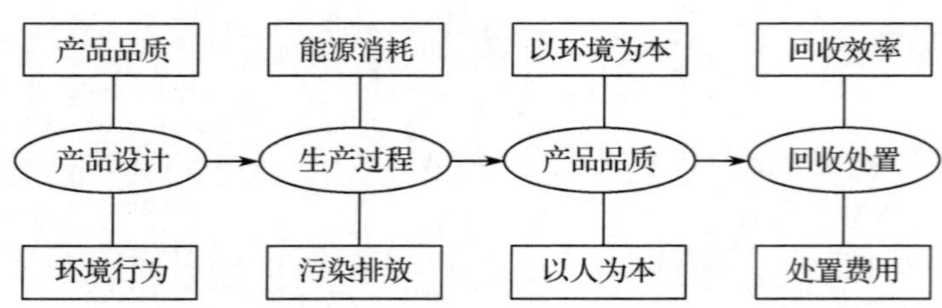

图 2-1　绿色产品各个环节的特点

20 世纪 80 年代末期，为适应全球环保战略，世界各国纷纷对产业结构进行了调整，绿色产品应运而生。它的发展历史不长，因此它至今都没有准确严格的行业标准，但从消费端看，目前得到公认的绿色标准包括下列三条：①产品在生产中较少占用资源和能源，且不对环境造成污染。②产品在使用中低能耗，使用者不会受到伤害，且不产生环境污染物。③产品使用后可以并易于拆卸、回收、翻新或可以安全废置且保证长期无害。绿色产品标识和循环利用标志如图 2-2、图 2-3 所示。

图 2-2　绿色产品标识

图 2-3　循环利用标志

2.使用绿色技术

绿色技术,即能达到节约资源、降低与避免环境污染的技术,它是绿色管理的核心。在环境保护中,绿色技术做出了重要贡献,全球环保事业的兴起也使其得以不断成长与成熟。绿色技术又称生态技术,是 20 世纪 70 年代西方工业化国家社会生态运动的产物,是指减少环境污染以及自然资源和能源利用的技术统称。

绿色技术由末端处理技术和污染预防技术组成。末端处理技术即在当前生产体系条件下,运用分离、处置和焚烧等手段处理废弃物,减少由废弃物产生的污染的技术;而污染防治技术重点在于消灭污染源头。绿色技术是降低环境污染与减少资源浪费现象的有效途径,是构建绿色企业的重点,它既能提高企业竞争力为企业带来效益,又能保护生态环境。根据产业共同体分类,绿色技术可划分为辅助技术与核心技术。其作用主要表现在两个方面:一是辅助技术对生产过程的创新和改造,二是核心技术对最终产品的影响。最终达到通过应用和推广绿色技术持续推动产业演化的结果。

绿色技术的经济价值包含以下三部分:

(1)内部价值:绿色产品制造商、绿色技术开发人员可以取得的价值。

比如环保设备和清洁生产设备在市场的较高占有率。

(2)直接外部价值:绿色产品用户、绿色技术用户可以取得的利益。例如,食用绿色食品可以使消费者有关疾病发病率有所下降。

(3)间接外部价值:不使用绿色技术或产品的群体能取得的利益。它是全体社会成员都能够得到的效益(如洁净的水),也是绿色技术承载的最高经济价值。

3.开展绿色营销

绿色营销指公司在其生产经营中,把自身利益、环境利益与消费者利益进行统一,并将其作为营销的重点工作。即公司将保护环境作为其日常运营的指导,将绿色文化作为价值观念,以绿色消费为重点与出发点的营销方式、营销观念和营销策略。根据环保与生态原则,可知绿色营销的重点是制定营销策略,它是在以绿色市场、绿色技术和绿色经济为基础上建设的、响应人们对生态重视的营销方式。引导用户进行消费并非绿色营销的目的,更不是公司营造自身良好形象的途径,绿色营销是一个不断发展、持续运营的过程,它试图在解决环境危机的同时获得商机,在达成企业利润与客户满意的同时达成人与自然的和谐相处。

企业在经营过程中应坚持探索绿色营销,如构建绿色购物环境,打造绿色商品基地,推广绿色营销、绿色宣传、绿色服务、绿色消费方式等,以满足人们保护生态、崇尚自然、追求高品质生活的需要。绿色营销应包括绿色信息的收集、绿色技术的研发、绿色产品的生产、绿色包装的实施、绿色促销的推广、绿色价格的制定、绿色渠道的选择、绿色服务的提供、绿色形象的树立等,将节约再利用资源与减少污染相结合,贯穿营销活动始终。绿色营销活动可以从营销 4P 方面进行,4P 分别为绿色产品策略、绿色价格策略、绿色渠道策略、绿色促销策略,具体在各个策略中需考虑的关键问题如图 2-4 所示。

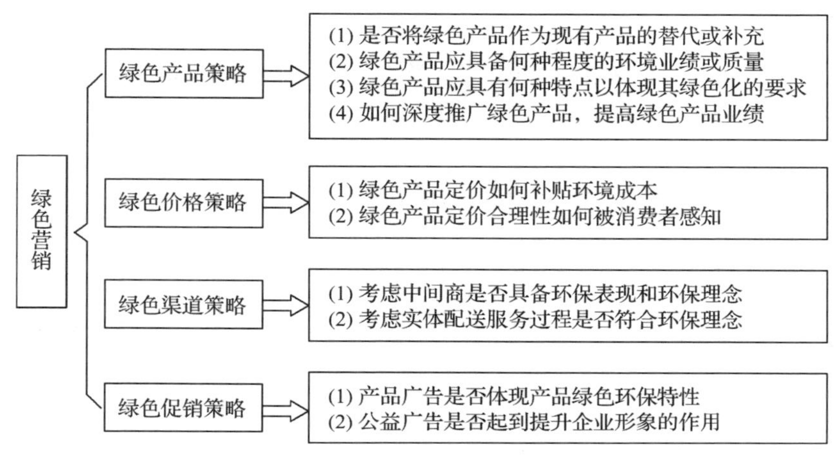

图 2-4　绿色营销策略需考虑的关键问题

综上所述，绿色企业主要是将生态特点引入企业，以经济与生态为出发点，注重工业产品的全周期过程，即从绿色设计、绿色制造到回收等阶段，以调和公司经济效益同公司生态间的关系，它的目的和出发点并不是减轻或消除因污染导致的结果，而是通过采用绿色技术从源头上降低污染，从而实现有效、无害、无污染的绿色生产。绿色企业同普通企业相比，在资源的运用方面更有效，能够用尽可能少的能耗制造较多的绿色产品。除此之外，还可以将企业排出的废弃物、余热等加以回收利用，充分提高企业循环经济的综合效益，而不仅仅是生态效益或经济效益。

在经济运行上，绿色企业表现出了显著的开放性特点，无论是绿色原材料还是半成品的供应、绿色产品的研发设计、资金来源、绿色产品销售等都要做到对外开放。但与此同时，在生态运行上，绿色企业则表现出了高度内部封闭性，通过对无废料或少废料绿色技术的使用降低了各生产环节中物质能量消耗，达到废物最小化并加以回收利用，从而使闭路循环得以实现。

2.2 绿色企业评定的理论基础

2.2.1 企业全生命周期理论

1.企业全生命周期

企业发展和成长的动态轨迹就是企业的整个生命周期,包括发展、成长、成熟和衰落四个阶段。对企业生命周期理论的研究旨在为企业提供一种符合其特征的组织结构,促进企业在各个生命周期阶段的发展,并从内部管理中探索得到较适合的模式,以维持乃至促进企业的发展。企业在每一个生命周期阶段中都应发挥其独特优势,使生命周期得以延长,从而实现可持续发展。

企业通常是指将盈利作为目的,利用多种生产要素(资本、土地、劳动力、科技等)在市场提供产品或服务,自负盈亏、自主经营的法人或其他社会经济组织。企业发展的核心是产品,它也是品牌建立的中心。如果企业希望在市场中取得良好的发展,则需要增强对产品的重视和控制。良好的产品生产管理方法要求建立完善的管理体制,并在产品设计、制造、回收过程中加强控制,因此出现了产品生命周期理念。

2.产品生命周期

产品生命周期(Product Life Cycle),亦称"商品生命周期",指的是产品从投入市场到更新换代和退出市场全过程;也可以表述为产品从原材料挖掘、原材料生产、产品设计制造、包装储运、销售使用、废弃处置的全过程,即产品从摇篮到坟墓的生命全过程。我们可以从市场、生产者、消费者及社会等四个视角对它进行阐述。在市场方面,产品生命周期是指产品从进入市场直至退出市场历经的循环过程,即导入期、成长期、成熟期、衰退期。在生产者方面,产品生命周期指的是产品从设计研发、原材料采购、制造到销售的循环过程。在消费者方面,产品生命周期则延伸到了消费者的使用阶段。在社会方面,产品生命周期包括了绿色设计、绿色制造、绿色回收的全过程,并在各个阶段都实施了绿色管理。

在绿色体系的指引下,企业将全生命周期理念贯穿于整个生产、发展全过程。企业对全生命周期理念的应用体现在全生命周期评价系统(Life Cycle Assessment,LCA)和产品全生命周期管理(Product Life Management,PLM)这两个方面,将全生命周期评价系统运用于评价产品的整个生命周期内对环境的影响,使用产品全生命周期管理支持产品全生命周期的协同设计、制造、回收和管理。

3.全生命周期评价

全生命周期评价是对产品、活动等自原材料采购至产品制造、运输、销售、使用、回收、维护与最后处理整个生命周期阶段所涉及的环境荷载进行的评价。该系统先对材料与资源消耗及整个生命周期的环境释放进行识别与量化,然后对这部分消耗与释放的环境影响进行评估,最后识别与评估减轻这部分影响的概率大小。LCA 是一种能全面、全过程地测定产品对环境的影响的评价技术与方法体系,已被国际社会广泛认可为有效的污染预防措施。

全生命周期评价源自 1969 年,美国中西部研究所接受了可口可乐公司的委托,跟踪并定量分析了饮料容器从原料开采到最终废弃物处理的全过程。生命周期评价已被纳入 ISO 14000 环境管理标准,并成为世界范围内环境管理和产品设计的重要支持工具。通过 ISO 14040:1999 的定义,我们可以知道 LCA 是指对产品生命周期内的输入、输出和潜在环境影响的编制和评价,包括四个相互关联步骤:目的和范围的确定、清单分析、影响评价及结果解释。

全生命周期评价具有以下三个特点:

(1)全过程评价。对与整个产品系统包括原材料的采购、加工、制造、包装、运输、消费与回收及最终处理有关的环境负荷的分析过程即为生命周期评价。

(2)系统性与量化。全生命周期评价使用系统思维,以探究全生命周期中产品及行动的各个步骤所耗费的全部资源、产生的废物和对环境的影响。定量评估能源和材料的利用以及废物排放对自然的影响,识别与评估改善这些影响的概率。

(3)注重产品对环境的影响。全生命周期评价注重探究处在生命周期各阶段的产品或行为对环境的影响,包括资源的利用、土地的占用和污染物的排放等,最终从总量上对产品或行为的环境影响程度做出反馈。生命周期评价强调在人类健康、生态健康及资源消耗方面对环境的影响。

4.产品全生命周期管理

产品全生命周期管理是管理产品自需求、规划、设计、制造、经营、运作、使用、保养维修直至回收利用处理这一周期的信息与过程。它不仅是技术更是一种先进的制造理念。它支持并运行先进的设计制造技术如协同设计和制造、敏捷制造和网络化制造等。产品从产生至报废的每一过程都同环境息息相关,都需要消耗相关资源并生成“三废”,导致环境污染与资源耗竭,因而对产品生命周期进行管理是必要的。PLM 是一个全局性的业务活动,涉及许多要素包括产品、组织结构、工作方法、过程、人员、信息结构和信息系统等。PLM 是一种认识世界的新范式和新方法,面向产品全生命周期来管理公司的产品创新、项目开发及相关服务能使产品创新活动更加有效,有助于公司控制其产品和服务,从而在全生命周期对产品负责。PLM 提出了一种新的概念结构,其对象包括市场、客户、竞争者、技术和可用的资源等,有助于识别公司特定的机遇,实现相关的利益。

2.2.2 绿色管理理论

1.绿色管理的定义及特点

绿色管理(Green Management)就是把保护环境的理念融入企业的运营中,它牵涉企业经营的各个领域、层次、方面、过程,对企业提出了环保、绿色的要求。

由于许多企业都具有环保意识,同时越来越多的消费者对产品提出了更高的绿色要求,生产绿色产品已成为许多企业的目标和法宝。与传统经营理念相比,绿色管理有下列特征:绿色管理综合了生态观念与社会观念,使之整体综合发展,因而它具有综合性;它实施的首要条件是消费者具备了绿色意识;它的基础是绿色产品及绿色产业;绿色标准和标志呈现出了无差别性,全球范围内通用。

2.绿色管理的实施原则

(1)“5R”原则:研究(Research),在企业的决策中考虑环保因素,对企业经营中的环境对策研究加以重视;消减(Reduce),采用新技术及工艺,使有害物的排出尽可能降低乃至为零;再开发(Reuse),将传统产品改造成环保产品,积极获取“绿色标志”;循环(Recycle),回收处理废旧产品,并加以循环利用;保护(Rescue),积极响应区域环境治理工作,对公司职员及大众进行绿色宣传,努力营造企业绿色形象。

(2)全过程控制原则:目前,大多数企业把重点都放在了产品生产时所产生的环境问题上,却忽视了产品在其生命周期末端对环境造成的破坏与污染。由此,绿色管理的原则之一是进行以产品为重点面向全过程的管理。全过程控制原则是指对产品整个生命周期进行管理监督与污染控制。

(3)双赢原则:在面对环境和经济的矛盾时,寻找一个既保护环境又加快经济发展的方案。即达成经济和环境的双赢,满足可持续发展的要求。具体表现为双方在不违背规则的条件下达成妥协,而并非双方都使自身利益最大化。

(4)保护性原则:企业贯彻绿色管理,不仅自身要做到保护环境,而且应向其内部职员和外部公众积极倡导环保,响应社区和社会上的环境整治活动,努力营造绿色企业形象。

3.绿色管理理论的本质

绿色管理理论,即企业在管理经营中将环保绿色理念完整地在每一管理层、每一领域、每一经营方向和每一管理过程中进行应用、融合,对组织或企业提出了要具备环保意识,经营过程要融入绿色环保理念的要求。在这里,“绿色”是种形象用语,包含了任何保护生态、自然与环境的观念、计划、行为、活动等,它使组织担负起社会责任,在达成经济效益的过程中也达成了社会与生态效益。

绿色管理理论不该被人和自然的生态视角所局限,应该涵盖人类自身的态度和人际的和谐共生。而这些和谐共生使政府、消费者与企业的复杂市场关系进一步结合,这也是绿色管理理论想要达成的目标。

4.绿色管理理论的核心内涵

绿色管理理论的核心内涵是“和谐”,它包含了“心态”“人态”与“生态”三者的统一,这一新型管理理念是根据时代的发展而产生的。心态和谐是指经营管理中企业家、职员等内在心理变化,这是绿色管理出现的源头;人态和谐指人际沟通和交往中和谐相处,这是绿色管理实施的条件;生态和谐即人同自然交互的和谐,此为绿色管理实施的结果。心态和谐为绿色管理基本条件,人态和谐为绿色管理的重要节点,生态和谐为绿色管理的既定目标。

在绿色管理过程中,生态和谐、人态和谐、心态和谐三者应当互相配合,作为绿色管理的要素缺一不可。从管理角度来看,我们可以将绿色管理理念视作企业进行可持续发展的要求,在企业经营管理过程中融入生态自然保护理念。即在未来的发展过程中,企业的战略部署要具备绿色理念,做到坚持绿色发展原则,在日常工作与业务以及拓展工作上不断发展。

因为“和谐”是绿色管理理论的核心本质,所以若要使最终的综合效益最大,组织与个人的目标则应保持一致。在管理活动中,管理者应当关注职员的心态变化,给予他们更多的尊重与信任,让其在注重自身发展的同时关注组织整体的发展。职员可以通过探索个人目标与企业目标的共同之处,来提高自身的积极性与主动性,在工作中投入较高的热情和活力,逐步建立起较好的心理状态与就职环境,从而达到企业组织和员工个人最大限度上的双赢。

2.2.3　绿色物流理论

1.绿色物流的定义

绿色物流(Environmental Logistics),即在物流过程中减少乃至消除物流对环境造成的破坏,与此同时,净化物流环境从而较大程度地让物流资源被运用充分。它包括物流作业与物流管理过程的绿色化。其中物流作业环节有绿色运输、绿色流通、绿色包装等。而物流管理过程围绕环境保护与资源节约,在保证正向物流环节的绿色化的同时确保供应链中的逆向物流体系的绿色化。实现可持续发展是绿色物流的终极目标,达成该目标要求我们做到经济利益、社会利益与环境利益相统一。从环境角度来看,绿色物流要求改善物流体系,组建一个环境共生型的物流管理系统。该系统是在保护地球环境与可持续发展的基础上建立的,改变过去经济发展、消费生活同物流的单向作用关系,降低物流对环境的危害,并形成一种可以推动经济与消费生活健康发展的物流系统。

2.绿色物流的内涵

(1)集约资源:该内涵是绿色物流本质内容。通过对现有资源加以整合,推进资源配置不断优化,企业能够提升资源利用效率,减轻资源浪费。

(2)绿色运输:运输中所产生的燃油消耗与尾气释放,是物流活动产生污染的重要原因。若想实现绿色物流,当务之急是合理布局和规划运输线路,采取缩短运输路线、提升车辆装载率等手段达成节能减排目标。此外,还应注意养护运输车辆、采用清洁燃料,从而在一定程度上降低能耗与尾气排放。

(3)绿色仓储:绿色仓储首先要选址合理,这可以节约很多的运输成本;其次要进行科学的仓储布局,使仓库能够最大限度地被利用,从而使仓储空间被最大化使用,降低仓储所需成本。

(4)绿色包装:绿色包装是物流活动环节之一,它能够在一定程度上提升包装材料利用率,对资源耗费进行高效控制,减少环境污染。

(5)废弃物物流:指的是根据实际需要,对丧失原有价值的物品采取搜集、分类、包装、储存等措施,然后送达专门处理场所的活动。

3.绿色物流的特点

相较于传统物流,绿色物流在目标、活动范围、行为主体和理论基础四个方面都具备一些独有的特征:绿色物流的终极目标是实现可持续发展,达成该目标的准则是经济利益、社会利益与环境利益的统一;绿色物流的活动范围更广,它不单涵盖了商品绿色化生产,还包括了物流作业与物流管理全过程绿色化;它的行为主体更为广泛,不仅是专业的物流企业,还包括在产品供应链上的制造商和分销商,以及各级政府和物流管理机构;它的理论基础更为广泛,包括可持续发展、生态经济学理论等。

4.企业绿色物流管理措施

(1)绿色运输管理

①采取联合配送:联合配送是指由多家企业联合组织、共同进行的配送活动。若干个中小型配送中心进行合作与交流实现对某个区域客户的配送,通常针对因某个区域用户所需产品数额较小而造成的车辆不足、利用率低等问题。采用共同配送能够充分提高人力、物力、财力与时间等资源的利用效率,从而获取较高的经济效益,并且能够减少冗余运输、缓解交通运行压力、保护环境。

②开展复合一贯制运输:复合一贯制运输指的是吸取铁路、船舶、飞机等运输工具的优点,将其进行有机结合,从而实现多环节、多运输、多区段工具互相衔接的方式。它避免了单个运输的缺点,从整体上确保了运输过程最优化与效率化。从物流渠道来看,它能够高效解决因基础设施建设、地理、气候等各地域环境差异导致的产品在产销时间与空间上的分

离,能够在一定程度上保证产销之间的紧密结合,维持企业生产经营活动的有效运转。

③积极开展第三方物流:第三方物流是指除供需双方之外的物流企业所提供的物流服务。它的出现使得物流资源能够在更广阔的范围内实现合理利用与配置,能在一定程度上降低自有物流带来的运输效率低、资金流转慢、配送环节复杂等问题。

(2)绿色包装管理

绿色包装是指使用环保节能的包装,其实现的方法通常包括:推动生产部门运用尽可能简单的、可降解材料做成的包装;在流通过程中开展相关手段使包装合理。

①包装模数化:制定包装基础尺寸的标准。采用模数包装,便于收集各类包装,使用集装箱和托盘装盘。若可以与仓库设施、运输设施等模块统一,还有利于运输与保障物流体系的合理性。

②包装的大型化与集装化:使物流体系中的搬运、保管、输送等流程的机械化程度更高,加速上述流程的操作,在缩减包装、节省包装材料与包装成本、保护货物上大有裨益。

③多次包装、反复利用与废弃包装的处置:利用通用包装,无须安排特定的重复利用环节;在诸如啤酒瓶包装上运用循环包装,实现重复使用;梯级利用,即使用过的一次性包装,在包装上进行转换或简单处理后再进行转换;对废弃包装进行再利用,将其转换成其他用途。

④研制新型包装材料与包装器具:包装的发展趋势是包装材料功能性更强,用更少的材料实现多功能包装。

(3)绿色流通加工

流通加工是指物品从生产车间到使用场所,按需要进行包装、分割、计量、分拣、组装、标价、贴标签、验货等简单工作的总称。流通业具有很强的生产性,也是环境保护可以大有作为的领域。绿色化的流通加工主要包括两个方面:一方面,将消费加工转变为专业化的集中加工,通过规模生产提高资源利用率,尽可能避免污染环境;另一方面,可以对消费品加工过程中生成的边角废料进行集中处理,目的是减少消费者各自进行处理加工所产生的废物污染。

(4)废弃物物流管理

就环境而言,未来大量生产、大量消费的结果必然会产生大量废物,尽管采取了许多措施加快废物的处理和控制,但总的来说,废物的大量出现仍给社会带来了严重的负面影响,造成废物处理的困难,还可能引发社会资源的枯竭和自然资源的恶化。所以物流活动应当有利于资源的有效利用与地球环境的维护。

2.2.4 绿色营销理论

1.绿色营销的定义

绿色营销(Green Marketing)概念产生于 20 世纪 70～80 年代,是市场营销一个新发展的领域。绿色营销指企业在生产经营中,把自身利益、消费者利益和环保利益有机地结合起来,围绕这一核心,构思、设计、销售、生产产品和提供服务。

英国威尔斯大学肯・半提(Kenpeattie)教授在《绿色营销——化危机为商机的经营趋势》中将绿色营销定义为:为了推动可持续发展,将经济利益、消费者需求与环境利益有机结合,市场依照科学性与规范性原则,进行有目的、有计划的开发,并与其他市场主体交换产品价值,从而满足市场需求的管理过程。这一定义指出绿色营销的最终目的是促进可持续发展,实现循环经济,而实现这一目标的指导方针则强调经济利益、消费者需求和环境利益的统一。

可以将绿色营销的概念分为广义概念和狭义概念。在广义上,绿色营销为市场营销概念的延伸与发展。倡导绿色营销的企业在绿色营销理念的指导下,在市场研究、选择目标市场、制定营销策略、生产产品、定价、促销与分销等过程中重视消费者、社会与环境的利益。与此同时,企业在营销过程中积极引导消费者转变其消费观念与方式,持续开发绿色市场,进而促进绿色需求的产生。在狭义上，绿色营销是企业或个人在满足用户需要、保护生态环境的前提下，为达成自身利益与目标，针对其产品与服务进行市场调查、定价销售等一系列营销活动。

2.绿色营销的内涵

自20世纪90年代以来，绿色营销开始在全球风靡，促使企业营销走上理性化的道路，将企业责任与社会责任融为一体，是可持续发展理论、循环经济理论与营销理念相结合的新型营销理念。可持续发展理论和循环经济理论要求人类改变生产和消费方式，对企业来讲，就是要进行“绿色转型”、树立绿色营销观念、进行绿色营销，在营销过程中引导消费者消费观念、消费方式的转变，积极发展绿色市场，促进绿色需求。作为当前普遍被大众使用的术语，绿色营销的内涵仍存在许多争议，其实践仍拘泥于通过为有限的绿色消费者提供有限的绿色产品来满足其需求。

概括来说绿色营销有两层含义：其一，营销全过程是环保的，如在产品设计与生产过程中要实现节约能源并且不产生有害物质的目标；其二，营销的最终目的是积极发展绿色市场，促进绿色需求，最终引导消费者树立绿色消费观。绿色营销的内涵主要包括两个方面：①需求的全面性：市场营销应重视与强调需求的全面性。为使人类的生活质量能够得到全方位提高，企业的经营活动应考虑用户需求的全面性，其中包括对安全、健康、无害的产品的需求，对可持续消费方式的需求，对和谐人际关系的需求，以及对美好生活环境的需求。②引导需求：企业在营销过程中不单要发现需求并使之满足，还要积极地引导用户需求。企业不能将消费者仅视作实现利润的手段与工具，将自然当作征服对象，采取消极的方式发展需求、满足需求并实现利润，而应该积极主动地对用户进行适当引导，让他们能够合理消费，使他们树立起新的伦理观、价值观，从而杜绝由不合理需求导致的不合理生产与消费方式所引发的自然资源的损耗、浪费与生态环境的恶化。

3.绿色营销的特点

(1)综合性

绿色营销将市场营销、生态营销、社会营销及大市场营销观念加以整合。市场营销观念以满足用户需求为核心,“一切为了顾客需求”是企业运营与管理的最高准则;生态营销观念对企业提出要求,希望它能够将市场要求与自身资源条件进行合理结合,实现同自然、社会与经济和谐发展;社会营销则对公司提出了不单单依据其资源满足用户需求的要求,并且应符合用户与整个社会当前所需与长远所需,提倡追求社会长期效益的观点;大市场营销建立在过去市场营销要素(产品、价格、渠道、促销)上,增加权力和公共关系,从而让公司顺利挺进目标市场,应当协调地采用心理、经济、政治与公共关系等方法,目的是取得国外或地方相关方面的支持乃至合作。绿色营销观念将不同观念加以整合,给公司提出了在满足消费者需求与保护环境免受污染的状况下获取利益,对三者效益进行协调以实现可持续发展的要求。

(2)统一性

绿色营销重视社会利益和经济利益的和谐。公司进行战略决策时,不仅应关注商品的经济利益,还应当考虑大众及社会发展的长远效益和健康发展,这样商品才可以立足于市场中。为了追求可持续发展,人们应当进行自我约束、敬畏自然、尊重自然、遵循规律。大众绿色意识的苏醒,使他们在购买产品时,不单要考虑对自身健康的作用,更要考虑对环境的作用,拒绝接受对环境有害的产品、服务等,只有国家、企业和消费者三方共同努力,将绿色意识付诸实践,绿色营销才能兴旺发达。

(3)无差别性

绿色化的标准和标志在全球是没有区别的。虽然绿色产品标准在全球范围内各有特点,但都要求产品质量、产品生产和产品的使用、消耗与处理等满足环保需求,不存在对生态环境与人体健康造成伤害的情况。

(4)双向性

绿色营销不但对公司提出要构建绿色理念、制造环保产品、发展绿色产业的要求,还对消费者提出采购绿色产品、不购买对环境有害的商品、树立绿色观念的要求。绿色营销也是实现减少资源消耗,提高经济效益的重要途径。可持续发展商业宪章委员会在由国际商会和联合国环境规划署在巴黎联合召开的会议中提出了首项原则,明确了将可持续发展与保护环境转化为公司发展进步的第一目标。环保营销的兴起和发展进一步强化了消费者的环保意识,绿色化的大量出现已经掀起了一股浪潮,促使消费者绿色消费意识的苏醒;环保意识的进一步培养和强化,又直接影响到绿色化的进程。人们思考、期待并希望绿色营销能够真正让地球回归自然、回归绿色。

4.绿色营销的内容

(1)设计绿色产品

市场营销的首要战略是产品战略,公司进行绿色营销应当将绿色产品作为载体,为社会与客户供应符合绿色需求的商品。我们所说的绿色产品是指有利于社会、有利于环保的产品,又称为无污染产品。这类绿色产品同传统产品相比,至少具有以下特点:产品核心功能不仅应保证用户对产品本身的需求,符合相关技术与质量标准,还应该满足有利于社会、自然与人类健康的绿色需求,并满足相关环保与安全健康标准;商品的实体方面要尽可能缩小对资源的耗费,尽可能地利用再生资源。不能加入对环境或人类健康产生危害的材料、辅料。“三废”在生产中需要减轻乃至避免其对环境的伤害;产品制造和销售的重点并不是诱使客户更多地进行购买,而应引导客户进行恰当的消费;适度生产,树立全新的生产审美观。

(2)制定绿色产品的价格

市场的敏感因素为价格,市场营销的主要策略便是定价,因此制定绿色产品价格是开展绿色营销的必然要求。一般而言,在市场投入期绿色产品的生产成本比过去同类产品要高，这是由于绿色产品成本中包含环保成本，主要包括：在产品开发过程中，由于扩展、改进环保方面的功能而增加的研制成本；在产品制造过程中，为避免造成对环境和人体污染而支付的工艺费用；利用新绿色原材料和辅料而支付的资源费用等。

但产品价格的上涨是暂时性的，科技发展与各种环境保护措施不断完善，会使得绿色产品的生产成本逐渐降低并趋于稳定。企业在制定绿色产品价格时，一方面要考虑以上因素，另一方面也要注意随着人们环境保护意识的增强、经济收入的提高，企业可接受的商品价格也会逐渐与消费者相一致。因此，企业对绿色产品的营销不但可以让企业赢利，还可以在竞争中获得优势。

(3)制定绿色营销的渠道策略

绿色销售渠道是绿色产品自生产者向消费者转移的通道。为实现绿色营销，公司应打造长期有效的绿色营销渠道，其策略可以从引导中间商树立绿色意识、建立适当的利益关系、不断发现与选择营销伙伴、逐渐打造稳定的营销网络、重视渠道相关环节等几个方面着手。要真正实现绿色营销，不仅要挑选合适的绿色交通工具、构建绿色仓库，还要制定与实施绿色运输、储存、管理等措施，做好绿色营销渠道的各项基本工作，尽量缩短产品供应链，降低成本。

(4)搞好绿色营销促销活动

绿色促销依靠媒介传达绿色信息、引导绿色消费、激发客户绿色消费需求并最后促使客户购买。其环保宣传的主要方式有以下几种：

①绿色广告。借助广告对绿色产品的功能定位，推动用户理解和接受广告。针对绿色产品的市场进入期与成长期，借助大量、广泛的绿色广告，推动绿色营销，激发用户购买欲。

②绿色宣传。通过绿色营销者的促销及商业推广，向用户进行直截了当的讲解、展示产品的绿色信息及功能，解答用户的绿色咨询，宣传目前的环境现状及绿色营销的发展过程，刺激用户的消费欲。可以尝试采用赠品、竞赛、试用等方式，引起消费者的消费兴趣，促进消费者的购买行为。

③绿色公关。企业公共关系人员通过参与各种公共关系活动，如撰写文章，进行讲演，参加社会联谊、环境公益活动等，与大众进行广泛的接触，提高大众的绿色意识，构建公司的绿色形象，为绿色营销奠定扎实基础，推动绿色营销不断前行。

2.2.5　绿色文化理论

1.绿色文化的定义

绿色文化是一种环境意识和观念，是生态文明和科学发展观的产物。人类文明具有尊重自然、保护环境、促进资源永续利用的基本特征，是一种人与自然协调发展、和谐共处、实现人类可持续发展的文化。

绿色企业将绿色文化作为企业文化建设的指导思想，立足于开发绿色产品，将满足企业职员与相应消费者绿色需求作为目标，将绿色经营作为其实现途径，将实现职员、企业与社会的和谐共处为目的，推动企业可持续发展。绿色企业文化从企业发展战略的高度进行培养，是企业发展理念的重大变革和企业价值观的凝练与升华。

2.企业绿色文化的内涵

在低碳经济环境下，企业和员工在实践生产经营过程中逐步建构起一种全员认同、自觉遵循、富有企业特色、能对企业发展和成长产生重大影响的保护环境、节约资源和实现可持续发展的绿色文化意识和观念，这便是企业绿色文化。以价值观念为核心，企业绿色文化表现方式丰富多样，包括企业理念、企业发展目标、企业形象、企业道德品质、企业价值观与相关制度等。它在外部表现为树立了企业良好的绿色形象，而在内部表现为实施各种有效的绿色制度法规。在企业发展管理中，企业绿色文化具有显著的凝聚力、导向力和约束力，能有效地把企业员工凝聚起来、统一起来，使其目标明确、步调一致。与此同时，企业绿色文化的构建也有赖于科学的低碳绿色管理战略的完善与制定，只有充分发挥绿色功能内涵的行为导向与价值导向作用，展开绿色产品开发设计，树立绿色价值观，才能使企业真正“变绿”。要充分激发企业绿色文化软约束的效能，加强员工的精神修养，使其增强自我约束力、主动性和自觉力，确定恰当的工作方法和意义，建立责任感和使命感，从而自觉担负起绿色经济发展、健康环保的社会责任，使企业获得社会、社区和大众的一致认同，构建起良好的形象。

3.绿色文化体系的构成

一般来说，企业文化系统由四个部分组成：企业精神文化、企业制度文化、企业行为文化和企业物质文化。由绿色精神文化、绿色制度文化、绿色行为文化、绿色物质文化组成的绿色企业文化体系也与这一体系相符合。

(1)绿色精神文化

企业精神文化指为引导企业进行日常生产经营活动而形成的不同群体意识与价值观的总括，而精神层面则是其核心层次。企业绿色文化体现了企业对可持续发展的信仰与追求，是企业为实现绿色经济需求而制定的核心价值观。确立企业和生态、社会协调的目标，培养员工环保、节能与低碳意识，将环保和可持续发展作为员工的共同价值观。

(2)绿色制度文化

绿色制度文化是实现绿色化的有效手段，是外部法律法规和内部管理制度有机结合的重要途径。就低碳背景而言，企业应充分重视国内外有关低碳经济、绿色经济领域的法律法规及政策，重视我国发布的碳减排承诺与实现途径，依据相关政策法规与机制，对企业组织和管理实行低碳再造。

(3)绿色行为文化

企业行为文化指企业员工在日常运营管理、学习生活中所形成的活动方式，主要包含企业管理、人际关系、文体娱乐等方面所产生的文化现象，是企业精神面貌、管理作风、人际关系的动态体现。绿色行为文化集中体现了企业员工在环保、低碳、节能等方面的各种行为准则与习惯。通过企业员工的行为体现绿色精神与制度，不然就容易成为空中楼阁。

(4)绿色物质文化

文化通常以物质为载体,物质文化由产品与设施组成,是企业文化中最外层的圈层。企业向其客户和外部世界传达的最直截了当的信号,就是绿色物质文化中蕴含的物质表现形式。形象设计为公司展现其物质文化不可或缺的途径,将绿色理念转化为直观的绿色形象能高效地传达企业绿色文化理念。

4.绿色文化的发展策略

建设与员工综合素质相适应的企业文化,要根据公司的经营状况、生存环境、心理特征以及员工的心理特征进行具体分析,否则就难以取得好的效果。要注重员工的志向培养模式与主动性,管理者的责任感与自觉性,决策者的事业心与使命感,倡导先进的公司准则与职工行为准则。唯有如此,才能更好地发挥公司文化建设对提升管理水准、达成公司创新发展目标的显著作用。

(1)制度层面企业绿色文化建设

公司的管理实践应明确规定,为职工实践发展创设良好的氛围。首先,理顺领导体制,建立企业绿色文化的职能建设部门,企业领导应予以重视。其次,根据企业文化建设的绿色系统工程特征,要求各部门通力合作、融为一体。因此相关部门要负责协调沟通,合理发挥各部门的职能,提供相应的时间、资金和必要的办公条件、信息与人力资源,同时在绿色功能单元内建立相应的招标代理机构,提高管理权限。调整企业管理业务类别,有步骤、有计划地淘汰企业现有的高能耗、高污染的业务。

(2)精神层面企业绿色文化建设

公司员工、领导都要信守绿色理念、职业道德等,形成有效的企业精神层面体系。倡导企业精神、道德、哲学及服务宗旨,努力倡导绿色理念。通过开展绿色企业的教育培训,渗透清洁生产理念与可持续发展知识,提高企业员工的环境保护意识,树立绿色低碳的市场理念。另外,注重培养员工形成绿色产品、绿色消费观念,环保科学意识和奉献精神,构建以减少污染、清洁生产为核心的企业绿色文化。在信息化时代,我们要充分利用现代科技、网络平台进行绿色运动,可以采用播音、演说、竞赛等形式,也可以采取给予员工绿色福利、绿色管理等方式。

(3)物质层面企业绿色文化建设

企业文化建设的绿色表层为物质文化创新、企业制度和精神层面建设的现实条件,物质层面能对企业管理哲学、经营理念、审美意识和作风产生有效的折射。开放公司信息渠道,使全体员工心中有数,全面掌握企业竞争与环境情况,同时让大众消费者、利益相关者、社区工作者等深刻理解企业环境管理与资源建设条件,确定绿色企业文化,促使社会公众对企业进行反馈和监督,给企业提出更多建设性意见。

2.2.6 绿色品牌理论

1.绿色品牌的定义

绿色品牌不限于自然环保领域,它是指根据实践、倡议、促进“健康与和平”的绿色理念而建立的品牌,是一种绿色、可持续发展的品牌。在品牌运营和推广过程中,将“健康与和平”的理念进行深度结合,塑造品牌在用户心目中的第一印象,即“健康与和平”,进而为品牌所有者获取绿色溢价,从而形成绿色体验增值的无形资产。

在企业管理中,以绿色品牌为先导进行生产研究,即适应了自然环境,做到了生态平衡。倡导绿色品牌是每一个企业管理者都需要做到的,以树立绿色品牌为价值观,以绿色科技为核心技术,进行绿色营销,在取得经济效益的同时又保护了生态环境,达到双赢的目的,实现人与自然的和谐,最终实现经济可持续发展,为子孙后代创造一个好的生活环境。“绿色品牌”不但在生态环保范畴内,而且符合“健康和平”的绿色理念。绿色品牌在经营宣传中,会牵涉环境营销、低碳营销等范畴,对公司自身利益、未来发展以及生态环境都有很大的好处。

打造绿色品牌形象,是公司抓住绿色机遇和挑战的不可避免的趋势。

为在绿色潮流中占据一席之地并获得长足发展，企业应当建立优质的绿色品牌形象，这是因为绿色品牌形象是当代企业的无形资产，可以为公司长期发展提供保证而得出的结论。当前，绿色已成为新时代的时髦颜色，因此人们更认同那些顺应绿色趋势的企业，主要是在生产管理、技术革新等方面顺应绿色潮流，对全人类发展负责任的企业，建立优质的绿色品牌形象，也有利于增加产品销售，提高企业知名度，进而在竞争中占据有利地位。

2.绿色品牌的基本特征

绿色品牌不仅具备市场营销的共有性质，还具备其自身的独特性。其特征具体表现如下：

(1)绿色性

品牌绿色性即绿色品牌营销带有改善生态环境与社会环境的功能，抵制环境污染；提倡有效配置营销资源；倡导文明消费；推动公司可持续发展，以达到社会、经济、环境各方面“共赢”。这是绿色营销本质特征，同样也是绿色营销的特征基础。

(2)持续性

有赖于绿色品牌营销绿色性，企业的营销资源才可以取得高效、合理的配置，营销活动才能持续进行，产品、企业的自然寿命才能得以延长，整个社会在资源保护和运用中方可实现可持续发展。此为绿色营销的持续性。

(3)外部经济性

经济学中的外部性为经济主体活动对其他经济主体的影响。企业实行绿色营销对其他经济主体产生积极影响，即绿色品牌营销的外部经济性。其中包括对生态环境保护，为其他企业提供指导，为用户提供相关收益并促进健康的社会文化，伦理道德和可持续发展等，这些来源于绿色营销的绿色性。

(4)系统性

系统性是绿色品牌营销的另一个主要特征。绿色品牌营销是由多种因素相互作用、相互影响构成的多变的商业活动组合，它是市场内部和外部因素，即企业自身、消费者、环境与社会等因素的综合活动。绿色营销系统具备动态性、层次性、复杂性等特点。

3.绿色品牌的评价

伴随着绿色消费普及的大众化与群体化，消费者加深了对绿色品牌的认知，绿色品牌与它的评价也受到了社会大众的普遍重视，相关学者、实践者们从他们各自不同的领域分别对绿色品牌进行了评价，包含以下三个方面：

(1)以商业价值为基础的绿色品牌评价

对绿色品牌进行商业评价可以有效地反映其品牌的商业价值，是对其价值的详尽分析。绿色品牌在市场上的影响力和延伸能力可以反映出当代公司的品牌价值产生的经济增值，可运用国际著名的 Interbrand 法和 Financial World 法对品牌的市场绩效和竞争力进行评价，其指标大致包括利润、销售额和盈利水平等。作为当代公司主要无形资产之一，绿色品牌形象的重要性不言而喻，它是公司在当今时代以绿色经济为基础形成可持续发展的重点。一般来说，绿色品牌价值是公司在运营、职工素质、经济效益等方面综合作用的体现。

(2)客户让渡价值基础上的绿色品牌评价

客户价值是指客户总价值与客户总成本之间的差值。总体客户价值是客户想要从某种具体产品与服务中取得的效益的集合，它包含商品价值、服务价值以及形象价值等。顾客总成本是指评价、获取与运用产品与服务时产生的预期用户成本，其包含金钱成本、时间成本、心理成本等非金钱成本。以顾客让渡价值为基础的绿色品牌评价，就是验证品牌带来的顾客价值，本质就是从公司对绿色品牌的认识上加以评价，其重点就是研究如何获得顾客的认可，从而挑选绿色品牌进行消费、赢得消费者的信任、培养和维持消费者对其忠诚度。正面向上的绿色品牌评价，综合体现了商品的高性能、优质服务、企业知名度等，为当代公司扩大市场份额、赢得竞争优势、扩大利润空间的有力保证。

(3)用户感知基础上的绿色品牌评价

绿色品牌评价是用户感知价值的体现，而用户对绿色品牌的评价则大部分展现在其对绿色品牌的认知态度和忠诚程度上。以感知价值为基础的绿色品牌评价模式，涵盖了用户对绿色品牌的行为、理解、支持和采购意向等方面的内容。在此基础上，美国知名品牌专家大卫·阿克教授从消费者的角度指出判定品牌价值的五个方面，即忠诚、认知质量或领导力、品牌联想或差异化、品牌认知和市场行为，同时给出了上述五方面的十个详细评价指标：一是品牌忠诚，涵盖价格实惠度、满意度或忠诚；二是感知中的品牌对潮流的领导力，涵盖感知中的品质、品牌对潮流的领导力或普及度；三是品牌联想或领导力，包括价值、品牌个性、企业组织联想；四是认知中的品质，包括品牌认知；五是市场行为评价，涵盖市场份额与市场价格及销售地区。按照以上十个指标进行评价，被叫作品牌十要素评价模型。当代企业可借助品牌十要素评价模型，为绿色品牌评价提供一种以消费者为主导的全面系统的评价思路，从而更好地把握市场，赢得竞争优势。

2.3　绿色企业的内容

本书结合产品生命周期理论和表 2-1 对于绿色企业概念要点进行描述，从产品全生命周期角度出发，对产品从设计、制造到回收的整个生命过程进行阐述，并介绍产品在各个阶段可以实现的绿色管理措施。在产品生命周期理念下，绿色企业可以简单表述为：生产全生命周期绿色化产品的企业，即通过采用绿色管理方法，对产品采用绿色设计，使用绿色技术，实现绿色回收。

2.3.1 绿色设计

绿色设计是以环境资源为核心概念的设计过程,也是在产品与整个生命周期设计中充分考虑资源与环境影响的设计过程。绿色设计是生产产品和服务的关键组成部分,有利于减少对环境的影响。

绿色设计的主要内容有:绿色产品设计的材料选择与管理;产品的可拆卸性设计;产品的可回收性设计。此外还涉及绿色包装设计、产品轻小化设计等。原料是产品的生命周期之源,而绿色原料的选择是环保产品发展的前提和关键。选材应遵循四个原则:优先选用可再生原料,提高资源利用率,降低煤炭、石油等不可再生资源的使用;尽量选用无毒环保的原料;尽量选用易回收、易降解的原料;尽量减少原料种类与用量。在产品回收设计方面,应全方面地对原料的回收概率、价值高低、处理技巧等因素进行考量。对于产品的可拆卸设计,设计者应设法让结构便于组装、维护,并且使产品能够在报废后再循环使用。白色垃圾因包装材料设计不合理与未能有效回收利用而产生,既浪费资源又严重污染环境,所以包装上必须采用绿色设计。一是以简洁为原则进行包装设计,减少包装材料的消耗;二是加强包装材料的回收与再利用技术开发,对现有包装废弃物进行再利用,开发对环境友好的包装替代品,如玻璃罐、纸盒等,以利于回收与再利用,或易于降解。其体积、重量对储运能耗和环境污染均有影响,因此,在产品设计中企业应通过减重、减容等手段来实现这一目标。另外,减少产品的重量和体积,有助于减少原材料的使用。

2.3.2 绿色采购

绿色采购是企业在充分考虑环境影响的基础上来对生产原料与生产工艺进行选择,并与供应商达成一致,共同实现产品整个生命周期对环境影响最小的一系列方针,其具有学科交叉性、多目标性与时域性和地域性的特点。从该定义中可以看出,绿色采购具有双重内涵:一方面是要求生产企业采购绿色产品或服务,减少生产及消费过程中对资源的消耗和对环境的破坏,实现绿色消费与可持续发展,这是基本要求;另一方面,生产企业通过制定绿色采购的制度和标准,开发、选择和评价供应商,带动其进行绿色生产,保护环境,履行社会责任。从它的内涵可以看出,实施绿色采购的主要目的是尽量减少企业生产活动给环境带来的负面影响。相比传统的采购,绿色采购更关注产品整个生命周期的表现,在计算采购成本时不仅会考虑原料价格,还会将环境成本予以考虑。

实施绿色采购对企业、供应链和宏观经济都有着重要意义。对于企业来说,从长远来看,实施绿色采购能提高企业的经营绩效与竞争力,也能有助于内外部业务流程的优化并提高其运营效率,此外还能够降低企业后期的环境治理成本,提升企业形象;对于供应链来说,处于链条前端位置的绿色采购的实施力度与强度将会对整个链条上的企业的环境管理绩效产生重要影响;对宏观环境来说,绿色采购的实施可以推动社会实现良性循环,促进我国经济的可持续发展。在绿色采购的实施过程中,企业不仅需要关注效率,还需要注重代内与代际公平,树立生命周期成本理念,遵循减量化、再循环和再利用原则。

2.3.3　绿色制造

绿色制造是以资源环境为导向,应用材料转化的原子经济概念和自然生态中物种共生、材料再生循环、生态整合等原理,以系统工程的思想和优化设计的材料高效分层多层次利用,充分发挥资源潜力,实现源头减废的大型工艺系统。在微观尺度上,包括对资源的高效清洁转化、经济反应和分离过程的绿色设计和过程强化、宏观尺度下的过程耦合和调节、物质过程一能量过程一信息过程的优化整合和环境导向的多目标优化、生态产业群大系统层面的系统整合,以实现总体最优化,为制造业可持续发展提供支撑。

绿色制造是一种现代制造模式,它综合考虑了环境影响和资源效率,其目标是在整个产品生命周期内,从设计、制造、包装、运输、使用到报废处理,都要尽量减少对环境的负面影响,使资源消耗尽可能降低,并协调优化企业的经济效益与社会效益。绿色制造涉及多个制造事项,包括循环再造、节约、废物管理、供水、环保、监管、污染管制及其他各种相关问题。实施绿色制造是21世纪的重大课题之一,既要生产符合环保要求的产品,又要在生产过程中尽可能地满足绿色制造的要求。事实上,只要在思想上有绿色制造意识,并将其运用到工作中,绿色制造就可以逐步实现,而且会越来越完善。设计时要充分考虑产品的环保性,尽量做到标准化、规范化、系列化,这样零件组合时既能节省设计时间,又有利于成熟工艺的推广和使用,既能减少工装、夹具的数量,又便于加工和管理,使有限的资源得到优化配置。在绿色制造过程中,产品的标准化、规范化和系列化只是基础步骤,而实现绿色制造更多的是采用绿色制造工艺。这就要求在提高生产效率的同时,减少或消除有害废物和其他有毒和污染的化学品的使用,改善劳动条件,减少对操作人员的健康威胁,以及生产安全和与环境兼容的产品。很明显,工艺水平越高,浪费的资源就越少,生产效率就越高。与此同时,每道工序的实施都要考虑减少对环境的影响,因此,在生产过程中尽量采用新工艺、新技术是实现绿色制造的关键。

2.3.4 绿色回收

绿色回收指将废物中的有用物质经物理或机械处理后转化为再生产品。废料玻璃、废金属、废电池、旧电器、闲置礼品等均可以成为绿色回收的对象。绿色回收同简单回收主要差别的重点是分类。简单回收具有泛泛而谈的特点,具有浓厚的经济色彩,但绿色回收较为细致,具有较强的环保色彩,它可被解释为有层次、有目标,尽可能地收集废物,尽量减少环境污染损害。

一般而言,处理固体废弃物指通过物理、化学、生物、物化和生化等方法,将其转化为适合于运输、储存、运用或处理的步骤,其目的是达到无害化、减量化、资源化。固废作为“三废”中最难处理的一种,所含成分复杂多变。为了实现“无害化、减量化、资源化”的目标,首先应对它的产量加以控制,如提高废品回收率;其次要进行综合利用,将固体废物当作资源和能源来对待，确实无法使用的废物应经过压缩与无毒处理转为终态固体废物，再进行填海与沉海，所采用的方法主要有压实、破碎、分离等。采用压实法、破碎法、分选法、固化法、焚化法、生化法等工艺，也可达到综合利用的目的。然而，上述工艺简便、快捷，但不能彻底实现全面利用，绿色循环利用可以解决这个问题。由于垃圾的种类很多，从电子垃圾、厨余垃圾、包装垃圾、建筑垃圾到废弃轮胎与汽车，垃圾牵涉到人们生活的各个方面，只要人们进行生产活动，垃圾就会生成。在可燃性、不可燃性、可利用性、有害性垃圾被丢弃到环境容量极限时，人类将处于垃圾丛林中，因此遏制这场灾难发生是现阶段环境治理的重点。

在我国，废弃的一次性生活用品、电器等大量固体废物堆积而未得到合理利用与处置，对环境造成危害。这主要由于未能使生产者肩负对制造的产品进行报废、回收与处置责任，也未对生产者延伸产品退出市场所带来的环境问题给予足够的重视。生产企业责任延伸是指生产企业在产品报废和处理过程中应负的责任，应将废弃物的报废和处理成本内化为生产企业的责任，从而促使生产企业更加重视产品的设计、环境特性、可回收性和使用阶段的功能，注意到产品的环保性能，延长产品的使用寿命，缩减包装物或再循环包装物，减少对产品报废与处理，从而实现回收方便性，达到资源的高效运用，减轻产品报废后对环境的影响。例如，荷兰制定了依据减少金属材料的使用次数来延伸其使用周期的规定，防止废弃产品的产生，从而让电器产品对金属材料的利用率达至 95%。

美国、日本及欧盟等先进国家与地区，对电子产品的报废与处理都形成了较系统的法律体系，其中涵盖征收垃圾处置费用和再生利用两种，促进了垃圾分类收集、资源再利用与无害化处理废物的实践。参考国外成功案例，通过加强立法推进我国固体废物的分类收集、回收利用和安全处置，可以采用实行押金制度扩大厂商责任，采用定点有偿回收和定点随地丢弃罚款等措施，规范消费者定点交运固体废物，建立非营利公司统一经营的固体废物资源化利用与无害化处理，构建垃圾分类收集－资源回收－无害处理的社会化服务系统。

2.3.5 绿色管理

绿色管理是把环保理念融入企业的经营管理中去，它涉及企业管理的各层面、各领域、各环节与各过程，它对企业提出了要在管理中时刻注意环保，体现绿色理念的要求。“绿色”是一种意象用语，指一切保护地球生态自然环境的计划、行为、思想、行动等，它赋予组织一定的社会责任，即在取得经济利益的同时，也要取得一定的生态效益及社会效益。

绿色化管理要做到生态和谐、人际的心态和谐、人与自然的和谐，这三个要素都是管理过程中必不可少，缺一不可的。绿色管理的核心内涵不仅存在于环境保护领域，还扩展了管理者的视野，将科研条件、科研空间进行扩展和丰富，能够在很大程度上获得经济和生态上的社会效益。就管理而言，绿色管理的理念可以理解为是企业按照可持续发展的要求，在现代企业的生产经营管理中融入生态环保理念。也就是说，企业在未来的发展当中，每一步的战略部署都含有绿色概念，并且遵循绿色发展的原则。在日常工作方面、业务方面、拓展工作方面，都能够达到一个持续发展的效果。

依照不同方面，对绿色管理的理解存在差异：从环境学角度来看，绿色管理即公司的生产运营活动需达到对环境的无污染或最低限度的污染；从资源学角度来看，绿色管理即公司的生产经营活动应达到对自然资源的恰当利用与全面运用；从经济学角度来看，绿色管理即公司的生产经营活动需遵循物质、能量的循环规律，不应因人、财、物等资源的使用而打破自然系统的平衡；从经济角度来看，绿色管理应该达到一定的效益，绿色管理应该达成经济效益同生态效益、社会效益的有机统一；从管理学角度来看，绿色管理即公司的生产经营活动，应该以人、物等资源为基础，合理地安排和组织其生产经营活动，使企业的各个部门协调一致，从而达到协调发展。

典型案例　联想集团

一、企业概况

联想集团是一家在信息产业领域从事多元化发展的大型企业，是一家颇具创新性的国际化科技公司。从1996年开始，联想电脑销量持续位居国内市场榜首；2013年，联想电脑销售量位居全球第一，成为全球最大个人电脑+平板电脑生产厂商。

联想是一家营业额接近500亿美元的民营科技产品公司，同时也是PC+产品领域的新晋领先企业，其客户遍及全球160多个国家。作为一家极具创新精神的高科技企业，联想秉持着自我革新、保持卓越的传统，在客户的重要应用领域保持着技术开发的不间断投入。联想把新兴的研究与开发结果由实验室带至市场，将其转化为生产力，提高了人们的工作与生活质量。联想对世界个人计算机技术的发展做出了重大贡献。

二、企业的绿色发展之路

2015年，国家工业和信息化部发布了《工业产品生态设计试点企业(第一批)及实施方案摘要公示》，根据《关于组织开展工业产品生态设计示范企业创建工作的通知》(工信部节函〔2014〕308号)要求，联想(北京)有限公司成为首批工业产品生态设计试点企业，也是公示名单中唯一的信息计算技术(ICT)企业。经过三年的创建，联想通过验收，成为首批工业产品绿色设计示范企业。

联想作为全世界最重要的电子设备制造厂商之一，这些年来始终致力于成为绿色企业的代表者，在企业经营的各个环节融入绿色理念，努力创造最高标准的环境友好型产品，通过绿色创新带动更多的社会领域实现绿色发展，同时也实现了自身的快速成长。在绿色创新方面，主要有以下几点：

(1)绿色材料的升级：通过塑胶、包装材料的升级，不断降低原生材料的使用，同时降低其生产、加工过程的资源消耗。

(2)绿色工艺的升级:通过锡膏材料配方改进、生产制程工艺升级,废除锡膏中重金属铅的使用,降低耗电量并提高线路板的良品率。

(3)绿色应用解决方案的升级:通过数据中心产品水冷解决方案替代原有传统散热解决方案,使数据中心的 PUE 大幅提高。

(4)绿色品牌推广:持续地推动品牌绿色化,提高联想品牌绿色领导力。

三、全生命周期理念在企业中的应用

联想遵循工业生态设计建设的基本要求,秉承产品全生命周期(LCA)理念,从供应链源头开始,在产品设计开发之初,通过系统性的调研,对整个产业链各阶段进行分析,将原材料选用、制造、销售、使用、回收、处理等各环节对资源环境造成的影响考虑在内,努力保证产品在全生命周期中尽可能减少资源消耗,减少污染物的产生及排放,从而构建"绿色设计—绿色制造—绿色回收"的生态体系。试点的实施推动了联想企业提升生态设计的能力,通过节能降耗减排治污促进了电子信息产业的绿色发展。在所有联想的产品中,生态设计的产品占企业总产品的比例逐年提高。

1.绿色设计

建立完善了绿色产品设计研发体系,开发了一系列的生态产品。联想通过"产品能效+绿色材料(有害物质管控+再生材料)+产品碳足迹"三个方向来打造绿色产品。

(1)绿色材料

①有害物质管控

保护环境是联想的首要承诺,有害物质管控是最基本的环境合规工作。如果有经济上、技术上可行的替代品,联想的产品优先采用这些环保替代品,联想限制使用有毒有害物质,包括限制可能发生危害的浓度。

此外,联想还制定了严格的环境标准——《41A7731 联想产品、材料和部件的基本环境要求》,与供应商一起实现有害物质合规,尤其是满足

China RoHS《电器电子产品有害物质限制使用管理办法》,欧盟 RoHS《关于限制在电子电器设备中使用某些有害物质的指令》,欧盟 REACH《化学品的注册、评估、授权和限制法规》以及 PoPs《关于持久性有机污染物的斯德哥尔摩公约》等。

联想并促进供应链全物质信息披露,改变商品有害成分合规规则,提升环境合规审核质量,迅速应对国际法规 RoHS、REACH 等的变化,替产品废弃拆解、反向供应链等提供保障,实现有害成分合规管理。

随着可接受的替代物料的出现,联想已经针对整个 Think 及 Idea 系列产品推出了不含溴化阻燃剂及聚氯乙烯物料的机型,向着所有新推产品不再使用溴化阻燃剂/聚氯乙烯物料的目标努力。联想将继续与供应商合作,试行全新不含溴化阻燃剂及聚氯乙烯物料的应用。

②绿色包装

联想一直致力于为产品提供绿色包装,非常重视增加包装中回收材料种类、可回收材料的比例,减少包装尺寸,推广工业(多合一)包装和可重复使用包装。自 2008 年以来,通过设计的优化和创新,共计减少了超过 2 000 吨的包材消耗。

联想自 2008 年开始在 Think Centre 台式电脑实施了 100%再生料的包装,并持续推动在产品包装中使用再生料,例如,所有 Think 品牌产品的纸箱都已经被认证至少含有 50%的回收材料。

联想也重视包装的轻量化,在保证产品受到充分保护的前提下,通过减小包装体积来减少包装材料的消耗。轻量化的包装在碳减排方面有明显的贡献,而减小包装体积使产品的栈板利用率有超过 33%的提升。

(2)产品碳足迹

对产品碳足迹的量化统计将帮助联想更好地从产业链入手,有针对性地优化产品的环境表现。联想从产品碳足迹和产业链入手,设置了细分指标,为进一步降低产品全生命周期碳排放提供量化基础。2011 年,联想加入了世界资源研究所(WRI)和世界可持续发展工商理事会(WBCSD)利益相关方咨询工作组,支持其关于产品核算与报告标准的研发。此外，联想还自主开发完成了一个量化产品全生命周期碳排放的计算指导文件，并保持与国际环境管理—生命周期评估标准（ISO 14040&44）、英国碳足迹标准PAS 2050（Publicly Available Specification 2050）以及国际碳足迹规范（GHG Protocol）的产品计算和报告标准一致。

联想与信息及通信技术行业的友商、学术机构进行合作，通过Product Attribute Impact Algorithm（PAIA）计划，开发能够简便和快速地计算信息及通信技术产品碳足迹的工具。这项工作旨在推动行业设立标准方法学，以确定产品碳足迹。

供应商产品的碳排放是联想关注的另一个重点。2012年，联想支持并参加了电子行业公民联盟（EICC）对供应链温室气体排放追踪工具的开发，并在供应商管理中依照电子产业行为准则（EICC Code）要求，实施有利于节能和碳减排的采购。产品的碳足迹由产业链上的所有企业共同决定，联想还不断提高对供应商碳排放的要求，携手上下游企业打造低碳产业链。产品碳足迹统计方法的确定为联想及ICT行业提供了一个量化工具，可更直接地评估和考核产业链各环节企业的能耗表现，这也为联想下一目标的实现提供了统计基础。

（3）产品能效

产品的能源效率一直是联想聚焦的核心。通过与其他原始设备制造商及行业利益相关方工作小组的合作，现有及已建议的全球信息技术产品能源效率政策、规范及要求均需要与目前及未来的技术相匹配。这些工作成果在用于开发高端产品时，使得整体效率得到全面提升，包括更新的能源之星（ENERGY STAR）项目规范、美国能源部电器与设备标准、加州电器能效法规、中国能效标准及其他一系列新协议及规范。

联想提供若干创新工具，这些工具可帮助用户监控个人电脑及显示器的能耗、确定能源的节约收益，以及准确地报告在楼宇管理、设施及IT设备方面的能耗表现。

2.绿色制造

通过“绿色（可再生）能源＋绿色工艺”两个方向来打造公司绿色制造

生产体系。联想在2010年发布了联想气候变化应对策略，这走在了全行业的前列。联想对大众做出许诺：2020年的能源消耗比2014年减少40%。联想当时规划到2020年，在联想的全球工厂与办公场所，共计利用至少30兆瓦可再生能源。目前，联想已经取得可喜的进展，比如在中国合肥的工厂、武汉园区等都在相继开展太阳能面板改造的配套供电项目，也在美国的园区同步建设容量为3.6兆瓦的太阳能供电改造项目等。到2017年，已经总计减少约3 600吨煤炭的消耗，减少约9 000吨二氧化碳的排放，相当于植树48万棵。

针对能源消耗过程中的排放问题，联想通过提升再生能源的使用量、加强绿色工艺的开发和推广使用、增加节能装置来降低生产过程中的能源消耗，从而助力企业的生态设计。

联想在园区、办公场所和生产场地尽可能地安装太阳能面板设施，通过使用太阳能这类可再生能源来替换原有能源消耗。同时，联想还通过其他节能举措来降低生产消耗，包括使用低能耗电灯及相关电力设备，提高暖通空调系统的能源效率，取消或改善变压器及空气压缩机的使用及开展员工节能教育等活动。

联想生产的Lenovo品牌微型计算机产品环境表现的领先性是联想环保政策的重要内容，联想提出了维持商品在开发、制造、销售、运用及回收整个流程高效节能的要求，尽可能减轻了对环境的影响。根据联想的环境管理体系，联宝在“化学物质使用管控”“提高产品能效”“使用可再生材料”等方面都提出了明确的目标并制定了相应的实施措施，以保证Lenovo品牌微型计算机产品的环境友好属性。

2017年2月，在CES大会上，联想正式公布了独创的低温锡膏制造工艺，这项影响电子产业的具有革命性创新的工艺，与原有工艺相比，能够减少35%的碳排放量，还可以提高质量（降低板弯率），降低成本，一举多得。联想预计，该方法每年可减少约6 000吨二氧化碳排放，相当于每年可减少250万升汽油的消耗量，极大地减少了资源消耗。联想计划从2018年开始，免费向全行业推广，推动全产业链升级改造，推动电子产业绿色转型升级。

联想作为传统制造企业的典型代表,也面临着各种挑战:生产线不断扩大,客户个性化需求下的多品种生产,小批量生产模式,原材料、人力成本不断上升等。联想公司认识到,只有通过信息化管理和业务流程再造,才能增强自身在快速变化的市场中的竞争能力,通过前期对联想旗下联宝工厂的全面评估和调研,明确了建立一个符合联想自身需求的信息化体系结构的目标,该体系结构具有可伸缩性、易于管理、成本可控等特点。率先将联想私有云解决方案进行部署、实施,抢先行业一步,完成了"智造"转型。

联宝公司借助联想私有云解决方案,既消灭了联宝过去多系统信息孤立、必要数据不能共享的问题,又大大提高了公司的运行效率。

3.绿色回收

绿色回收也是一个很重要的方面,联想承诺会在全球开展业务的国家或地区提供产品的回收服务。从 2005 年起,共计从全球的客户手里回收了约 9 万吨废弃产品,联想自身运营和生产产生的废弃电子产品回收也达到了 6 万吨。联想还积极参与工信部牵头的四部委回收试点示范工作,是唯一第一批入围该名单的 ICT 企业。

联想在全球 70 多个国家或地区直接提供产品回收服务,在某些不具备强制回收法规的国家或地区也提供回收服务。同时,联想还在超过 50 个国家或地区针对商业客户开展资产回收服务。联想希望最大限度地控制产品生命周期的环境影响,加大对可再利用产品和配件的回收,尽可能地延长产品的使用寿命,同时对生命周期即将结束的产品提供完善周到的回收服务。

在 2008 年的 12 月,联想宣布在中国大陆地区全面启动资产回收服务(ARS,Asset Recovery Service),帮助商家和消费者回收各种废弃电子产品,涵盖内存、LCD 显示器、平板电脑、手机、打印机等。对具有再利用价值的商品,联想对其整修,并将残值退还给消费者;对报废产品,联想按照国家环保标准委托第三方机构实施处理,自 2005 年以来,联想指定第三方认证工厂已回收废旧电子产品超过 4 万吨。

联想希望尽可能地控制产品生命周期的环境影响，加大对可再利用产品和配件的回收，尽可能地延长产品的使用寿命。同时，还对生命周期即将结束的产品提供完善周到的回收服务。联想向全球消费者和客户提供多种电子废物回收渠道，包括资产回收服务（ARS），并进一步对其进行无害化处理，以满足特定消费者或地区的需要，联想也希望能最大限度地实现对回收产品、零部件的再利用。联想竭力降低将生命周期末端的电子产品填埋处置的数量，以及尽量通过对产品及零部件的有效再利用及物料的循环再用，减少添购新原料的需求。

联想支持立法将生命周期末端的产品管理的财务责任分摊至各生产商。

联想还通过自愿性计划及国家、省或州强制性计划，为世界各地的消费者及商业客户提供多种处置产品、电池及产品包装的回收重用的选择，鼓励联想的客户再利用或循环再利用生命周期末端产品。

作为全球性企业，联想在世界各地许多国家为消费者及商业客户提供产品生命周期末端循环再用及管理计划。

在许多欧洲国家，联想通过当地的回收系统，免费向联想的客户提供报废电子电气设备、包装及电池回收服务。在联想欧洲、中东及非洲合规合作伙伴 Icc 的协助下，联想管理覆盖逾 20 个国家报废电子电气设备、电池及包装的 50 余个直接回收系统。联想将继续积极参与欧洲、中东及非洲的回收重点项目，并计划将联想回收计划范围拓展至东欧及欧盟以外的其他国家。联想已启动大规模项目，确保以环保及合规的方式处理再营销的产品及零部件，及联想自有或由客户退回的生命周期末端产品的翻新、再造、循环再用及处置。

在做好上述各项工作外，联想还逐年加大生态设计产品的品牌宣传投入，品牌的绿色价值不断得到全球许多组织、机构和投资者的认可。

四、企业的绿色价值体现

企业绿色价值创造相对于一般价值创造而言，是指企业在相当长的时间内，不断推出和实施以节能降耗、减少污染、提高环境质量为目标的技术、管理手段以及产品等，以促进企业、消费者、社会和自然的协调发展，促进经济、社会和生态效益的增长，满足消费者的绿色消费需求，最终实现企业、环境、社会效益的增值过程。联想公司积极推进试点示范工作，将绿色环保理念融入企业价值创造的各个过程，不仅在经济上也为环境和社会创造了显著效益。

1.环境效益

作为负责任的企业公民，以及在环境工作中长年持续投入和开拓创新的企业，联想自豪地承诺，在各方面业务中致力彰显出环境事务的领导力。联想的表现始终符合并超过世界各地的适用法规的规定。在持续改善环境表现的过程中，联想通过参与各项自愿性环境活动，寻求机会超越客户及法律规定，减少环境影响。作为一个全球化企业，联想致力于在所有业务活动中的环境事务方面身先表率，为联想的客户提供不断创新的长期解决方案。

通过深入开展生态设计的相关项目，联想深入量化和了解公司以及供应链的温室气体排放、有害物质使用、环保材料使用、绿色包材使用、用水及废弃物产生等各个方面的情况。通过各种平台和方式，联想致力于准确汇总技术数据和分析减排潜力。

在温室气体减排方面，除通过产品能效提升、导入低温锡膏工艺等措施外，联想也在范围一及范围二排放的方面取得了明显的减排效果。

2.社会效益

作为联合国全球契约的缔约方与成员，联想将公司战略决策同联合国全球契约的十项原则结合，秉持“世界因联想更美好”的社会责任理念，致力于成为负责任和积极的企业公民，努力改善本地社区、环境和社会发展，承诺达到最高的道德标准、产品质量和安全，提供安全和健康的工作场所，关注业务各方面的环境以及付出时间和资源投入慈善公益事业中。

在 2017 年 7 月 22 日中国绿色制造联盟成立大会上，联想董事长、CEO 杨元庆被推举为联盟理事长，这是对联想在绿色生态设计方面成绩的最好认可，也是对联想品牌的有效宣传。实际上，越来越多的消费者更偏爱绿色产品，更倾向于购买绿色产品。实践绿色制造，不仅为企业赢得了“面子”，也为企业带来了经济价值。

作为中国3C行业的领军企业，联想生态(绿色)设计企业的成功具有很强的引领和示范作用，这将带动很多同样的工业生产型企业的绿色转型升级之路。中国是消费电子制造大国，全球超过70%的电子产品都是由中国进行制造与装配，全球前十大电子制造商均已在我国投资建厂。联想在生态(绿色)设计过程中采用的四维度生态体系模型可被我国制造业企业快速地复制推广，对我国3C产业绿色水平的提升起到积极的作用。

资料来源：中华人民共和国工业和信息化部

第3章 绿色设计

3.1 绿色设计的产生及发展

3.1.1 绿色设计的产生背景

人口、环境、资源是当今世界面临的三大主要问题，其中环境问题最为突出，严重威胁了人类的生存与发展。《十四五规划和二〇三五年远景目标纲要》指出，我们要持续改善环境质量，提升生态系统质量和稳定性。坚持绿水青山就是金山银山理念，守住自然生态安全边界。这促使人们越来越重视环境方面的研究。研究和实践使人们认识到：环境问题和人口、资源问题在本质上有着内在联系，不能孤立地看待它们，就资源问题来看，资源的有限性要求人类学会对其进行合理利用，同时它也是环境问题的根源所在。绿色设计是20世纪80年代后期的国际设计趋势，它反映了人们对于现代技术对环境和生态的破坏的思考，同时它也反映了设计师伦理和社会责任的回归。美国设计理论家维克托·巴班纳克对绿色设计有着直接影响。他在20世纪60年代末出版的专著《为现实世界设计》(*Design for the Real World*)中重点讨论了设计领域所面临的紧迫的人类需求问题，强调了设计师的伦理价值和社会公德。他认为设计的主要作用不是创造业务价值，也不是在包装和风格上竞争，而是为了成为社会变革过程的一部分。他还强调，设计应考虑有限的土地资源应该为整个地球的生态环境服务。起初他的观点未被设计界认可，直到20世纪70年代，全球性的“能源危机”爆发，他倡导的“有限资源理论”才被广泛认可。同时，他提倡的“为现实世界设计”的绿色设计概念也越来越受到关注和认可。

产品设计的传统概念是以人为本，以人的需求为出发点，因此忽略了产品在生产、使用和处理过程中对生态环境的影响。因此，将绿色设计理念引入传统产品设计尤为迫切。绿色设计源于传统设计，又优于传统设计，是满足人类社会长远发展需求的有效方法。从绿色设计的必要性上来讲，其产生的背景包含可持续发展的必然要求、绿色设计的消费需求和产品在国际市场中竞争的需求等。

1.绿色设计是绿色消费的需求

随着绿色知识的普及，合理消费和生态效应等概念的出现逐渐影响人们的消费行为。绿色消费是因环保运动发展而出现并流行的一种新型理性消费。绿色消费主要是指在社会消费中，既要满足当代人的消费需求和安全健康，又要满足子孙后代的需要。它有三层含义：在消费方面，鼓励消费者选择不污染并且对公众健康有益的绿色产品；在消费过程中，要注意废物处理，避免造成环境污染；在消费观念方面，崇尚自然，追求健康，重视环保、资源、节能，实现可持续消费。环保方面的专业人士总结出了绿色消费的“5R”原则，包括绿色生活、环保选购(Reevaluate)，节约资源、减少污染(Reduce)，分类回收、循环再生(Recycle)，重复使用、多次利用(Reuse)，保护自然、万物共存(Rescue)。

绿色消费在20世纪80年代末逐渐形成，一些政府正在积极引导消费者将视野拓宽到生态自然环境乃至整个社会，并推广绿色消费的概念和模式，以便更多消费者意识到绿色消费的崇高性和合理性，有利于增强公众的道德良知和社会责任感，使得环保意识和绿色消费观念深入人心，成为社会潮流，形成真正有效的绿色需求。2019年版《消费条件记分牌》的消费调查显示，越来越多的欧盟消费者正在考虑自身的消费行为会产生的环境影响。71.4%的瑞典消费者会关注产品对环境的影响，57%的在欧国家消费者更热衷于购买绿色产品。在一部分亚洲国家,如日本、韩国等,消费者在购买产品时,会考虑环保问题。在我国,绿色产品如雨后春笋,人民随着消费需求的增加,已经不仅仅追求量上的满足,开始更多地关注产品对健康、精神方面的影响以及产品的环保性,倾向于选择绿色产品。这种现象一方面表明消费者的环保意识和道德责任感正在加强,另一方面也表明"绿色标志"是产品质量和品质的保证。绿色消费的浪潮促使国际市场对绿色产品产生大量需求。为了顺应绿色设计这一潮流,产品设计人员必须解决将环境保护和产品设计相互融合这一问题,最终使产品和包装材料的保护功能和视觉效果结合起来,从设计、材料两个方面满足环保需求,并使生产的产品是绿色产品,这正是绿色设计面临的一个挑战。

2.绿色设计是解决国际贸易冲突的必然要求

随着环境保护的兴起和市场的全球化趋势出现,国际贸易与环境保护之间的关联越来越紧密。绿色贸易壁垒产生于全球自由贸易程度加强的大环境中,当各种贸易补贴以及关税、非关税壁垒受到国际自由贸易协议和条约的限制而逐步消失时,绿色贸易壁垒开始逐步出现在西方一些工业发达国家中。因为这些国家具有很强的环保意识,与发展中国家相比,其环境标准的制定和实施都更加完备。设置绿色贸易壁垒可以利用这方面的差距,以环境保护为借口进行贸易保护,以保护本国市场不受冲击,保持国内产品的竞争力,使发展中国家处于不平等的贸易环境之中。

绿色贸易壁垒,又称绿色保护主义,是指进口国政府为了限制进口,保护贸易,以保护生态环境为理由,颁布各种各样的环境保护相关法律法规,建立烦琐的认证、检验、审批流程和严苛的产品包装要求以及环保技术标准,实施环境标志制度,对进口产品实施环境进口税贸易壁垒。绿色设计旨在提升产品的"绿色度",而绿色产品是"绿色度"的载体。因此,绿色设计成为克服"绿色贸易壁垒"的最有效的办法之一,对社会经济的发展和提高产品的竞争力都具有重要意义。

3.绿色设计是可持续发展的必然选择

粗放的经济增长方式不但消耗了地球的不可再生资源，并且还由于资源浪费和工业废弃物造成的环境污染破坏了生态系统平衡，直接威胁到人类存亡。可持续发展有两个基本点：①在推动世界的发展和消费时，强调我们作为当代人应该认识到并努力使子孙后代获得与我们平等的机会。不能为了发展，自私、盲目、片面地剥夺后代们应有的发展和消费机会。②强调人类有追求健康、生产生活的权利，但也应坚持与自然和谐相处，不能仅仅依靠拥有的资金和技术，通过破坏生态、消耗资源、污染环境来实现这一发展权。

绿色设计是实现可持续发展的有效途径之一。首先，它的目的是节约能源和资源。过度开发和消耗资源能源是经济不可持续发展的重要原因，绿色设计是指利用可再生资源和能源或通过技术手段来提高其使用效率，以减少资源和能源的使用频率，实现经济方面的可持续发展。其次，绿色设计坚持环境保护原则，采用绿色设计，一方面可以节约能源和资源，另一方面也可以降低废弃物的产生量，有利于维护生态平衡，保护环境。

1992年召开的联合国环境与发展会议通过的《21世纪议程》对各国提出了制定和实施相应的绿色设计政策和可持续发展战略的要求。我国为与国际接轨，也制定了《中国21世纪议程》，提高了竞争力，实现经济、社会和环境保护的同时，也为发展提供了指导。

3.1.2　绿色设计的发展需求

1.环境需求：绿色设计之环境的需求——环保产品

交通运输对许多国家和地区来说既消耗了大量珍贵的能源和资源，也是噪声和大气污染产生的主要来源。因此，以汽车为例的交通工具的绿色设计，引起了设计师们的关注。新技术、新能源、新技术的不断涌现，为环保汽车的设计开辟了新前景，许多工业设计师都在这一领域积极探索,努力解决环境问题,创造新的独特产品形象。绿色设计不仅已成为公司塑造完美的形象的公共关系策略,还能够迎合消费者日益增长的环境保护意识。

绿色产品的优点是产品在生命终期,其部分材料可以再循环或再使用,或是可以安全处理,或者可以简易地拆解,拆解后的组件可以重新再利用。绿色产品本身的诉求虽然不同,但对于降低环境冲击的本质却是不变的。因此,我们可以这样理解:绿色产品主要是在产品设计时,就要对产品整个生命周期所有可能破坏环境的因素加以考虑,避免造成对环境的潜在危害以及社会成本的增加,生产低污染、低能耗、低毒性的产品。

汽车绿色设计过程中需要解决的关键问题是减少污染排放。从技术上讲,减少废气污染主要有两条途径:一是提高效率,减少排放污染物;二是使用新的清洁能源。2004 年的 Prius 是第一款配备新型高压/高量混合动力协调驱动系统的丰田汽车。完全混合动力系统有明显的优势,并且在某些情况下,存在完全使用电能驱动的汽车,这对降低油耗和排放具有重要意义。与当时已经非常环保的 Prius 相比,混合动力协同驱动系统的排放要低 30%,与普通内燃机排气尾管相比,废弃物排放低了近 90%。另一个非常重要的点是,Prius 的出现彻底打破了性能和环保不能同时实现的结论。

2.时代需求:绿色设计之时代的需求——简洁产品

在古代,木头被切割成箭,石头被磨成刀,抓住了创造的本质。通过感觉、应用,然后实现物品的方便运用,但一般不通过雕刻来改变它的形态。“舍”得大胆,“取”得精简。即使有一些装饰也具有深刻的内涵,但更重要的是服务于结构功能。随着行业的兴起和发展,包豪斯的创始人格罗皮乌斯打破了文艺复兴时期和洛可可式的建筑模型,他提出设计师脑力劳动的贡献应体现在布局整齐、体积比例适中,并不需要冗余复杂的装饰。这一观点与现代世界对物品的要求相契合,重点关注物品的功能,力求节约材料、成本、时间和劳动力。

绿色设计提倡这种简洁的设计模式，强调不需要过分注重狭义的设计语言和审美表达，尽可能减少不必要的物质消耗。绿色设计赋予产品“小即美”和“少即多”崭新的内涵。20 世纪 80 年代以来，“极简主义”发展起来，它追求极致的简约，最大限度地将产品的外形简化。这种设计不仅在功能上满足设计需求，更致力于方便加工和节约材料。芬兰设计大师凯·弗兰克说：“当设计餐具时，我不想只为了追求华丽的外观而设计，我更喜欢探索它是用来做什么的，把基本功能作为出发点。我的设计概念不像是一种设计，而更像是一个想法。”其设计特别重视产品的功能，设计原则是“为公众提供每个人都认为好的产品”，这正是绿色设计与艺术理念的完美结合。芬兰设计经典的著名作品白瓷餐具系列，体现了北欧设计理念的精髓：好的设计意味着没有设计，而简单的餐具则是最人性化的设计。

现代产品设计的造型简单，没有不必要的装饰，不仅适合批量生产，而且大幅度降低了生产的成本，因此产品的价格对大多数人来说也是能够接受的。mt8 金属台灯充分利用了材料的特点：乳白透明的玻璃质地灯罩、金属材料的支架，零件采用非常适合大规模工业化生产的几何造型。这个台灯是包豪斯现代主义设计的著名作品之一。这一设计取得了巨大的成功，至今仍被采用。

3.未来需求：绿色设计之未来的需求——绿色产品

随着时代的发展，人们生活水平、生产效率不断提高，生活节奏也变得更快。然而，能源短缺、工业废弃物日益增多等问题也给人类带来了诸多困扰。因此，人类生活和工作使用的各种产品应该更加新颖、简洁、生动、亲切，含有与现代生活理念相一致的精神和与信息时代相联系的现代感。

随着时间的推移，绿色设计思想逐渐深入人心。即使是普通用户在购买商品时，也会对产品的环保特性提出具体要求，如材质是否符合环保标准，使用中是否会产生有害气体进而危及健康等方面。随着绿色技术不断发展,绿色设计具有越来越强烈的相对性,设计应当随时代而改变,不同时代的人有其独具特色的设计,并不断对其进行改造。在设计过程中,通过继承与欣赏,纳入新的内容,赋予新的内涵。虽然绿色设计发展的过程中有曲折与反复,但它仍是不断地前进着的,呈现螺旋上升。真正意义上的绿色设计是随着时代的进步而变化的,时刻影响着人们的生活,塑造着人们的生命,是一种永不过时的设计理念。同时,绿色设计的真正含义不仅是设计本身,还是一种文化,并正在演变为一种精神,对于国家乃至整个世界的文化和社会领域具有普遍的意义。

制定绿色设计理念和方法的目的是节约资源和保护环境,强调充分利用自然资源和保护生态环境,优先考虑人和环境之间的关系。在产品开发过程中,不完善环保概念,就不会思考产品是否会造成环境破坏和污染,只盲目地关心产品外观的创意性,追求成本缩减等。从长远角度来看,不仅会给企业造成损失,这也将给人类赖以生存的自然社会造成不可挽回的破坏和灾难。绿色产品开发必须从设计开始,它不仅应是一项提议,还应成为当前文明的体现和未来的发展方向。面对当前面临的全球生态破坏、环境污染、资源浪费枯竭和温室效应等难题,地球上的每个人都应该感到生存危机。

3.1.3　国内外企业绿色设计的应用概况

1.国外企业的绿色设计应用概况

许多国外知名企业在生产经营过程中都会使用绿色技术,研发了多种产品。例如,IBM、戴尔、惠普、三洋、索尼、东芝、松下等,它们在产品研发过程中重视绿色设计的研究,并将其应用于生产中。这些企业每年都会发布环境报告或绿色报告,展示本企业如何实施绿色采购、绿色设计和废旧产品回收利用等,信息的公开能够增强社会和消费者的认可度。不仅增加了产品的技术含量,增强了市场竞争力,还能够建立良好形象。下面以佳能(Canon)公司为例,对绿色设计及应用进行简单介绍。

佳能公司采用生命周期分析法，从设计源头上减少产品零件的数量，有效地控制有害物质的产生，提高产品的能效，并最终达到降低产品的环境负荷的目的。分析产品材料、零件采购、生产、运输、使用以及废弃物处置等生命周期其他阶段可能对环境产生的影响，并将分析结果反馈给产品设计师。Canon 公司通过在新产品设计中选用可回收的材料，减少原材料的使用，并在扫描仪产品的研发中应用了 LIFD 专利技术，这种技术采用微小的 LED 扫描器光源，比以往的阴极荧光灯管轻薄短小，在更大程度上节约了原材料。

为了减少塑料材料的使用，Canon 公司采用了两种方式：一是将产品设计得更为轻巧；二是采用可回收的零部件和原料。因此，Canon 公司在 20 世纪 80 年代就制订了产品的回收计划，并在 1992 年全面采用塑料标志制度，以方便之后的回收、分类和再利用，1999 年提出“三明治”回收模式，即将回收的材料与原始材料混合制造新的塑料板，以减少原材料的使用，该技术目前已应用于多款复印机机型中，约可减少 30%的原材料使用量。另外，Canon 公司采用锡、银及铜来代替铅锡焊工艺，并成功应用于 F9000BJ 打印机中，实现了印制电路板的无铅化，并将镀铬的螺钉改为镀镍处理。Canon 公司为了有效管理和控制有害物质，对所有材料进行了严格分类，并对材料选用进行了严格控制。

2.国内企业的绿色设计应用概况

国内已开始出现许多行业优秀企业，如比亚迪、格力、华为等，它们越来越重视产品开发的绿色化，并为此倾注了巨大的研发精力。如美菱公司的节能冰箱、美的公司的节能环保型空调器的研制，以及海尔公司准备实施的家电回收示范线等。然而，由于将绿色设计理论转变为现实应用成果能力较弱，并且缺少面向机电产品的绿色设计支持工具和数据，国内企业在典型机电产品上应用绿色设计时，只考虑在现有的方法上进行简单修改及发展，并没有研发出完整的绿色设计应用体系，更没有独立开发出符合我国国情的、充分考虑节能环保以及产品可回收性、易组装和拆解的真正的绿色机电产品，这样就导致我国的机电产品不符合环境友好原则，产生大量噪声污染，消耗大量能源，难以满足《关于限制在电子电气设备中使用某些有害成分的指令》《Enerogy-using Products 用能产品生态设计框架指令》等指令的要求，同时存在废旧产品的拆解和回收困难，部分核心技术也面临缺少自主知识产权等问题。

为贯彻实施欧盟颁布的产品绿色设计框架指令(Eup 指令)，美菱集团与合肥工业大学合作进行"典型家电绿色设计技术及应用"项目。该项目通过对家电产品生命周期环境特性的分析，研究其中的绿色设计方法：在家电产品层面，建立支持绿色设计的数据共享平台和实验分析平台，将绿色设计水平提高到一个新层次，并实现绿色家电的产业化；降低产品对环境的危害，降低产品全生命周期成本，提高产品的市场竞争力；打破家电产品出口绿色贸易壁垒，促进产业结构调整，提高行业国际竞争力。

3.2 绿色设计的内涵界定

3.2.1 绿色设计的定义

绿色设计(Green Design)，又名面向环境的设计(Design for Environment)、绿色设计(Ecological Design)等，是在产品生命周期中，借助与产品有关的各种信息(经济信息、技术信息、环境协调信息等)进行系统的设计方法，并运用并行设计等多种先进设计理论，使最终产品采用先进的技术，经济上具备合理性，环境上实现良好的协调性。中国清洁生产网认为，绿色设计，也称为绿色设计、生命周期设计或环境设计，是指将环境因素纳入设计之中，从而帮助确定设计的决策方向。绿色设计活动主要包括两个层面的含义：一方面，从环保出发，降低资源消耗，实现可持续发展战略；另一方面，商业方面力求提高竞争力，降低成本和潜在的责任风险。绿色设计的基本思想是：在设计的环节，将环境因素和污染预防措施纳入考量，将环境绩效视为产品设计的目的和起点，并考虑产品的影响，使产品对环境的影响最小。除此之外，还要建立人性化设计的理念，使绿色设计和满足人们的个性化需求相适应，从而能够设计出人们喜爱的绿色产品。绿色设计的主要目标是使人类与自然环境和谐相处。设计时，我们必须充分考虑环境的价值。同时，必须正确认识各种相关因素对环境的影响，并提出合理的建议，制订防治污染计划。

绿色设计在每个决策过程中都考虑了环境效益，最大限度地减少了对环境的破坏，并注重人与自然之间的生态平衡。一个合理的设计旨在营造更美好的生活环境，重新审视自然界与人类的共存方式，好的设计在满足人们的生理和心理需要的同时也要考虑人与自然的和谐相处。对于工业设计，其核心是“3R”，即减少(Reduce)，回收(Recycle)和再利用(Reuse)。不但要减少材料和能源消耗，减少有毒有害物质的排放，还必须使产品和零件易于分类、回收和再利用。绿色设计正迫使设计师转变高估产品外观的观念，从最真实的意义上专注创新，采取更负责任的方法来设计产品的形状，并使用更简洁耐用的造型使产品的使用寿命最大化。也就是说，绿色设计强调不再只考虑技术的创新，而更注重观念的变革。

3.2.2　绿色设计的内涵

绿色产品的设计包括绿色材料的选择、绿色制造过程的设计、绿色包装设计、绿色服务设计、产品拆解设计、产品可回收性设计、绿色物流设计及绿色回收设计等。在绿色设计中，有必要考虑资源的消耗以及产品材料的选择，生产和加工程序的确定，包装制品的选择对环境的影响。产品生产、运输和包装都要采取最合理、最优化的结构和计划，以最大限度地降低资源消耗和对环境的负面影响。绿色设计的流程如图3-1所示。

绿色设计起源于一场倡导保护自然环境、节约资源、预防工业污染破坏生态平衡的运动。虽然至今仍处于萌芽阶段，但却已成为一个极其重要的新趋势。绿色设计是一种环保的生态方面的设计，旨在最大限度地减少产品制造和使用对环境产生的负面影响。绿色产品设计涉及生态和

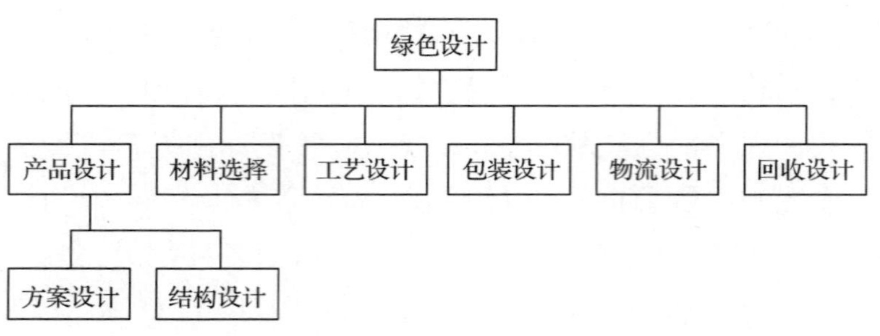

图 3-1 绿色设计流程

经济两个方面在开发新产品和功能产品时的结合。绿色设计的核心在于实现生态系统的平衡和发展的可持续。要求产品设计师和生产公司必须承担环境保护和资源节约的社会责任，也就是说，公司不仅仅制造产品，而且应承担回收和再利用的责任，以实现社会可持续发展。具体而言，生产公司需最大限度地降低有害物质的排放，减少自然资源和能源的消耗，从而使产品和零件易于分类、回收和再利用，对不可回收产品的某些零件和材料进行自然或人工降解处理。

3.2.3 绿色设计的特点

1.绿色设计是针对产品整个生命周期的设计

传统的产品生命周期一般指从生产到投入使用的全过程，有时也称为“从摇篮到坟墓”的过程；绿色设计的生命周期拓展到了使用后的废旧产品回收、处理和重用。

2.绿色设计是并行闭环设计

传统设计是串行的，其生命周期是指从设计、制造直至废弃的各个阶段，而关于废弃后如何处理则很少被讨论，所以说这是一个串行开环过程。而绿色设计的生命周期与传统相比还增加了废旧物品的拆解、回收、处理，实现了整个生命周期全过程的闭路循环，而且这些过程在设计时必须被并行考虑。因而，绿色设计是并行闭环设计。

3.绿色设计有利于环境保护

绿色设计在环保和保持生态系统平衡方面做出了巨大贡献。绿色设计与传统设计之间的最大区别就是在设计过程中对产品的环境属性进行分析和考虑，因此绿色设计可以在源头上减少废物产生的数量。

4.绿色设计可以减少资源的消耗

绿色设计可以保护地球上的矿产资源并实现合理和可持续的利用。具体而言，就是使组成产品的零件和材料得到充分和有效的利用，因此将整个产品生命周期中的能耗降至最低限度，从而减少了对物质资源和能源资源的需求量。

5.绿色设计可以降低废弃物数量

绿色设计最终可以得到降低废弃物数量、解决相关的棘手问题等结果。发达工业化国家每年都会产生大量的垃圾，垃圾处理已经成为一个非常令人头疼的问题。常用的填埋方法不仅占用大量土地，还会造成二次污染。根据美国国家科学院（National Academy of Sciences）进行的一项调查发现，从地下挖出的物体中有 94％是在几个月内被倾倒在垃圾填埋场中的。相比之下，发展中国家也要处理大量的垃圾，并且在技术和经济上都有一定的难度。绿色设计可以在初期就减少甚至消除废弃物的产生，可将废物量降至最低限度，大大缓解了废物处置的压力。

6.绿色设计是系统设计

绿色设计体现在产品生产、销售、使用等环节，并在不同层次上进行，是一个系统的设计过程，如可拆卸型设计和可回收型设计等。随着现代科技、经济的飞速发展，传统设计已经无法满足社会发展和环境保护的要求，采用一种新的设计理念和方法来逐渐代替传统设计方法就成为解决问题的关键。

绿色设计与传统设计不同，它涵盖了产品的各个阶段，从概念形成到制造、使用甚至再回收、再利用和处置等，涉及整个产品生命周期，是从摇篮到摇篮的过程,而传统设计只考虑产品生命周期中的过程设计、市场分析、制造、包装、销售和售后服务阶段,而忽视了产品使用和最终处理过程,是摇篮到坟墓的过程。绿色设计与传统设计之间有必然的联系和本质差异。只有当传统设计将环境属性列入产品设计的目标时,设计的产品才能满足生态性能要求。传统设计是绿色设计的基础,绿色设计是传统设计概念和方法的发展与创新。绿色设计与传统设计在设计目的、方法、内容、本质、思想和生命周期上有很大的区别。绿色设计与传统设计的比较见表 3-1。

表 3-1　　绿色设计与传统设计的比较

比较因素	传统设计	绿色设计
设计思想	基于传统设计思想	基于环境意识和可持续发展思想
设计目的	以满足需求为目标	为需求和环境而设计
设计方式	串行工程方式	并行工程方式
生命周期	开环式	闭环式
可制造性	仅限于考虑与制造阶段本身相关的可制造性,较少考虑与使用、维修等阶段相关的可制造性,未考虑回收阶段的可制造性	不仅考虑与制造本身相关的可制造性,还充分考虑与使用、维修和回收等阶段相关的可制造性
设计人员	设计人员很少或未考虑有资源再生、再利用及对生态环境的影响	设计人员在产品构想及设计过程中,必须考虑降低能耗、资源重复利用和生态友好等问题

3.2.4　绿色设计的评价标准

绿色产品设计的最终成果是否满足预期的要求和目标,是否还有改进的潜力,如何改进等问题是绿色设计过程中所关心的重点。绿色设计的最终成果体现为产品,对绿色设计进行评价也就是对绿色产品进行评价。

对传统产品的设计评价主要考虑三个方面:质量(Q)、成本(C)和时间(T)。相对于传统设计评价而言,绿色设计评价还要满足环境要求,其评价通常从经济、技术和生态环境等方面进行。评价指标一般包括四个方面:

1.环境属性指标

环境属性指标主要指对水环境的影响,即在产品的整个生命周期中对水体、空气质、土壤的影响。

2.资源属性指标

资源消耗主要受三个方面影响:①资源特征,包含可用或可复制的特征、化学和物理特征以及对生态环境的影响的特征,其中要重点考虑资源的化学和物理特征。②资源消耗状态,包括利用率、消耗量、浪费率和再生率等。③资源种类,所使用的资源类型包括主要原材料和辅助材料。必须考虑这些资源是可再生还是不可再生,稀缺还是丰富。

3.能源属性指标

能源消耗主要受三个方面的影响:①能源的类型,所使用的能源分为一次能源和二次能源,必须关注是可再生还是不可再生能源,是稀缺还是储量丰富的能源等。②能源特性,关键考虑因素是使用时对生态环境影响的特征,能源的可用和可再生特征。③能源消耗状况,包括消耗、使用、回收率等。

4.安全属性指标

安全属性指标受两个方面的影响:①对生态系统的影响,产品可能会在整个生命周期中对生态系统的平衡产生影响。②对人类健康的影响。

当前的绿色产品设计评级标准是从两个方面得出的,其一是根据当前产品行业标准、环境保护标准和一些当地法规制定相应的绿色产品评级标准,这是绝对的;另一种是根据市场标准,为了满足产品开发和用户需求,使用基准产品的比较来评估产品的绿色程度,并使用现有产品和相关技术确定标准,这是相对的。

在制定评估标准时,使用相对标准和绝对标准组合的方式。为了更好地制定评估标准,一般使用对照产品的定义。评估绿色产品的第一步通常是选择一种或多种基准产品,以奠定制定评估标准和实施评估方法的基础。参考产品通常分为三类：第一类是功能参考，是指市场上功能相同或相似的等效产品；第二类是技术参考，即参考产品是代表新产品的主要技术内容的产品集合；第三类是绿色参考产品，即参考产品是具有绿色特征的真实产品或虚拟产品。具体应对绿色设计的效益和应用进行分析。企业采用绿色设计带来的效益，一方面表现为社会效益和环境效益，另一方面则表现为经济效益，绿色设计的社会效益和环境效益体现在以下几个方面：节约资源和能源，实现资源的可持续利用；减少环境污染；实现经济、社会和环境的协调发展。此外，绿色设计的实施还会产生明显的经济效益，主要表现在以下三个方面：一是提高产品竞争力。绿色设计的结果是绿色产品，而绿色产品是目前和未来市场上最具有竞争力的产品，因此，采用绿色设计会使产品的竞争力大大提高。二是树立良好的企业形象。三是降低产品整体成本。

3.2.5 绿色设计的原则

1.资源最佳利用原则

该原则体现在两个方面：第一，在选择资源时，预防由于资源的稀缺和不合理使用而引起的资源枯竭危机，这会限制生产的可持续发展，因此应充分考虑资源的再生能力，在设计中应尽可能选择可再生资源。第二是确保设计时在整个产品生命周期中尽可能多地使选用的材料发挥其作用，并且尽量使那些由于技术限制而无法回收和再利用的废物自然降解，或者方便安全地进行最终处理，以免给环境造成负担。

2.能源最佳利用原则

该原则涵盖两个方面：第一，在选择能源类型时，应尽量优化能源结构，使用可再生能源，而不是非可再生能源，以有效缓解能源危机。在生产和产品使用过程中，选择能源类型时，应尽可能减少使用不可再生的二次能源，例如汽油，并使用一次能源，例如可再生的太阳能和风能等清洁能源；第二是通过设计减少能源浪费，并努力确保产品生命周期的能耗最小。同时,减少这种能源浪费造成的环境污染。

3.污染最小化原则

绿色设计必须完全摒弃传统的“污染在先,处理在后”的理念。在设计时,我们需要充分考虑如何在产品的整个生命周期中将产品的环境污染降至最低、根除污染源以及从根本上消除污染,零污染是绿色设计追求的目标。

4.人性化原则

绿色设计不仅需要思考如何保障产品生产者和用户的安全,还需要尊重人体工程学、美学和其他相关原则,使生产的产品安全可靠,具有可操作性和舒适性。换句话说,绿色设计不仅要在整个生命周期中不对人类的身心健康造成损害,而且还要给生产者和用户营造舒适的工作环境。

5.技术先进性原则

技术进步是绿色设计的前提。它有两个方面的内涵:第一是技术创新。绿色设计的最终目标是为用户和社会提供功能先进且便捷的环保产品。绿色设计作为一门新兴的交叉学科,面临着许多新问题,该学科必然伴随技术创新。第二是先进便捷的功能。产品必须使用先进的技术来支撑产品的功能。当前国际上“低价位”产品的繁荣反映了制造商概念的演变。

6.功能先进实用原则

绿色设计的最终目的是为消费者提供具有先进便捷功能的环保产品,无法满足客户需求的设计绝对没有市场,先进、便捷的功能是绿色设计的基本原则。因此,在任何时候,产品的实用功能都应该是设计的关键点。功能的实用性意味着产品的功能必须满足用户的要求并且性能可靠、易于使用,不存在冗余功能。

7.综合效益最佳原则

经济上的合理性是绿色设计要考虑的要点之一。如果设计或产品的价格无法被用户接受,则无法进入市场。绿色设计不仅要考虑产品的经济效益,而且还要兼顾产品在其生命周期中对环境的影响,以及给生态环境和社会带来的利益和损失。换句话说,绿色产品的生产者不仅应争取良好的经济效益,而且还应保证良好的社会效益。

3.3 绿色设计的方法及流程

3.3.1 绿色设计的方法

1.模块化设计

模块化设计是指在一定范围内,对具有不同功能或功能相同但性能不同、规格不同的产品进行功能分析,划分并设计一系列功能模块。通过模块的选择和组合,可以形成满足不同需求的产品。由于绿色模块化结构能够提高产品周期寿命的环境性能,绿色模块化设计被认为是绿色设计的重要方法。模块化设计不仅可以解决产品品种与规格、产品设计制造周期与生产成本之间的矛盾,而且可以加速产品的更新换代,提高产品质量,方便维护,便于拆卸与回收,提供了提高产品竞争力的必要条件。模块化设计过程如图 3-2 所示。

2.循环设计

循环设计不仅是回收设计,而且是实现广泛回收的手段和方式。即在设计产品时,有必要充分考量对产品的零件和材料进行再循环的可能性、回收价值、回收处理方法和产品的加工结构,以及与回收相关的众多问题,例如回收技术、加工能力,以实现对零件和材料、能源和资源的充分利用,尽可能地减少污染。

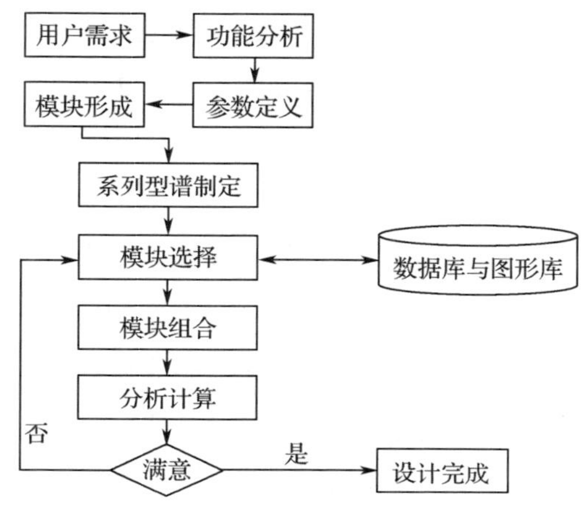

图 3-2　模块化设计过程

在进行循环再利用设计时,设计师应了解并注意设计的回收利用,以节省拆解时间,降低投入资金数额,吸引客户并使产品易于推广。再循环的实际实施水平可分为较高水平的材料回收和较低水平的能源回收。

3.长寿命设计

组成产品的零部件在工作一段时间后会由于某种原因而失效,从而影响产品整体功能的实现和产品的使用寿命。通常影响零件寿命的主要因素包括断裂失效、过量变形失效、表面损伤失效、零件老化、功能指标衰减及加工缺陷等。

长寿命设计是指基于对产品功能的分析,使用各类先进的设计理论和工具,以便让产品可以长期满足当前和未来的需求。长寿命的设计是一个整体问题,产品不仅应具有较长的使用寿命,而且还应在服务过程中动态地满足用户和社会的需求。实现产品的长寿命设计应遵循的原则有:产品的性能保持性原则;产品的易维修原则;产品的可重构原则;产品的开发性原则;产品的经济性原则。

4.生命周期设计

绿色产品的产生是一个极其复杂的过程,对产品“绿化”的关键影响因素是基于产品生命周期的设计要求，这意味着，从产品的概念设计阶段开始，就必须考虑整个产品生命周期的所有方面，包括设计、开发、生产、供应、使用和拆卸，回收在之后进行，以确保产品满足环境属性要求。产品生命周期设计技术是自20世纪60年代以来发展的一种研究产品对环境影响的方法，在20世纪70年代之后，它受到了世界范围的广泛关注，并开始为人们所接受，一些公司将其作为开发新产品或制订产品计划的参考工具。到20世纪90年代，生命周期设计技术已成为环境管理中的重要工具，国际标准化组织现在已将其纳入ISO 14000标准体系。

生命周期设计的要求侧重于污染预防和资源节约。控制产品生命周期的设计元素的关键是将环境效益和资源分析方法应用于产品设计，以实现功能、环境和成本的协调，并最大限度地获得环境和经济效益。进行产品需求分析，主要分析产品设计的范围和目的。一方面，需要分析产品的基本性能，另一方面，也要对产品的环境要求和法规进行分析。对于环境要求，通常以最低要求的形式给出，即确定环境的极限值不超过某个规定的值。通过对产品需求的分析、产品设计的总体规划、制造过程、废气的使用和处理以及其他步骤确定产品设计要求，之后可以执行生命周期，并且可以协调设计过程和每个步骤的结果，以实现资源的最佳利用，实现减少或消除环境污染的目标。

3.3.2 绿色设计的流程

绿色设计流程以绿色设计原则为指导，以绿色设计方法和技术工具为手段，在传统产品配置设计过程的基础上，引入了绿色设计的思想。整个流程包括五个主要设计阶段：对绿色信息进行收集和分类，概念设计，配置优化，设计计划评估和改进设计。整个流程将用户需求和环境要求作为输入，并将最终设计计划作为输出，以实现绿色设计。

1.搜集绿色信息

绿色设计信息是有关材料、法规、技术水平、市场需求和绿色产品竞争力的信息。企业通过收集绿色信息来抓住商机。具体包括:①环境信息,包括生存状况、排废技术、社会环境、环保政策、环保法规、绿色制造的成本等。②市场信息,包括绿色市场趋势、绿色消费市场的类型和规模,以及政府、绿色市场潜力、绿色消费能力、绿色供应商竞争对象、购买频率等方面。③有关消费者行为的信息,包括消费者的购买动机、购买方法、对绿色产品的需求能力、购买决策等。这些可靠信息的收集和分析旨在开发面向环境的生态产品。

2.概念构建

概念构建是绿色产品设计的第一步,包括原理设计、功能设计、表格设计、布局设计和初步结构设计,涵盖了产品绿色需求分析和设计的详细过程。本文中概念构建就是考虑产品的绿色需求,确定产品功能结构并确定目标产品功能配置,这主要是通过分析产品进行的。绿色需求分析包括从一般信息中提取特定的定量需求,调整矛盾需求,消除一些不切实际的需求,对收集到的绿色信息进行分类和分析,以便充分、真实地反映用户需求和环保需求。然后,将已建立的绿色产品需求转化为绿色产品的功能特性。

3.配置优化

配置优化是优化产品配置并根据产品功能生成产品配置计划的过程。在配置优化过程中,考虑环境要求,可以减少后续设计改进的工作量,使最终的配置方案具有生态性能优化的特征。配置优化的主要方法是绿色优化设计,其根据现有技术被划分为绿色优化设计和绿色创新设计。绿色优化设计可以在现有的关键绿色设计技术基础上进行,也可以基于技术或在原则上进行创新。在优化实际产品配置时,公司原始设计库中组件的环境性能通常很差,并且通过组合配置获得的优化设计方案很难满足更高的环境要求。在这种情况下,就应当执行绿色优化设计。

4.设计方案评价

绿色设计的目的是使设计计划不仅满足用户的需求,而且满足预期的绿色性能。为了判断设计方案是否能达到既定的性能指标以及是否需要改进,有必要对设计方案进行生态性能、用户满意度等方面的评估。

5.设计改进

设计改进是指以下过程:改进在设计计划评估中发现的差距,改善其环境绩效并得到满足用户需求和环境绩效要求的最终设计计划。

3.4 绿色设计在生产中的应用

"绿色设计理念"是一种新的设计理念,是对传统设计的创新,是进入新历史时期的新兴事物和新设计方法,主要表现为"绿色产品设计"。绿色设计是为解决当代环境问题而产生的,它是一种结合了可持续发展和产品功能主义的设计理念。绿色设计本质上是一种环保设计,是解决现阶段社会矛盾的重要方法。尽管绿色设计出现在 20 世纪 80 年代后期,但它并没有得到社会各界的真正认可和重视,要让绿色设计理念体现并渗透到各种行业的生产之中还有很长的路要走。

3.4.1 服装设计与生产中的绿色设计理念

对于现代人来说,设计符合需求的衣服是必需的。现代人在选择服装时的主要考虑因素是服装面料。选择天然、无毒、无害、可再生和可回收的织物是服装设计师的主要考虑因素。尽管相关政策不断更新,但服装业仍面临着巨大而持续的压力,要满足利益相关者对环境问题的更高标准的要求,包括从制造过程到服装的消费过程。当前,市场上有许多天然材料,例如棉、亚麻、羊毛等,天然材料制成的衣服对人体无害,并且可以降解。可回收性是绿色服装设计的主要特征,现代服装设计和生产以及绿色设计概念的应用已经成为一种时尚,它体现了服装设计师为实现可持续发展目标所做出的努力。

1.绿色服装设计

绿色服装设计在服装纤维原料的选择、面料的选择、服装结构工艺的设计、生产加工、包装设计等方面应充分考虑其生态特性。

(1)服装安全性设计。服装安全是现代生活中每个人都非常重视的事情,尤其是对皮肤敏感的人群,如儿童和老人。这些消费者因其独特性而对服装安全提出了更高的要求,衣服设计中缺乏安全性将对消费者造成极大伤害。例如,在童装和老年人服装的设计过程中,可以添加红外传感器的安全定位功能,利用红外线为消费者提供跟踪和定位参数,从而可以确保儿童和老人的安全。另外,现代社会生活和工作的节奏相对较快,汽车已成为必不可少的交通工具。为了使人们安全出行,可以在设计和染色纺织品的过程中添加某些高反射率的材料。当人们在夜间行走时,汽车的灯光照到他们的衣服上,驾驶员可以通过20米外的灯光的反射弧发现行人站在那里,从而减慢行驶速度或为他们让路。现代人的生活环境也发生了巨大变化,居住的楼层越来越高。为了使人们安全生活,可以在家用纺织品的材料中添加防火的耐高温纤维,以应对紧急情况,提供安全保障。

(2)服装色彩设计。色彩能对人的心理产生深远的影响。在创造服装色彩环境时,设计师不仅应注重其色彩图案的美感,还应自觉地运用组合的魅力来增强效果,满足人们的心理需求,并增强服装表达个性和情感的作用。服装色彩设计的目的是营造理想且环保的服装色彩环境,生态时代的颜色当然是绿色的。大自然是一个丰富多彩的世界,它的颜色非常迷人美丽,绿色反映了自然的本色,体现了自然的圣洁和设计者对自然的尊重。因此,绿色时代的色彩、纹理和图案取材于自然,充分反映了人类居住的空间和一般的生活环境,将展现出更多的自然特性并专注于共存的体现以及人与自然之间的关系。在衣服的颜色设计中,应将衣服的美观性与衣服的舒适性结合起来。

(3)服装造型设计。绿色服装设计还要摒弃对创新造型的过分强调,并追求表达人体的自然形态。要注重衣服之间的自由搭配，其局部形状应在质朴、实用、简洁和简单的设计风格之上做出改变和创新，注意衣服结构的功能性和装饰性相统一。环保服装的设计也可以通过组件设计得到新的组合。例如，口袋可以设计成不同颜色、织物和形状的备件。消费者可以根据自己的特点和流行元素增减衣服备件，取代设计，重新组合和搭配，补充自我形象的设计，充分体现了穿衣者的自主权，这是未来服装设计的方式，将服装设计的造型与环境融入服装设计中，使服装成为满足特定环境保护要求的产品，不仅要修饰人们的生活，而且对人类的生存无害，并且要最高效地使用资源，降低能耗。

2.服装面料选择

“绿色设计理念”在服装面料的设计中尤为重要。设计师选择用于服装的面料时应考虑以下方面：第一，绿色、安全、健康、环保和可回收是“绿色设计理念”的根本。因此，在选择服装面料时，应使用天然纤维和再生纤维，它具有良好的吸湿性、安全性、纯天然性、透气性和生物相容性，是消费者的首选。除了丝绸和羊毛，世界上还出现了一些具有自己特征的天然纤维，例如纯棉家族中的天然彩色棉；丝中的柳蚕丝、天然绿色的天蚕丝；麻纤维中的蕉麻、凤梨麻等天然纤维。这些天然纤维不仅穿着舒适，而且具有一定的天然色泽，不会染色或褪色，减少了环境污染。第二，随着纺织科学技术的不断发展和进步，新型保健织物成为纺织品未来发展的主要方向，它为维护人类健康，提升穿着的舒适性创造了更多选择，也提供了更多保障。

3.服装的生产制造

应在服装生产过程中进行管理，以实现清洁生产，应充分遏制整个生产过程对环境的消极影响，这是实现绿色设计的必要条件。关于服装的绿色包装设计应包括包装方案和结构，并选择可回收、易于处理、可重复使用的环保材料，例如可降解纸和可回收维尼纶、丙烯薄膜等材料。服装产品的生产，一方面要使其具有绿色产品的整体形象和市场竞争力，另一方面要保证其在使用后要遗弃时不会对环境造成污染。为了能够以较低的总成本设计出环保服装,应在服装产品生产的最开始就进行环境成本分析。还应充分考虑回收的可行性,回收方法、回收价值、回收过程和回收再利用等的可能性。

3.4.2 建筑行业生产中的绿色设计理念

建筑是环境设计的主体和中心,也是人类繁衍生存的物质空间。近年来,由于装饰材料中含有的有害成分严重超标,特别是甲醛含量过高,严重威胁着人类的身心健康。在建筑界,绿色设计是一种关于人、自然、社会伦理的思想。如果绿色设计理念能够应用于现代建筑装饰设计中,将会让担心装饰材料对健康造成危害的人更安心。如硅藻泥装饰材料。硅藻泥是一种天然、环保的装饰材料,可以替代墙纸和乳胶漆。它能够净化室内空气,可以完全清除室内的甲醛,调节湿度和温度,以减少空调和除臭剂的使用频率,起到保护大气、节约能源和创造舒适的生活空间的作用。现代绿色房屋的设计强调使用天然材料和色彩,可以在降低装饰成本的同时满足绿色和低碳的要求。

1.绿色设计在建筑设计中的体现

(1)布局规划。在建筑设计过程中,应充分运用生态理念来规划建筑物的布局,以最大限度地利用土地资源:在设计之前,应详细研究整个场地的实际情况以及气候、地形、环境等,必须充分了解项目现场情况。在此基础上建立绿色设计系统,以防止建筑物对项目周边土地产生大的影响;在设计过程中,详细分析建设项目的实际需求、用户需求等,以提高整体设计速度并使每个人的满意度最大化。设计应综合考虑建筑材料和工艺等因素,以全面提高建筑项目的绿色化程度。

(2)平面设计。生态概念在建筑设计中尤其重要,它可以最大限度地优化建筑物的布局。在施工期间应特别注意:建筑设计应充分考虑周围的气候、地形、照明和建筑物的高度;为了确保建筑物通风,应使用自然风降低室内温度并降低空调的使用率，具体设计必须完全整合风向，以保证建筑物通风。建筑图形设计要考虑到相邻建筑物之间的隔音，并采取相应的措施加强隔音效果，并不断提升建筑物的整体舒适度。

(3)景观设计。景观设计是建筑设计的主要组成部分，直接影响建筑物周围的生态环境。具体而言，建筑设计必须有效地结合开发商和建筑物周围自然景观的需求，以保证建筑景观设计与周围自然环境实现高度协调。建筑设计应从建筑物的入口、周围景观、休闲娱乐区、园林景观等开始，以最大化满足居民的娱乐需求并充分结合两者的实际情况。在道路两侧，考虑建筑物所在位置的气候特征和土壤条件，选择种植绿色植物。

(4)门窗设计。在建筑设计中，门窗的设计极其重要。面积、门窗、方向、传热系数等应根据合理性和科学性原则进行科学设计，充分结合实际建筑情况，减少资源浪费，节约能源。现在在建筑物门窗的设计过程中，平开窗通常被用作外窗，铝合金和中空玻璃是主要材料。应严格审查门窗材料的选择，以确保质量合格，并在通过检查后才能投入使用。

(5)可再生能源利用。建筑物的设计应加强对可再生能源的利用，以达到节能效果。在住宅楼设计时，充分利用技术手段将可再生的太阳能和风能引入建筑物，以替代原有材料，如电力，在满足需求的同时，可以达到节能的目的。随着科学技术的发展，新能源的应用方法和技术不断增加。绿色建筑的设计必须充分结合实际建筑情况和可再生能源的特点，并最大限度地利用可再生能源，总体上提高建筑设计水平。

2.绿色设计在建筑材料中的体现

(1)新型墙体建筑材料。在建筑施工过程中，墙壁材料占建筑材料的很大一部分。因此，为了全面贯彻绿色节能理念，新型墙体建材的发展是必然趋势，新型墙体建材的推广可以更好地保护环境、节约能源和资源。新型墙面材料主要包括砖块、木板等。新型墙体材料的应用可以大大延长材料的使用寿命，减少污染并保护环境。

(2)绝热保温材料。在建筑行业，冷却和加热将浪费大量资源，因此，使用隔热材料可以在一定程度上减少能耗。在保温材料的开发过程中，外墙的逐步保温、多功能复合光的发展可以在一定程度上保证墙体的使用效果。基于绿色建筑材料的发展，建筑建设过程中使用绿色保温材料，也能充分利用废物。

3.4.3　汽车工业生产中的绿色设计理念

汽车是现代社会中人们的主要交通工具之一，同时，汽车排放的大量废气也是空气污染和能源消耗的主要来源。因此，汽车的绿色设计引起了设计师的注意，新材料和新技术的不断出现为绿色汽车的设计提供了基本保证。从技术方面考虑，可以通过使用新的清洁能源(例如电力)来减少废气排放。2004 年，普锐斯(Prius)的设计师设计出了第一台具有混合动力合作驱动系统的丰田汽车。高压、大容量的完全混合动力系统允许汽油和电力共同驱动汽车。这项技术研发在环保和性能方面打破了传统的汽车在两者之间的平衡问题。考虑到绿色旅行的另一个方面，可以设计新一代的绿色公交系统，以减少私家车的使用并倡导人们使用公共交通工具。

1.在汽车材料方面的应用

环保设计要求汽车设计时也要使用绿色材料，绿色材料具有低噪声、低功耗、无毒且易于回收的特点。例如，汽车污染可以分为两种：一种是汽车本身。车内的人造皮革和汽车纺织品装饰物包含许多有害物质，如苯、甲醛、二甲苯等，尤其是新车和配置豪华内饰的汽车。其他的像木材、皮革、金属、黏合剂等汽车的室内装饰物也会释放有害物质。第二种是长期使用汽车会导致空气质量下降。首先，人们呼出的空气聚集在封闭的汽车中，无法消散。其次，由于不经常清洁汽车空调的杂质，会产生大量细菌和有毒有害物质，导致车内空气质量变差，甚至车内缺氧。最后，汽车的引擎会产生一氧化碳和汽油味，也会降低车内空气质量。因此，有必要在设计过程中尽量减少汽车装饰，尽可能使用绿色材料并进行通风。

2.在汽车尾气减排方面的应用

减少汽车尾气排放，可通过对汽车的技术改造和研究替代能源来实现。例如，日本丰田公司开发的汽油超稀薄空燃比及其控制系统，可以在确保车辆功率的同时减少排放和燃油消耗。同时，汽车使用电子化油器使废气再循环，并使用催化装置改变点火正时。特别是微处理器控制的燃料喷射系统不仅可以大大提高发动机的动力性能和经济性能，还可以大大减少排放污染，使其受到广泛重视。

但是，不管如何改装汽车，目前都无法消除由汽油燃烧引起的废气污染。因此，我们必须积极探索新的可替代能源，如太阳能、氢能等。

3.在汽车降噪方面的应用

汽车产生的噪声污染包括三个方面。第一是汽车的喇叭声。第二是汽车行驶时轮胎与地面之间的摩擦声。第三是汽车本身的噪声，例如由汽车发动机的运转和风扇的旋转产生的噪声。轮胎与地面摩擦会发出巨大噪声，为解决这个问题应使用较小的轮胎，尽可能减小轮胎与地面之间的摩擦。另外，由于车身的振动以及汽车行驶时产生的风噪声，汽车的窗户、隔板等在汽车内部产生了噪声区域。就设计而言，可以通过安装低频喇叭来减弱汽车喇叭的声音。汽车本身产生的噪声，包括风噪声等，这与汽车的外观有关，并且能够通过汽车空气动力学来进行控制。在提高汽车的密封性能方面，还可以尽可能使用整体模具，减少零件数量以提高零件精度，从根本上控制噪声。

4.在汽车材料回收方面的应用

为了减少浪费，绿色汽车应在生产初期就考虑报废后的再利用，以确保可以回收多个零件。设计汽车零件时，应提供零件的特定材料代码。在回收旧车时标记每个零件，方便拆卸和分类，以节省资源和能源并保护环境。组装时，所有零件应尽可能使用相似的材料，这样就无须拆开它们并可以一起回收。目前，世界各国都非常重视汽车材料的回收利用。据报道，美国汽车制造商将汽车零件回收为电池、反应注射成型(RIM)设备、冷却器端盖、复合金属板等，以达到100%的回收率。日本汽车专家们正在开发新技术，将残剩的粉碎渣用固化机进行压缩、固化，并将固化物干馏汽化，作为气体能源进行有效利用；欧洲国家也在回收汽车材料方面做出了巨大努力，例如回收报废的汽车保险杠等。

典型案例　安阳强基

一、企业概况

安阳强基精密制造产业园股份有限公司(以下简称“安阳强基”)是在工业和信息化部和河南省安阳市政府的大力支持下建成的首个苏氏集成精密成型技术体系(简称“SIIC技术体系”)产业化应用基地。产业园规划用地5 000亩，总投资200亿元，致力于发展航空航天零部件、汽车轻量化零部件、商用和一般工业用机电零部件等精密制造产品。

公司旨在建设成为集技术研究、示范、推广和应用于一体，且具有国际领先水平的绿色智能精密制造基地，实现精密成型技术与传统产业的深度融合，推动产业园信息化与工业化两化融合的进程，在带动中原经济区工业转型升级和工业技术水平提升的同时，加快了工业设计理念和工艺方法的突破性变革，对加快老工业基地改造升级、促进传统产业转型发展和振兴民族基础工业起到了重大示范引领作用。

二、企业的绿色发展之路

2015年6月，国家工业和信息化部发布了《工业产品绿色设计试点企业(第一批)及实施方案摘要公示》，根据《关于组织开展工业产品绿色设计示范企业创建工作的通知》(工信部节函〔2014〕308号)要求，安阳强基成为首批工业产品生态(绿色)设计试点企业。

在试点期间，公司以科学发展观和生态(绿色)文明建设要求为指导，以《安阳强基工业产品生态(绿色)设计示范企业创建实施方案》为依托，围绕公司“造好零件、圆强国梦”的愿景，落实产品全生命周期理念，把推行生态(绿色)设计作为企业实现愿景的重要抓手,提升绿色低碳发展意识,制订产品生态(绿色)设计发展战略,推出了面向《中国制造2025》的精益研发(PERA)和集成精密成型技术(SIIC)融合而成的工业产品生态(绿色)设计研发体系和平台,以"轻量化、集成化、智能化"为核心设计原则,培育和建设企业的产品生态(绿色)设计能力,优化产品结构和生态品质,一步一步建立起绿色设计推进机制和评价体系,完善精密铸造技术创新体系,打造绿色高端产品和品牌,建设具有国际标杆意义的精密铸造生态(绿色)设计制造示范基地。

三、绿色设计理念在企业中的应用

自生态(绿色)设计示范企业创建的工作开展以来,公司高度重视绿色制造和绿色转型发展,坚持贯彻绿色低碳的可持续发展理念,积极推进绿色设计体系建设,将"创新、融合、绿色"理念贯穿到研发、生产、物流、客户服务等整个产品全生命周期,打造了绿色设计、制造与应用一体化发展模式,形成了整体水平绿色增长的良好态势。

1.开展工业产品生态(绿色)设计研发体系和平台建设

经过20多年的研究,合肥工业大学精密铸造研究所所长苏章仁教授及其技术团队研究出了"苏氏集成精密成型技术体系(SIIC)",并依此基于传统失蜡熔模精密铸造工艺对所有工艺流程经过100多项微创新,制造出了精密铸造领域的"系统集成创新",实现了"无论产品结构怎样复杂皆可制造,装配结构可一体化制造"这一目标,为中国高端制造企业提供了无可替代的精密制造技术,是目前国内外技术最先进的精密铸造工艺之一,是制造业先进的基础技术。

安阳强基与安世亚太整合各自优势,面对工业企业更加智能化的生产设施以及云计算和大数据等智能技术的发展,提出基于工业云的智能工业系统和技术框架,创建以客户为中心的智慧化和自治化工业形态的支撑体系,为智能制造战略目标的实现提供技术支撑。安阳强基正在努力推进"安世亚太的设计开发能力"与"安阳制造基地的绿色智能制造能力”的有机融合，通过“两化融合”手段突破产品绿色设计与制造间的壁垒鸿沟，最终实现“无所不能设计、无所不能制造”的战略目标。

2.搭建设计验证试验平台，强化企业工业设计中心建设

公司建立的试验工厂是工业产品绿色设计研发的重要支撑平台，是主要承担产品设计、软件开发、人才培养、中试试验及新产品制造工艺定型等功能的公共服务平台，是构建国家级工程技术中心（绿色设计与制造国家级工业设计研究院）的重要组成部分。试验工厂建筑面积6 000平方米，其核心是一条柔性精密制造生产线，配备有实验中心及相关先进的理化试验设备。

3.建立绿色设计模范工厂

模范工厂是工业产品生态（绿色）设计示范企业的重要建设工程。模范工厂占地173亩，建筑面积4.6万平方米，计划总投资6.8亿元，具有技术研发试验、软件开发与管理控制、产品再设计、示范推广、公共平台服务等功能，是安阳强基产业园成为国际标杆水平的生态（绿色）设计制造基地的核心单位。绿色模范工厂建设是以工业和信息化部发布的《绿色工厂评价通则》的相关要求为标准，在集约利用土地、清洁生产、废物回收、能源低碳化等方面整体提升工厂绿色化水平。合理建立工厂区的能量流和材料流路径，采用先进的适用清洁生产技术和高效的加工设备，促进能源结构的优化，实现产品内部的循环利用体系，促进制造体系的辅料、材料得到充分的回收再利用，最大限度地减少污染物产生和排放。

从安阳强基绿色设计各方面的实现情况来说，公司从技术体系构建、研发设计平台软硬件建设、人才引进和培养、生态（绿色）设计工程应用、流程设计和规范管理等全方位着手，按照《国家级工业设计中心认定管理办法（试行）》有关要求，推进《产品绿色设计通则》在研发、生产各环节的实施，配置优势资金、人才等资源，打造行业领先的生态（绿色）设计平台，到2017年底使用生态（绿色）设计理念设计或再设计的产品品类超过12项，开发了共计28件轻量化设计基础零部件、组件，较好地完成了绿色设计试点任务。具体体现在以下几个方面。

(1)提升绿色低碳发展意识

在示范企业创建过程中,安阳强基始终坚持贯彻"企业绿色文化",把绿色低碳发展理念作为引领公司发展和培育核心竞争力的重点。一是落实产品生命周期理念,采用绿色设计思维、工具和技术推动公司未来产品创新。将产品绿色设计作为公司绿色转型发展的主要抓手,融入公司的总体发展战略,促进公司在产品设计开发、供应链管理、节能降耗、清洁生产、综合利用、品牌培育等方面全面提升。推动公司发展方式的转变,形成低投入、低消耗、低排放和高效率的节约型增长方式。二是建立分别面向领导班子、管理人员、生产人员、供应链伙伴的生态(绿色)设计培训体系及制度。为保证示范企业建设工作的顺利开展和有效性,以产品绿色设计核心技术人员为讲师和辅导员,对企业所有人员以及供应商进行产品全生命周期评价理念及方法的培训,编制系列培训教程,增强公司全员和供应商的绿色低碳意识,改善公司能源、资源消耗水平,在相关工作中应用和贯彻绿色设计意识。

(2)确立企业生态(绿色)设计发展战略

安阳强基通过确立复杂结构产品生态(绿色)设计的发展战略导向,以公司科技管理部为核心成立产品绿色设计领导小组,由公司总经理担任小组组长,统一负责产品生态(绿色)设计示范企业创建工作的开展,讨论绿色设计试点公司的开发和实施计划,对每个员工、每个产品、每个生产过程进行生命周期概念的构建,将循环经济意识贯彻到企业战略、企业文化、生产流程、营销和业务模式,从战略的角度将生态(绿色)设计的理念灌输到企业中,通过生态意识、环保意识教育来鞭策全体员工,进一步深化认识,培养和引导生态的生产方式和消费行为,倡导节约和环保价值观念,树立节约发展、清洁发展、安全发展的理念,最终生产出能效高和环境友好的绿色产品,努力打造安阳强基绿色核心竞争力。

(3)构建产品绿色设计管理体系

①组织结构建设:公司明确了绿色设计领导小组、工作小组的建设任务,建立不同部门之间协调配合的工作机制,并建立绿色设计企业创建工

作的信息发布制度，定期在公司微信群发布绿色设计示范企业创建工作的进展情况和工作任务，方便领导小组监督。

②构建支持绿色设计的评价体系：根据绿色设计需求，从材料、能耗、生产、使用、维护、回收、报废等环节，对产品生命周期的特点和环境影响因素进行分析，完成《产品评价方法及指标体系》的制度建设，建立产品运行效果反馈体系和评估反馈体系。

③形成绿色设计产品管理制度：依据《产品生态设计通则》(GB/T 24256—2009)标准的规范要求，安阳强基结合自身发展现状，通过对于产品、工艺或服务的辨识和量化，考察从原材料采购到产品生产、运输、销售、使用、回收和最终再循环的整个生命周期内能量和物质的消耗以及排放，评价这一过程中的消耗和排放对环境的影响。一方面，对公司内部各部门管理，公司制定了《绿色设计实施原则》《绿色供应链实施规范》《绿色设计部门协调配合制度》等规范制度，形成《绿色产品管理制度》；另一方面，对企业外部供应链进行管理，编制《安阳强基绿色供应商评价指标体系》及其使用说明和《安阳强基绿色供应链管理体系》，有助于对供应链进行选择和持续改进。

(4)推动绿色设计产品生命周期评价体系建设

在试点期间，为加快推动精密制造行业绿色设计产品评价体系建设，安阳强基积极开展产品资源基础数据库建设，并针对产品全生命周期，建立了复杂结构件绿色设计产品评价方法。评价方法内容主要包括：产品行业现状调查及绿色化潜力分析、产品评价指标体系构建方法研究、绿色设计产品评价技术规范标准研制、产品全生命周期评价等四方面内容。

(5)完善绿色生产数据管理系统建设

企业的整个制造生产过程实际上是信息采集、传递、加工处理的过程。在产品绿色生产过程和管理过程中，所有的数据从一个数据源头进行输入，从根本上保证了数据的一致性。同时在网络环境下，各个部门可方便地实现数据的共享，从而消除信息孤岛。安阳强基的产品生产，严格按市场的生产指标和要求进行，通过绿色设计产品流程管理系统，可根据订单的生产日程需求安排设计策划，编排生产计划，大大提高了计划的编制效率以及准确程度。在采购订单和生产订单的执行过程中，通过一套反馈机制及时将执行情况予以反馈，以便管理以及及时针对变化进行调整。通过生产作业反馈、工序的检验、物料出入库的检验等进行生产过程、采购过程和质量管理的集成；通过采购入库、生产领料、生产入库、销售出库等进行物流和采购、生产、销售的集成；通过定额领料单进行材料成本的归集；通过应收账款集成财务和销售；通过应付账款集成财务和采购，通过质量和物流、生产作业、销售、财务等过程集成实现全过程的质量追溯和质量成本管理。

（6）建设绿色研发平台

在试点期间，安阳强基通过与安世亚太合作，以精益研发体系为核心，在精益研发集成平台等产品的基础上，根据复杂结构件绿色设计的个性化需求，进行个性化定制。其主要工作内容包括：

①研发流程管理：根据精益研发理论中研发流程管理的基础理论和复杂结构件设计过程的实际需求，设计、开发复杂结构件研发流程管理系统。完成 WBS 结构相关基础信息的管理和定义；完成针对特定产品的 WBS 结构信息的管理和定义功能；完成针对特定产品设计项目的科研活动信息定义；在任务执行过程中，实现对协同工作流程的设计状态进行直观可视化、根据任务设定的起始时间与当前系统时间进行对比分析、通过各种视图进行显示与统计等。

②综合设计环境：协同设计环境，执行产品设计过程，实现产品设计过程的领取任务、放弃任务、驳回任务、指派任务、审批校核任务、提交任务、导出数据、数据追溯等功能。建模环境包括管理系统的工具组件以及系统外的第三方软件的信息；完成设计过程的添加、启动、修改、删除、发布、撤销、下载、查询、查看等功能；实现系统下的设计过程和工具库的分类管理；采用分层封装的方式提供各种设计工具、组件和模板的封装；以数据区的方式，按数据产生的对象实例，完成数据对象的操作权限、版本、关系、对比、锁定、删除等操作。

③复杂结构件设计工具集：在复杂结构件绿色设计过程中，需要各类辅助设计软件（CAD）、辅助仿真分析软件（CAE）、设计优化软件（MDO）等，在合作的基础上，安阳强基与安世亚太共同开发了多种产品绿色研发工具。

（7）实现绿色设计关键共性技术创新

安阳强基依托 SIIC 技术体系，该开发项目以系统的绿色设计技术为核心，制造大型、薄壁、复杂精密铸件和各种集成设计培训组件，成功地用于航空、航天、能源、武器、汽车、船舶、水力发电设备等多领域，设备和制造技术填补了许多空白。SIIC 技术体系依据当代发现的全新自然法则，重新构架工程技术理论并以此推动工程技术（应用）特别是两化融合的新模式与新方式、新方法的“三位一体化”的技术体系。它不仅包括生产过程和实现手段，而且还包括支持工艺、手段持续发展的设计概念和思想方法。SIIC 技术是以失蜡熔模铸造工艺为手段，以产品品质“精”“密”为目的，适用范围广泛，可直接影响其他液态成型工艺和产品结构设计领域、材质设计领域的基础工业共性技术。依托 SIIC 技术，可以以高精度的近净形能力制造传统车、铣、刨、磨、锻等冷加工手段和常规铸造手段无法加工、难以加工以及依照价值工程不值得加工的精密零部件，如高温合金叶片、防弹结构件、螺旋桨推进器、涡轮等。

大量的实践表明，由于 SIIC 技术体系在关键工艺装备、各个工艺流程的实现方法、材料及其制备技术等多方面的创新，实现了无论产品具有怎样复杂的结构、怎样紧凑、材料怎样难以加工或无法加工都能利用 SIIC 技术制造的目标。它可以使传统的高精度生产具有几乎整齐的形状、几乎相同的重量和完整的功能，能够实现传统车、铣、刨、磨、锻等冷加工手段和常规成型手段无法加工、难以加工以及依照价值工程不值得加工的精密零部件少加工甚至免后续加工。

（8）建设绿色设计与制造一体化生产示范线

①优化生产工艺流程：安阳强基通过优化生产线布局，极大地简化了产品生产的工艺流程。主要工艺包括：蜡料准备、蜡模制作、组合蜡模、模

壳制作、脱蜡、熔炼、焙烧、切割打磨等工序，可以广泛用于生产航空器零部件、轻型汽车零部件、工业/商业机电产品零部件的生产过程，绿色制造示范线预计年生产能力为每年 8 万套铸件。

②打造首条绿色智能示范线：安阳强基公司目前拥有 2 条自动化生产线，其线上所有装备（机器人除外）均为自主研发，具有 100% 自主知识产权。系列专利装备包括压蜡机、蜡件检测系统、蜡件抗变形物流系统、淋浆淋砂机、模壳风干系统、脱蜡釜、蜡回收调质系统、浇铸釜、凝固控制炉、热处理炉等。这些装备均属国际、国内首创，并达到国际先进水平，已用于各类产品的批量生产。

绿色设计与制造一体化生产示范线集成多种液态金属成型工艺优势，通过试制、制造工艺定型，实现产品整体一次成型，改变了传统的设计分离面和工艺分离面，显著强化了整体功能，可以大大降低产品的制造难度和总体成本，并能够降低再加工的能耗。

(9)完善绿色设计管理制度

在试点期间，安阳强基积极完善各项管理制度，确保绿色设计的各项举措得到落实。公司将产品绿色设计理念贯穿于整个产品生产过程，并建立相关质量管理体系，形成企业《标准质量手册》和《程序文件》。公司按照 ISO 9001、ISO 14001 的规范建立绿色设计的质量管理体系，积极完善各项管理制度，进一步明确了研发、生产、采购、物流、销售部门之间协调配合等机制，将绿色设计纳入质量管理全过程，制定了绿色设计管理基本制度，明确了任务分工、工作流程和考核办法，保障绿色设计的各项工作得到落实。

(10)制定绿色设计产品评价标准

在试点期间，安阳强基积极组织或参与制定我国铸造行业绿色设计产品评价标准。依据《产品生态设计通则》(GB/T 24256—2009)标准的规范要求，公司结合自身发展现状，建立了从原材料采购，到产品研发、制造、销售、使用、回收和绿色再循环的整个生命周期资源、能量消耗及污染物排放评价体系。在试点期间，由安阳强基牵头，组织有关行业协会、专家学者和行业领域内具有代表性的重点企业，共同研究起草了《绿色设计产品评价技术规范铝合金结构件》《绿色设计产品评价技术规范压铸铝合金件》产品标准。

四、企业的绿色价值体现

安阳强基与安世亚太科技股份有限公司及合肥工业大学积极合作，在绿色发展、绿色设计方面取得了较大成效，主要体现在以下三个方面。

1.经济效益

通过产品绿色设计示范企业的创建，安阳强基已经形成了从原材料选用、产品设计研发、生产制造到合理回收利用涵盖产品全生命周期过程的生态管理模式，从产品设计和生产过程中根本性地减少原材料的使用，大大降低新产品研发周期以减少研发成本，降低电力能耗、水力能耗、天然气能耗和人工成本等，设计制造的产品比传统工艺制造的产品平均减重超过25%，并且原材料使用可回收利用率80%以上，各种精密成型产品综合成本大大低于同类产品。

2015—2017年，公司设备累计投入13 145万元，软件设备投入1 026万元。由于生产线还未实现全部达产，因此目前还未取得明显经济效益。预计一年后，在两条绿色制造生产线完全达产时，年产值为4亿元，年利润为0.8亿元。根据项目前期已经完成的绿色设计产品的试制证明，通过绿色设计制造一体化生产示范线完成的复杂结构件可降低15%～30%的生产成本，以平均20%计，预计可以降低装备与产品制造企业20%的结构件采购费。

2.环境效益

通过推行产品绿色设计，在设计阶段就充分考虑产品生命周期各环节的能源资源节约和污染物减排，从产品源头采购就形成一套生态环保的产业链，原材料使用可回收利用率达到80%以上，从而节约生产过程中使用的电力能耗、水力能耗、天然气能耗、人工成本等，有效控制废气排放量及能源损耗的损失。2017年，产品材料实现减重25%，综合能耗降低

30%，工业固体废物综合利用率由90%提高到95%，工业用水重复利用率由95%提高到100%，污染物排放量减少了50%。以上数据充分说明，通过推行产品绿色设计，创建绿色设计示范企业，为公司带来了显著的环境效益。

3.社会效益

通过示范企业创建，安阳强基建立了产品绿色设计与制造一体化的典范，是当前我国乃至世界制造业发展的重要方向。通过推广和应用，将使得我国制造业产品设计能力得到提升，解决当前部分制造企业的产品设计能力短缺和不足的问题，促进产品品质提升。通过设计与制造一体化集成，促进产品研发与制造企业间的良好互动与共同发展，建立产业链上的利益共同体，促进产品设计过程的技术与工艺创新，提升产品与服务的竞争力。

安阳强基所开发应用的 SIIC 技术体系，可以广泛应用于航空、航空发动机、航天、飞船、军工、船舶等行业，通过该项目的推广和应用，最终覆盖“中国制造 2025”所提出的十大重点工程中的所有与产品设计相关的工程，在为企业提供产品设计和制造支撑的同时，也解决我国目前产品生产中绿色制造工艺覆盖率不高的问题，促进“中国制造 2025”战略发展目标的实现以及我国制造业和产品的绿色转型与升级。

案例来源：中华人民共和国工业和信息化部

第4章 绿色采购

4.1 绿色采购的产生及发展

4.1.1 绿色采购的产生背景

面临日益严重的环境问题，各国都出台了严格的法律，要求企业改善环境，同时企业也受到来自社会团体、消费者等方面的压力，因此企业必须提高环境绩效。为了达到这个目的，许多企业都把改善环境的活动融入他们的战略计划和日常运作。1987 年，世界环境与发展委员会通过《我们共同的未来》论述了世界发展中所存在的环境问题，并提出了具体的行动建议。Webb 提出“绿色采购”概念。后来，在美国国家自然科学基金会的资助下，美国密歇根州立大学制造研究协会(MRC)进行了一项综合考虑环境对制造供应链的影响以及对资源的最优利用的研究，并在 1996 年第一次提出了绿色供应链的概念。从那以后，加拿大、英国等国逐渐开始对绿色供应链进行研讨。“绿色供应链”也被称为“环保意识供应链”，思考供应链各步骤的环境问题，关注环保。追随者将绿色供应链管理(Green Supply Chain Management)划分为三个部分：绿色采购、企业内部环境管理与绿色营销。

4.1.2 各国绿色采购的实践

德国、日本等国从20世纪90年代初开始推行政府绿色采购,从那以后,政府采购逐渐受到越来越多的国家的重视,通过它来保护环境、促进环保社会的形成是一个非常有效的途径。不但各国政府机构积极推行绿色采购,许多国际著名的大公司和一些非政府组织也积极推广绿色采购,将绿色指标纳入政府和企业的采购中,促进了绿色产业市场的形成,促进了经济的绿色化。

1.欧盟

欧盟是世界上推进绿色采购较快的地区,通过采取一系列措施来整体推进各个成员国的绿色采购并最终上升到法律高度,欧洲委员会推出了"政府绿色采购手册",并在2004年3月31日正式启用。该手册指明了政府机构在采购商品与服务时如何将环境因素纳入。为了加速绿色采购的一体化,欧盟和WTO政府采购规则规定欧盟各成员国的采购政策和法律必须与欧盟采购法令和WTO的《政府采购协议》相一致,欧盟各成员国和欧共体都签署了该协议。

2.德国

德国作为欧盟成员国之一,是全球第一批实施环境标志认证的国家,也是较早将政府绿色采购作为实现环境保护目标的公共政策工具的发达国家。1979年德国开始推广环保标志制度,规定政府机关应率先购买环保标志商品,并遵守下列原则:不能浪费,商品应当具备耐用性、可回收利用、易于丢弃处理等条件。后来又将其纳入1994年颁布的《循环经济法》,其中的一些鼓励措施对德国绿色采购的推广起到了至关重要的作用,如通过对绿色生态产品的规范提高绿色生态产品的地位,通过互联网、电视、报纸等媒体大力宣传绿色采购,对民众进行环保知识的普及,提高民众的环保意识。德国联邦环境署通过网络提供了有关产品标签及其标准的信息,介绍了绿色采购的成功案例。在这股绿色采购浪潮中,德国政府的绿色采购行为引发了国内许多企业、组织和消费者的绿色采购行为。

3.英国

在促进绿色采购方面,英国主要由环境、交通和地区事务部负责,他们负责对买家和供应商进行绿色采购指导,为各种商品制定采购规范与采购指南,例如,纸和文具的采购规范,以及具备环境优势的信息商品购买指南等。根据英国政府采购法的规定,在投标时应重视最低价或最具经济效益的投标人,但采购单位可综合考虑产品质量、技术优势和价格因素等做出最终决定。在英国,政府采购要求供应商加强供应链管理,测量并报告碳排放减少情况,以发现政府采购供应链中最能降低能源消耗的环节。从绿色产品生命周期的环境成本角度出发,强调了对采购产品环境优势的重视,并在招标文件中予以说明,供采购人员参考。

4.美国

美国是比较早进行绿色采购推广的国家,无论是政府绿色采购还是企业绿色采购,都具有一定的先进性和典型性。在政府采购方面,美国政府通常以联邦法令和总统行政命令作为推动政府绿色采购的法律基础。20 世纪 60 年代以来,美国国会陆续通过了 26 部环境法律,涉及水污染、大气污染、废物管理等各方面,每部法律都对污染者或公共机构应采取的行动有严格的法律要求,如《环境友好型产品采购指南》。此外,它在政府绿色采购实践中创造并发展了多种绿色政府采购方法,如最常用的"最优绿色价值法",就是由负责政府采购的机构和部门建立环境标准体系,考虑采购对象的质量、绩效等多个因素,并据此赋予权重并对供应商进行评分,选出最优的供应商。美国企业在绿色采购方面也做得非常成功,许多企业很早就认识到有害材料处理和投资恢复的重要性,对供应商提出严格的原材料环境标准。

5.日本

日本是世界绿色采购的领军国家,无论在法律法规建设、组织结构、公民意识方面等都走在世界前列。近些年来,日本的绿色采购制度得到了很好的发展和完善,其主要措施是实施环保标志制度,建立健全绿色采购信息网络,规范绿色采购商品品种和评价标准等,其绿色采购发展历程如下所述。

1994 年,日本已经制定了绿色政府行动计划和绿色采购原则,并鼓励作为绿色采购来源的所有中央政府管理机构放弃作为不环保产品的管理结构。1996 年,日本政府与各行业组织组成了全国绿色采购网络联盟(GPN),其主要活动包括:颁布绿色采购指导原则,制定采购大纲,发布环境信息手册,开展绿色采购推广等。GPN 已制定了不同产品的绿色采购纲要,包括复印机、汽车、电脑等十多种产品,这是一个由政府部门、民间企业、社团组织组成的绿色采购联盟,在倡导绿色采购理念、提供绿色采购信息和在会员之间进行绿色信息交流方面发挥了重要作用;2000 年,日本政府颁布了《再循环产品促进法》《绿色采购法》,推动政府、企业、国民等实施绿色采购,并通过优先采购环保产品,为环保产业的发展创造了巨大的市场需求,充分地调动了企业参与循环社会建设的积极性。此外,日本的大企业集团都有自己的《绿色采购标准书》,并把标准告知自己的供应商,以此来决定是否采购供应商提供的产品和服务等。对于取得 ISO 14001 认证的企业或正在构建环境评价系统的企业,优先采购他们的产品,值得注意的是,他们并没有放松对产品质量、价格、交货日期等的要求,而是加入了绿色环保,对供应商提出更高的要求。

6.中国

2003 年 1 月正式实施的《中华人民共和国政府采购法》将保护环境作为采购的重要考虑角度。2004 年 12 月 7 日实施的《国家环境保护总局政府采购管理实施细则》(环函〔2004〕451 号)第二条规定环境保护单位、社会团体进行采购时要注意环境保护。2005 年我国政府提出要制定具有可操作性的绿色采购制度。2006 年 10 月发布了《关于环境标志产品公共机构采购实施的意见》(财库〔2006〕90 号),开创了绿色采购的新局面。

2014 年 12 月,商务部、原环保部与工信部联合印发了《企业绿色采购指南(试行)》,为企业原材料的采购、产品生产、服务提供和供应商的选择提供了方向。2019 年 2 月,财政部、发改委、生态环境部、市场监管总局联合颁布了《关于调整优化节能产品、环境标志产品政府采购执行机制的通知》(财库〔2019〕9 号),明确要加大政府采购力度,促进绿色产品的推广和应用。

4.2　绿色采购的内涵

4.2.1　绿色采购的定义

1998 年,Narasiman 与 Carter 从采购角度将绿色供应链管理定义为:采购部门在减少废物、回收利用、再利用和替代材料方面的工作。同一年,Carter 给绿色采购下了定义:“绿色采购”是指考虑环境因素并将其纳入供应链管理的采购行为,以促进循环、再利用和资源节约。与此同时,提出采购部和采购经理已在环境管理方面发挥了比以往更加重要的作用。2001 年,Zsidisin 和 Siferd 对环境(绿色)采购做出了较为全面的定义:公司的环境(绿色)采购是针对与自然环境有关的问题制定的一系列方针,采取的一系列行动和形成的相应关系,以及与获得原材料有关的问题,包括供应商的选择、评估和发展,供应商的运作,内部分配、包装、再循环、再使用,减少资源使用和公司产品最后处置。朱庆华与耿勇在“2002 年绿色采购行为对企业影响研究报告”中也提出了绿色采购的概念,认为绿色采购是指企业内部各部门之间的协商决策,在采购行动中考虑环境因素,通过降低材料使用成本、末端处理成本、保护资源和提高企业声誉等手段来提高企业绩效,并对此做了详细的阐述。2009 年,朱庆华等人从与供应商合作的角度对绿色采购做了界定:绿色采购是指在充分考虑环境因素的前提下,通过采购、供应双方的密切合作,采取一系列措施,使产品从材料的获取、加工、包装、储存、运输、使用到报废处理全过程中对环境的影响降至最低。

综上所述,我们可以总结出绿色采购的定义中包含的要素:考虑环境因素、减少后期成本及提升公司形象。绿色采购有两重内涵:一是企业采购绿色产品与服务,减少生产及消费过程对资源的消耗和对环境的破坏,促进绿色消费和可持续发展,这是绿色采购的基本要求。二是要求供应商绿色负责任地生产,即在生产过程中履行环境责任、员工责任和社会责任,实现清洁生产、节约使用资源、减少排放、员工关爱等,即从供应链管理的视角,通过制定、实施绿色采购的制度和标准,开发、选择、评价供应商,推动供应商积极履行社会责任,这是绿色采购的内在要求和延伸。基于此我们可以将绿色采购定义为:在充分考虑环境的基础上,加大采购部门和其他部门间的相互联系,共同决定采用何种原料及生产方式,并与供应商的选择方式达成一致,实现产品整个生命周期对环境影响最小的一系列方针。

4.2.2 绿色采购概述

1.绿色采购旨在尽量减少对环境造成的影响

采购和供应活动可能会给环境带来一些负面影响。常规治理方法主要是采购活动对环境影响形成后采取各种补救和治理措施。而绿色采购就是要预见可能出现的情况,从根源上进行治理。

(1)采购物资的生产。对于多数采购者来说,所购物品多为外购,可通过选择绿色原材料等方式加强所购物品的管理,也可选择已获得某种环保认证的供应商或产品。除重视采购的经济成本外,还应对环境成本进行合理的评估,绿色采购可大大降低中后期的处理成本,以免出现最终产品达不到环保要求而受到有关部门处罚或遭遇绿色壁垒的情况,从而取得可观的经济效益,同时取得社会效益。

(2)包装物的选用。商品包装日益多样化、复杂化,甚至为了保护商品出现过度包装，提高其附加值。普通包装种类繁多，如塑料袋、玻璃瓶、易拉罐等都会造成长期污染。其中有不少是一次性的包装材料，不仅消耗了有限的自然资源，而且废弃的包装材料也会对自然环境产生严重影响。“绿色采购”提倡绿色包装，在保证采购商品物资安全的前提下减少包装，采用绿色包装。

(3)采购物资的运输。运输车耗油量大，污染严重，同时加剧城市交通拥堵。“绿色采购”主张通过对货运网点和配送中心的合理布局、提高车辆满载率等措施，降低货运成本，减少环境污染和资源消耗。

2.绿色采购强调考察产品整个生命周期

绿色采购的目标要求将环境标准、评估方法和执行程序纳入现有采购系统，以确保采购产品符合环保和资源节约要求。鼓励采购商尽可能选择生命周期长的那些产品和服务。对产品应从整个生命周期进行检查，即在资源的开发、生产、运输、销售、使用以及废弃物品的处理和处置等各个环节中，最大限度地实现绿色目标的要求。为确保采用环境友好型采购，建议采购方在同类竞争性产品和服务中比较其整个生命周期环境影响的严重程度，同时考虑其复合环境属性，例如，在生命周期每个阶段提高能源效率、降低毒性或减少生态系统影响等。既不能采购生产环境不合格的企业生产的产品，也不能采购不符合环保要求的产品。

3.绿色采购中成本观念的转变

在绿色采购中，采购主体不再把注意力集中在原材料的价格上，而是集中在与采购相关的总成本上，也就是说，除了传统的成本，如交货期、质量、库存，还包括环境成本。而绿色采购不仅限于供应链内部资源的充分利用，更要考虑在供应过程中所选择的方案对周围环境和人的影响，是否合理使用资源，是否节约能源，废物和排放如何处理和回收，环境影响是否得到评估等，这是一个绿色的总成本概念。

4.绿色采购同时关注公平和效率

常规的采购比较注重经济效率，注重采购成本的压缩，而绿色采购注重效率和公平。企业和政府的绿色采购过程应融入生态环境中，并接受生态环境对生产、交换和消费的约束，使其与自然系统协调、和谐。既肯定了采购活动要有一定的效率，又强调了公平。在实现代际公平时，不仅要考虑当代人的采购行为不应损害下一代的利益，还要考虑代内公平，同一代中一部分人的采购行为不应损害另一部分人的利益，绿色采购也应是一种更有效的采购。绿色采购提倡以更透明、更公平的方式合理选择供应商和商品，充分利用现代网络技术，全面提升采购质量和效率。把传统采购方式与信息、网络技术结合起来，使更多采购业务各个环节都能在网上操作，实现网上订单、网上电子处理，大大提高采购业务处理的速度和准确性。供应方与采购方之间信息共享，建立了完整的供方数据库、商品数据库、交易数据库，全面实现信息共享、资源共享。采用先进技术可以使采购管理成本降至最低、提高工作效率，同时也能抑制采购中可能出现的腐败行为。

4.2.3 绿色采购的作用

绿色采购的目的在于最大限度减轻采购活动对环境的消极影响，并用尽可能少的成本得到企业所要求的数量与质量的产品与服务。推行绿色采购的意义重大，可以从绿色采购对企业、供应链以及整个宏观经济的影响来分析其作用和意义。

1.绿色采购对企业的作用

首先，从长期角度来看，企业能够通过实施绿色采购战略提高其经营绩效，提升竞争力。具体说来，绿色采购可以从两个方面提高企业的经营绩效。一方面，增加企业的销售收入，消费者绿色意识不断加强，逐步意识到要保护环境与自身安全健康，由此更加偏向于选择购买绿色产品。此外，在市场上销售的绿色产品其售价比同类的传统产品要高，所以，持有绿色产品认证的企业能够扩大销路；另一方面，绿色采购要求企业采购可再循环、再利用的原材料、包装物等，原材料和包装物的高效使用可以节约资源、减少废弃物的排放,从而降低企业的原材料成本和治污成本等。

其次,绿色采购能够优化企业的内部和外部业务流程,提高运营效率。绿色采购的实施需要企业内跨部门的协作,这意味着需要打破原有的内部管理模式和组织结构,从而提升企业内部的跨部门协作能力,优化企业的业务流程,提高企业办事效率,逐步消灭解决问题导向型或者"消防"型管理模式;实施绿色采购战略不仅要求对供应商的绿色信息进行调查、审核和监督,而且更重要的是要与其建立长期的战略合作关系,共同制定环境保护计划和决策,为供应商提供环境保护方面的培训,并协助其实施绿色环保行动。通过与供应商的密切合作可以增进互信,降低交易成本,防范供应商机会主义可能带来的风险,促进企业与供应商共同发展。

最后,通过降低企业后期治理成本、降低责任风险、保护自然环境、提升企业形象等措施,绿色采购从源头上控制采购行为的实施,减少了环境问题的产生,其实施将直接影响企业环境绩效。自20世纪90年代以来,我国政府高度重视环境保护,在环保法规和标准更加严格和完善的情况下,实行绿色采购可以使企业规避环境风险、树立企业责任意识、提升企业社会形象,通过提高品牌美誉度巩固消费者的忠诚度,进一步提高产品的市场份额,最终达成企业可持续发展目标。

2.绿色采购对供应链的作用

绿色采购是绿色供应链管理的前端,其实施力度和强度对整个供应链的环境管理绩效将产生重要影响。绿色供应链管理是指在供应链管理中考虑并加强环境因素,通过上下游企业之间的合作及企业内部各部门之间的沟通,从产品设计、材料选择、产品制造、产品销售及回收全过程考虑环境整体效益的最优化,同时改善企业的环境和经济绩效,从而实现企业及供应链的可持续发展。作为一种新的企业管理方式,绿色供应链管理实现了环境、社会、企业和消费者的协调发展,而企业采购则是实现绿色供应链管理的关键环节,绿色采购对绿色供应链的构建起着重要作用。

第一，企业具有绿色意识、自觉承担绿色责任是实施绿色供应链的先决条件；宣传和培养绿色意识，需要政府首先从供应链末端的消费者开始，即通过消费者的绿色消费意识来引导销售商的绿色营销意识，通过销售商的绿色采购来引导制造商的绿色生产，最后通过制造商的绿色采购来引导原材料的绿色生产，也就是通过绿色采购意识来沿着供应链向上传导推动绿色供应链的发展。第二，绿色供应链的核心是要保证整个供应链的绿色环保，也就是从原材料的生产到销售最终产品的零售商，核心制造商的绿色采购绩效将决定整个供应链的绿色程度。通过其对供应商的绿色标准和绿色指标要求，有助于促进供应商积极研发和应用绿色技术，采用环保节能工艺，创造安全无毒的工作场所，促进供应商环境意识增强、环境行为改善、环境管理水平提高，引导供应商的绿色生产行为，扩大绿色产品生产规模，推动循环经济战略和措施落实。

供应链上每个企业与其上下游企业均形成供需关系，供应链正是由多个供需关系连接而成，通过需方向供方提出绿色需求，再由供方向其上游的供方提出绿色需求，以此向上延伸，逐步将绿色理念在供应链上传播。可以说，供需双方通过选取绿色原材料、采用清洁技术、环境治理以及环境管理合作等行为，共同构筑了绿色供应链管理的环境责任内涵。绿色采购在供应链的延伸促进了环境管理理念和技术在供应链的扩散，提高了供应链的环境绩效，最终促进了绿色供应链的形成。

3.绿色采购对宏观经济的作用

可持续发展战略是社会经济发展必须同自然环境及社会环境相联系，使经济建设与资源、环境相协调，绿色采购要求供应商做到生产绿色产品、废弃物绿色处理、原材料的循环再利用等，这些举措能够有效防止资源浪费和环境污染，以保证社会实现良性循环，促进国民经济的可持续发展。绿色采购战略是人类可持续发展战略在制造业中的体现，它考虑环境和资源既要满足经济发展的需要，又使其作为人类生存的要素之一，直接满足人类长远生存的需要，从而形成一种综合性的发展战略。

随着消费者绿色意识的逐步增强,向位于供应链末端的企业提出绿色需求,通过绿色采购的实施依次向上传递,形成了各个行业的绿色供应链。而每个行业的绿色供应链既自成体系、相互独立,又与其他行业绿色供应链体系彼此交叉、相连成网,形成绿色供应链网链,进而使得整个宏观经济成为一个大的绿色供应链系统,这样既有利于绿色供应链管理的实施,又有利于经济效益与环境保护双赢。

作为一个世界制造大国,我国在主流制造业中三高产品和技术(高污染、高耗能、高耗材)仍占很大比重,使我国企业在国际市场上常常经受绿色贸易壁垒与其他市场准入问题,某些产品因没达标而进入不了国际市场,致使不能长久立足,特别是有些发达国家以保护本国环境为由,制定了极为苛刻的产品环境指标,限制发展中国家产品进入本国市场。构建绿色采购机制,通过企业采购绿色环保原材料以及与供应商在环境管理方面的紧密合作等,从源头上保证产品的绿色,有助于避开欧盟、日本、美国等发达国家设立的环保贸易壁垒,提高我国企业产品在国际市场上的绿色竞争力和国际市场占有率。

4.2.4　绿色采购的特征

1.学科交叉性

绿色采购牵涉环境科学、生态经济学、循环经济等概念,因此必须将环境科学、生态经济学和循环经济的理论与方法相结合来管理、控制和决策采购活动,这也是绿色采购研究方法复杂、研究内容广泛的原因。

2.多目标性

绿色采购的多目标性特征表现为:采购活动应符合可持续发展的战略目标要求,注重保护生态环境,节约资源,实现经济和生态的协调发展,追求经济效益、消费者利益、社会与生态四大目标的和谐统一。根据可持续发展理论,生态效益指标是实现前三个目标的重要保障。

3.时域性和地域性

时域性是指绿色采购活动贯穿于产品生命周期的整个过程,包括绿色产品的生产、物流手段到采购程序的确定、采购后服务和报废产品的回收等整个过程。区域特征表现为两个方面:一是采购活动早就突破了地域限制,具有跨区域、跨国界的特点;二是绿色采购要求采购业务管理机构、采购机构、供应商的共同参与和响应。

4.2.5 绿色采购的原则

基于可持续发展理论和循环经济理论,企业在进行绿色采购进程中应该遵循下列原则。

1.关注效率的同时,注重代内与代际公平

常规的采购决策遵循企业利润最大化原则,只注重成本最小化,忽视了采购过程中可能产生的负面效应和所引发的环境问题。可持续性发展是“既能满足当代人需求,又不损害后代人需求的发展”,因此,绿色采购活动不仅要实现企业和其他采购主体经济利益的最大化,而且要使采购活动与环境相容,体现可持续发展和循环经济的理念,并充分考虑资源利用过程中不同地区间和代际的公平。

2.树立生命周期成本理念

从采购学的角度看,产品或服务的成本可以分为购买成本和使用成本,两者之和就是产品的生命周期成本。一般的采购只关注购买成本,而不考虑使用成本。绿色化采购不仅要考虑原始采购成本,还要考虑可能在使用期间发生的使用成本。所以从理论上说,绿色采购关注的是产品生命周期成本,而不只是购买成本。所以,在衡量成本的高低时,应考虑整个生命周期的最低成本,而不仅仅考虑采购成本和使用成本。绿色采购在促进节能环保方面将发挥重要作用,对节能环保产品来说,可能因为

具有了节能环保的功能而增加了采购成本，但由于产品的节能会降低使用成本，最终结果就是使生命周期成本降低。

3.注重减量化、再循环、再利用原则

循环经济的原则有减量化（Reduce）、再循环（Recycle）、再利用（Reuse）（3R 原则）。绿色采购的流程不再是“资源—产品—浪费”的单向直线流程，而是“资源—产品—再生资源”的回馈流程。废料经处理后可以再卖回生产企业进行再制造，或者作为原料再利用。此外，绿色采购不仅关注产品本身的节能环保性能，还要求其生产、制造过程符合节能环保要求，从而更好地发挥绿色采购在节能环保方面的作用，使绿色采购对供应商节能环保的约束作用贯穿于整个生产、销售过程。

4.3　绿色采购的影响因素

企业进行绿色采购有助于推进“两型”社会的发展，助力美丽中国的建设，但是多年来发展进程缓慢，主要是因为企业在实施绿色采购的过程中受到多方面因素的限制。本部分从企业内部和外部两个方面分析了绿色采购的影响因素。

4.3.1　绿色采购的内部影响因素

企业内部因素对于其是否实现绿色采购具有重要影响，本部分从企业家环境伦理、内部资源配置和采购成本三个方面分析企业绿色采购的内部影响因素。

1.企业家环境伦理

企业家环境伦理是指企业家的环保意识和对环境及社会的责任感。企业家能够支配企业资产、拥有资本、影响企业的决策，因此，他不仅对企业的经营状况和发展状况具有决定性的影响，而且对社会经济环境和生态环境也具有重要的影响。“绿色企业文化”是企业及其员工在长期生产经营实践中逐步形成的、逐渐被职工认可的、具有企业特点的、对企业成长有很大影响的、关于节能环保的各种观点和认识。具有优秀员工团队、杰出企业家和积极绿色企业文化的企业才能健康、持续、稳定地发展。先进的经营理念和经营意识、强烈的环境伦理意识是企业家正确决策的前提和基础。企业要想持续发展、与时俱进、为社会和环境负起责任就必须有这些意识。

企业家的环境伦理意识决定了企业的整体文化。具有很强环境伦理意识的企业家在追求企业经济利益最大化的同时，也会把企业的各种活动对环境造成的污染作为一个评价指标。反之，企业家作为企业的最高管理者如果没有较强的环境保护意识，就无法引导整个企业形成绿色企业文化，企业生产的产品就不能满足消费者对绿色产品的需求，企业就会失去很大一部分市场份额，遭受巨大的经济损失。

2.内部资源配置

从内部因素出发的分析可以帮助管理者将有限的资源用于最关键的部分，从而使资源的使用效率最大化。组织机构和人员的合理配置对采购成本和采购效果至关重要。要从源头上提高采购运行效果，关键在于科学设置组织机构、建立健全规范的管理制度。采购员是采购部直接与供应商联系、采购物资产品的人员，是采购活动的具体从事者。采购员选择不当会严重影响绿色采购的效果，这就要求采购员具备较高的专业素养和知识技能。采购员应具备下列素质：遵守职业道德，忠于企业；具有全球绿色供应链管理视野；运用各种技巧降低采购成本及总成本优先原则；有较强的团队合作能力，创新进取，适应能力强。另外还应科学合理地设置采购人员数量，使采购活动中人为造成的费用最小化。

3.采购成本

在企业采购活动中，采购成本是必须要考虑的一个非常重要的因素，有效控制采购成本可以抵御内外压力，保证企业的长期稳定发展。公司通常通过降低成本来降低产品价格,从而提高产品的市场竞争力,获取更多利润。有学者研究表明,经济是实施绿色采购最大的障碍。在全面考虑绿色采购的总持有成本后,绿色采购成功的一个重要因素就是要做好企业废弃物回收再利用工作。但一般情况下环境管理成本较高,回收意味着不经济,因此大多数企业不愿主动回收利用废物。此外,企业在实施绿色采购时必然增加对人员、技术、设备等各方面的投入以及与供应商沟通的成本等,这可能导致企业整体采购成本上升。绿色采购成本除传统采购的定购、管理、储存外,还包括采购过程中产生的环境管理成本和后期的回收、处理成本等。常规的采购只注重供应链内资源的充分利用,而绿色采购更注重采购方案在采购过程中对周围环境和社会产生的影响,资源、能源是否被合理利用,以及废物的回收处理等。

4.3.2　绿色采购的外部影响因素

绿色采购的外部因素从供应商、消费者、政府、市场、销售商、绿色技术扩散与绿色产品普及这六个方面进行分析。

1.供应商

绿色采购的重要保障是供应商管理。目前,采购管理流程已不再以采购商自身的环境管理为出发点,而是延伸至上游供应商,设计一个合理的供应结构,使风险降至最低,加强竞争优势,并与供应商建立长期的战略合作关系,促使其不断降低成本,提高环保性能和产品质量。许多买家和供应商的关系从最初的简单交易发展到现在的供应链联盟关系,并成为采购决策的一个重要方面:供应商的业绩也是政府绿色采购能否实现预期目标的关键。采购工作者是否能顺利完成采购工作与供应商有很大的关系,为了更好地实施绿色采购,制造商应该与供应商建立长期的战略合作伙伴关系,共同建立低污染、低风险、有竞争力的供应结构,同时大力倡导绿色创新,降低成本,不断提高产品质量,从而确保形成低成本、高利润、高效率运作的绿色供应链。

2.消费者

在可持续发展理念日益深入人心的今天,消费者对环境保护的要求越来越高,污染使得人们对环境问题越来越敏感。生态环境越来越受到重视,环保消费心理逐渐增强,绿色消费浪潮的兴起,使传统的消费方式发生了历史性的变革。消费者在关注自身消费安全和健康的同时,也要关注整个人类的生活质量,理性地选择绿色产品。在社会经济活动中,生产和消费是相互依赖和制约的。企业的消费倾向和行为对企业的生产方式和生产内容具有决定作用。环保产品的消费选择能够给企业传递绿色需求的信号,刺激企业进行绿色采购和绿色生产,促进企业向可持续、循环发展的绿色生产经营战略转变。

3.政府

政府将通过经济、法律和行政手段影响绿色采购。比如,政府通过财政、税收等优惠政策,鼓励绿色产品的生产和消费,惩罚破坏环境的生产经营行为,扶持绿色产业的发展;通过产品质量标准和环境标志,规范绿色产品;通过法律、标准等管理手段,引导、规范、维护和激励生产者、经营者和消费者走向绿色市场。通过推行政府绿色采购,政府也可以进行示范并引导企业绿色采购。

4.市场

实际市场中的资源配置并非处于最优状态,而是在绿色采购的实施过程中受到限制。在市场竞争条件下,采购商支付较低的采购成本也会迫使供应商采取各种手段,以最小成本进行生产。若企业进行环境管理必然导致成本上升,企业最理性的选择就是直接将“三废”排放出去,使内部成本降到最低,但这将环境成本强加于社会,给整个社会带来巨大的负外部性,同时又妨碍绿色采购的实施。另外,同行企业对企业实施绿色采购也有一定的影响。同行企业是指在同一行业中形成学习模仿和竞争关系的企业群体,同行业竞争对手的采购行为对本企业的采购活动有重要影响。若产业中绝大多数企业都实行绿色采购、生产和销售绿色产品，则企业更有动力采取主动行动以避免本企业产品市场份额下降，从而丧失市场竞争力。

5.销售商

生产商的用户一般为供应链下游的销售商，他们通常与客户进行直接接触，能够迅速了解消费者的需求，把握市场的发展方向。伴随着对生态环境、绿色消费等日益重视，用户对绿色产品的需求也日益增长，过去落后的消费观念与方式也在进行着巨大的改变。在用户对绿色产品有好感时，应该适当地告知销售商其客户有了一定的绿色要求，同时制造商也应该生产能达到用户要求的商品，从而刺激和鼓励制造商实行绿色采购和生产等。在用户对绿色产品不断增长需求时，制造业企业应持续调整其绿色技术发展与产品功能开发，以提高自身的环保绩效，达成公司经济效益与环保效益共赢的目标。

6.绿色技术扩散与绿色产品普及

绿色技术包括绿色生产技术、废弃物的循环利用技术、废弃物的资源化技术等。环保技术的创新与扩散，有利于同行业其他企业的学习与模仿。随着绿色技术不断应用至各个领域以及绿色产品的日益大众化，企业想要推行绿色采购的意愿会日益强烈，绿色采购在产业中的实际应用水平将会提高，从而带动整个产业的快速、可持续发展。

4.4　绿色采购下对供应商的要求与选择

采购人员缺少同供应商的合作和协商，特别是那些提供环境保护型材料与产品的供应商，是阻碍绿色采购正常开展的重点。没有找到好的合作伙伴，没有建立长期稳定的协同发展关系，没有协同推进绿色采购进程，则之后的努力会付之东流。许多公司都试图同供应商确定合作伙伴关系，在商品乃至原料开采的早期就同供应商合作，从而确保有环保、高效的供应来源。在绿色采购上，其管理内容主要有战略规划、供应商激励机制的选择等。在采购中供应商选择也至关重要。

4.4.1 绿色采购对供应商环境责任的要求

1.绿色采购要求供应商具有主动履行环境责任的意识

实施绿色采购以来，节能、环保产品的采购规模逐年增加，相应的对传统的不包含绿色环保理念的产品的采购比例逐年下降。这表明绿色采购要求供应商具有主动履行环境责任的意识，并进一步生产绿色产品。结合中国物流与采购联合会 2013 年中国企业采购调查问卷中关于“推动企业进行绿色采购最重要的因素”的问题，有 42.31％的受访者选择了“政府政策法规”，而只有 26.92％和 16.83％的受访者分别选择了“创新带来的竞争优势”和“提高效率带来的经济收益”，此次调查中只有约 1/4 的调查对象是中小型企业，更多的是大型企业。从调查结果可以看出，大型企业的经营者进行绿色采购很大程度上也是迫于政府政策法规这样的外界压力，而不是从企业自身利益角度考虑，积极主动地实施绿色采购。此外，2019 年中国社会科学院企业社会责任研究中心颁布的《中国企业社会责任研究报告》结果显示，中国企业 300 强社会责任发展指数平均为 32.7 分，整体处于起步阶段，约五成企业处于“旁观”阶段。企业环境责任意识薄弱。

因此，企业应改变以往陈旧的经营理念，考虑问题应带有前瞻性，从根本上认识到履行环境责任并不仅仅是一项成本支出，而是会给企业带来长远利益，要在保护资源和环境永续利用的前提下实现企业的发展。

2.绿色采购要求供应商具有前瞻性的环境责任管理战略

福布斯早在 2007 年就发表了一份公开信表示，苹果公司将把环保以及可持续发展作为未来发展战略的重要组成部分，在绿色和平组织发布的绿色产品排行榜中，苹果公司一直名列前茅，这对其销售量做出了巨大的贡献。可见,良好的管理战略对促进企业实现可持续发展意义重大,战略的制定与实施可以让企业更好地适应不断变化的环境,从而帮助企业更好地成长。中国物流与采购联合会 2013 年中国企业采购调查结果显示,只有 47.97%的企业的采购部门/组织在之后 3～5 年规划中对“绿色采购与可持续发展”选项做了选择。也就是说,只有不到一半的企业计划制定绿色采购与可持续发展战略,这表明企业在制定环境责任管理战略上还有欠缺。在“可持续”“低碳”“绿色”等字眼更多地被大家谈论的当代,顺应社会发展趋势、实施环境责任管理战略是想要获得更好发展机会的供应商必须要做的。

3.绿色采购要求供应商具有完善的环境责任管理体系

联想集团是电脑行业较早迈向绿色化的企业,其目标是达成可持续发展,为此联想建立了环境管理体系,该体系获得了 IS014001 认证,认证范围覆盖全球所有主要运营业务和产品开发领域。联想在其生产经营、社会参与等各领域严格遵循环保工作的标准与要求,并一直致力于“绿色”产品的生产。完善的体系可以帮助企业将环境责任管理制度化、规范化、标准化,也可以帮助企业更好、更方便地对企业活动进行管理与控制。在中国物流与采购联合会 2013 年中国企业采购调查问卷中关于“公司采购部门对供应商环境责任要求”的问题中,有 50%以上的企业选择了“要求部分供应商建立社会责任、环境责任与职业道德的内控流程体系”,而且没有企业对“要求所有供应商建立社会责任、环境责任与职业道德的内控流程体系,并对违背法规者采取处罚(如限期整改、中断业务往来、经济处罚等)行动”做出保证。企业采购部门放松要求,相应的供应商也进一步降低了对自己行为的要求,长此以往会形成恶性循环,所以企业需要建立完善的环境责任管理体系。

4.4.2　绿色采购对供应商合作关系的要求

过去的采购模式仅仅将采购产品的价格和质量作为重点,忽略了供应商的环保绩效，在其他方面缺乏了解，没有理解供应商与采购商之间只是单纯的买卖关系，因此无法解决供应链中的一些全局性、战略性问题。“绿色采购”提倡与供应商确定长期、互惠互利的合作关系，并以多种方式评价和激励供应商。

1.建立长期的合作关系

有效地对供应商进行评价，在正确评价的基础上找到适合的供应商，然后与其达成和谐稳定关系，这是当代企业经营成功的必要条件，同样企业若想达成环境与经济利益的和谐统一，这也是必需的条件。对供应商进行找寻时，企业需要收集大量的信息并加以筛选与评估等，这需要花费许多资金、时间与精力等。同供应商建立长期合作关系后，逐步减少供应商数量，对剩下的供应商进行不间断的检查与评估，这能够在降低企业成本上事半功倍。

2.运用好信息系统，同供应商加强沟通

通过互联网，可实现供应商与采购商之间的实时信息交换，信息的流动是双向的，可以借助彼此交流中的反馈与教育培训，达到企业与供应商间的质量改进与保证；而通过在供应商的产品设计与质量控制中提出有建设性的提议，降低乃至消除生产过程产生的有毒有害物质，能够有效降低治污成本。

3.采购者不仅关注自身的环境表现，还要考核供应商的环境绩效

在实施绿色采购时，寻找到同企业相匹配的供应商、实施高效的供应商管理，既能实现企业利润预期的目标，又能达成用户与相关机构的环保需求，同时加强供应链在同行中的整体竞争力。实施绿色采购的企业可选择应用评价绿色供应商、适时组织供应商座谈会等方式，提高供应链环境效益，达成环保与经济协调发展的目标。

4.4.3 绿色采购中对供应商的评价

为了加快企业绿色计划的执行，一些中小企业同供应商进行了充分积极的合作。由于跨国企业在供应链中的主导作用不断增强，它们把环境意识渗透到供应管理全过程，并考虑从生态角度综合评价供应商。康柏企业明确指出，环保绩效为选拔供应商的五项基本标准的其中一项。而沃尔沃则将公司对环境的要求与对供应商的自我评估问卷一起发送给了供应商。采购商通过对供应商的评价和选择，达成稳定长久的环境战略伙伴关系，从而达到采购流程的绿色化。实施绿色采购与过去较为传统的采购对选择供应商的不同体现在：考虑的主要因素不仅包括产品的质量、价格等，还必须将供应商在各个方面的表现作为重点考虑的因素。绿色供应商评价与通常的供应商评价不同，无论在评价的过程和目的，还是在评价指标的选取建成上，绿色供应商评价具备其独特性。

1.评价目的不同

一般而言，供应商评价指在规定的交货期前，供应商是否能够以适当的价格供应适宜的产品，大多是评价产品质量、运输及时性等，并将其考虑进对供应商经营能力与企业信誉的评价范围：这超越了过去传统的评价目的，附加了对供应商环境业绩的评价，其目的不再是经济效益最大化，而是考虑到环境效益后的总体利益最大化。

2.评价过程不同

采购过程通常是供应商评价的首要过程，基本上是静态评价，而供应商评价是一种动态的、多阶段的评价，它使供应商能够持续提高自己的环境绩效。

3.评价指标体系不同

现行供应商评价指标体系中较少提及环境因素，但在实践中，越来越多的采购商由于法律法规、消费者环保意识等方面的原因，逐渐开始重视环境问题，并将环境这一因素纳入其采购管理中去。

4.各类指标权重不同

因为绿色供应商评价体系侧重于强调环保标准，而把交货期、价格、供应弹性等作为综合指标，因此给环境指标赋予较大的权重。即使同一种指标，例如服务质量，先前的一般评价占据较高权重，而目前的绿色供应商评价体系占据了较低权重。

4.4.4 绿色采购中对供应商的选择

供应商的选择因企业而异。即便需求完全一致，每个供应商选择标准的权重也并不一定相同。特别是在与没有任何沟通的供应商交易时，采购商可能会感到更大的风险，因此，应当建立一套合理科学的程序来帮助采购商确定合格的供应商。在绿色采购的管理中，既要考虑经济效益，也要考虑生态效益，即资源的利用效率和环境保护，该模式的核心理念是良好的环境管理。选择供货商时，应遵循以下步骤：

1.建立评价小组

创建评价系统，通常要确定评价项目、评价标准和要实现的目标。在确定了问题之后，应当建立一个评估小组。因为供应商选择这件事不只是采购部门的事情，同时也是一种集体决策，评价组主要由采购质量和生产工程等同相关供应商交流与合作次数较多的部门组成，当然也需要由市场部、计划部等相关部门的人员和管理者一同构成供应商评价组。

2.分析企业需求及市场状况

针对企业的具体采购需求，对现有供应商品或服务的市场现状进行分析与相关调查，初步选择合适的供应商。

3.建立供应商选择目标

应当树立较为实质性的目标，寻求质量、价格与环境标准等最恰当的战略合作对象，而不是单纯地寻找最低报价的供应商。

4.建立供应商评价标准

各买家对供应商的评价不尽相同。采购方依据现实采购目的树立相应评价标准，不单要反映采购方自身及所处环境对相关系统的要求，还要对供应方进行集成评价。

5.评价供应商

在调查收集各供应商生产经营、资源配置、企业管理等各方面信息的基础上，采用一种适当的多目标决策方法，依据供应商评价体系标准来综合性地评价各供应商，选出最优的供应商作为合作伙伴。

6.建立供应商合作伙伴关系

供应商合作关系在开展初期是一个相互磨合的过程，要重视适时探索和消除两方合作中出现的问题。如果合作愉快，就能确定合作伙伴关系；如果没能好好合作，就应该对供应商进行再次筛选。

第5章 绿色制造

5.1 绿色制造的产生及发展

5.1.1 绿色制造的必要性

纵观全球，制造业是创造财富的重要产业，是人类社会物质与精神文明的基础。但是，制造业在把资源转为产品以及在产品的使用与处理的过程中，消耗许多不可再生资源并且形成严重的环境问题，绿色制造势在必行，在当代环境下，推行绿色制造，是具有迫切性及必要性的。

1.绿色制造的迫切性

(1)绿色制造是降低制造业环境污染的重要途径

解决制造业的环境污染问题有两大途径：末端治理和源头控制。然而经过实践发现，只专注于控制污水出口，治污达标，尽管在一定时间或某些领域有用，但是，工业污染并未从绿色制造的理论与技术方面得到解决。其原因在于以下几点。

①随着生产发展与产品品种数量的持续提升以及人们环境意识的提高，出现了越来越多类型的污染物排放的工业生产测试，污染物排放标准也变得更加严苛，对污染治理的要求也不断提高。为达到排放的标准，企

业不得不提高成本，即便如此，很多要求依然无法达标。

②因为污染控制技术有限，要彻底消除污染是很困难的。末端治理就是先进行简单的预处理，再进行生化处理然后排放，有些污染物是不可降解的污染物，只是经过稀释就排放，不但会对环境产生不良影响，而且治理方式还可能引起再次污染，对污染的处理只会转移污染物，废气变为废水，废水变为废渣，废渣堆积在垃圾填埋场，对土壤、地下水造成污染，形成恶性循环，对生态环境造成不利影响。

③只注重末端处理方法不仅需要大量成本，而且会导致部分可回收资源无法有效回收和流失，导致原材料消耗增加、成本增加从而经济效益下降，最终降低企业治污的积极性与主动性。

④预防胜于治理。根据日本环境厅 1991 年的报告："从经济上讲，在污染之前就采取措施进行预防比在污染之后进行治理更经济。"例如，对于日本各地的硫氧化物产生的大气污染来说，由于随后未能采取应对措施而造成的损失是防止这种损失的 10 倍。根据美国环境保护署（US. Environmental Protection Agency）的数据库，美国进行空气、水、土壤等污染控制的成本费用，在 1972 年是 260 亿美元，1987 年飙升到 850 亿美元，20 世纪 80 年代末为 1 200 亿美元。即使是如此高的经济代价，依然没能够实现原定的污染控制的目标，产品使用寿命结束后的处理在经济上已经不堪重负。

通过治理控制实践，发达国家逐渐意识到工业污染的防治不能仅仅依靠末端治理，而要从根源上解决工业污染的问题，我们必须专注于"预防第一"，实施源头治理，要在产品设计阶段就消除污染物，并实现全生命周期控制。20 世纪 70 年代末以来，许多发达国家的政府与大公司都开始研发少废、无废技术和污染防治新方法，推广绿色制造、清洁生产等面向环境的设计制造技术，是实现经济与环境协调发展的战略举措。

（2）绿色制造是 21 世纪制造业可持续发展的必由之路

绿色制造体现了可持续发展思想，它专注于协调技术创新与生产力发展以及环境三者的关系，顺应可持续发展的时代主题与趋势。美国政府已意识到，绿色制造会是技术创新的下一个高潮，可能引发新的产业革命。1999－2001 年，在美国国家自然科学基金(United States National Science Foundation)与美国能源部(United States Department of Energy)的资助下，美国世界技术评估中心(World Technology Evaluation，WTE)建立专业的“环境友好制造”技术评估委员会，对欧洲和日本企业、研究机构和大学对绿色制造技术的研发进行评估，实地调查分析了执行情况和政策法规，并和美国的情况进行了比较，指出美国在许多方面落后的事实，倡导要发展绿色制造的战略措施，同时发展重要技术。

我国制造业的资源消耗量和环境所要承受的负荷水平已在全球排名靠前，绿色制造是《国家中长期科学和技术发展规划纲要(2006－2020 年)》中制造业发展的三大理念之一，把材料和产品开发与设计、加工、制造、销售等应用于产品的整个生产链，发展高效、环保、能够持续循环利用的新型制造工艺，到 2020 年，工信部共组织建设了五批绿色示范工厂和绿色示范园区。

(3)绿色制造将成为新的经济增长点

绿色制造的实施会带动一批新兴产业，如绿色产品制造。制造业不断开发不同的绿色产品以代替资源消耗与破坏环境的产品，将使该行业持续繁荣。实施绿色制造的软件产业需要很多工具与相关软件产品，如产品生命周期评价体系、计算机辅助绿色设计体系等，这能够促进一批新兴产业的发展。

2.绿色制造的必要性

(1)绿色制造是我国实现节能减排目的的重要手段

我国经济迅猛增长的代价是一定程度的环境污染与能源的快速消耗。根据世界资源研究所公布的 2019 年的数据，我国单位 GDP 碳排放量为 0.712 千克/美元，而美国为 0.246 千克/美元，日本为 0.218 千克/美元，英国为 0.131 千克/美元。依据《洛桑报告》的指标，2001 年，我国 GDP 的增长幅度是 7.3%，但是除去能源消耗之后的 GDP 净增长率是

5.799 6%。2000 年,我国的 GDP 增长幅度是 8.0%,除去能源消耗之后的实际 GDP 增幅为 7.16%。2017 年,单位 GDP 能耗为 0.37 千克/美元,2018 年为 0.34 千克/美元,2019 年为 0.34 千克/美元。2010—2019 年,能源生产总量以持续增长为主,并于 2019 年达到历史高点,增速稳定在5%左右,可以看出我国能源消耗数量一直在增长,我国经济对于能源的依赖程度也在持续上涨。

进入 21 世纪,重点行业的主要产品单位能耗已基本达到或者接近国际先进水平。从 2006 年开始,实行单位 GDP 能耗公报制度,并且把能耗降低指标分解到各省,中央和各地政府与规模以上企业已经签署节能目标责任书。与此同时,《政府工作报告》各年份都总结、公布节能减排的现状。在此背景下,各层级的政府与公司都高度关注节能减排,掀起了一波节能减排的潮流。企业推广绿色制造,研究开发和应用绿色新技术,对以往的工艺技术进行绿色升级改造,都是达到节能减排目的的可靠渠道。

(2)发展与使用绿色制造技术,是消除绿色贸易壁垒、改善与促进出口贸易的需要

绿色通常和产品或实践有关,或是两者都有,包括不破坏环境的过程。可持续性主要和公司的整体方法相关,考虑整个业务,包括制造和供应链管理。由于中国加入 WTO,以及全球经济的一体化进程加速,以往非关税壁垒逐渐消除,绿色贸易壁垒正在以其特有的特征逐渐变成国际贸易发展的重要障碍。把环境保护措施融入国际贸易的规则与目标之中,是环保发展的重要趋势,但是同时也引出了绿色贸易壁垒。中国是全球最大的发展中国家,面对其他国家建立的绿色贸易壁垒,需要付出很沉重的代价。2015 年,联合国统计资料表明,我国平均每年都有价值 74 亿美元的商品会受到绿色贸易壁垒的阻碍。专家们一致提出突破绿色贸易壁垒的方法措施,比如实施 ISO 14000 与环境标志认证,加入国际环境公约与国际多边协定中环境条款的谈判等。与此同时,专家们也一致认为,提升科技与生产力发展水平是消除绿色贸易壁垒的重要措施之一。推广与应用绿色制造技术能够促进中国企业出口产品技术创新,提升出口企

业的环境意识水平，有利于消除“绿色贸易壁垒”，推动出口贸易和相关产业的发展。

(3)实施绿色制造是世界逐渐兴起的绿色产品消费趋势的需要

许多大型企业把绿色产品当作竞争的关键筹码，并且投入了大量的财力、人力和物力来研究。从 2006 年 8 月开始，绿色和平组织发布电子产品的绿色排行榜，根据排行榜的数据，大量公司在产品的有毒物质方面与回收利用的问题上慢慢有所改善。由于政府立法与公众环保意识的加强，绿色消费已经逐渐成为人们的共识，绿色产品日益被人们接受。企业要尽全力研发并且销售绿色产品。

(4)绿色制造是企业持续发展的有力支撑

近几年，在重新思考传统制造业发展方法与工艺技术系统对资源消耗与生态破坏的认识时，人们开始认同制造技术应该是一种同环境相和谐的技术，坚持可持续发展原则。越来越多的利益相关者，包括监管者、客户、股东、董事会成员和员工，要求组织对其产品与过程承担更多的环境责任。

实际上，协调环境与满足消费的差异化是辩证统一的两个方面。毫无疑问，为了让消费者感受到制造业带来的满足感，政府、行业协会和制造企业都要关注个性需求的共性基础，减少产品生产与使用对环境造成的不良影响。因此，不管是从宏观环境还是从企业发展的刚需来看，实施绿色制造都刻不容缓。

各国政府都利用法律与经济手段，介入企业的生产、制造与销售环节，实施可持续发展战略，维护消费者的权益。除此之外，支撑可持续发展，关键要变革传统制造业利用原料、能源以及生产的方式，把环保管理从“事后”转移到“事前”。为此，各国都投入了大量的财力来发展“绿色制造技术”，其中绿色设计技术强调在产品设计阶段就考虑产品整个生命周期全过程的无污染、资源低耗、回收问题以及对环境的适应性等。在绿色制造基本思想的引导之下，节能技术、清洁生产工艺等技术都迅猛发展，并且形成先进制造技术体系。

5.1.2　绿色制造的产生背景

1.传统制造业存在的问题

制造业就是把能够使用的资源通过制造这个过程转变成可以供人们使用的产品的产业。它涵盖了我国的大部分行业,如机械、电子、化工等。制造业是产生财富的支柱性产业。虽然制造业在发展进程中,全面地考虑了产品的功能、工艺以及使用性能等,但却忽略了资源、能源的高效利用和环境性能,因此形成温室效应、空气污染以及资源枯竭等环境问题,限制了制造业的持续健康发展。因为制造业的特点是量大并且涵盖面广,所以对环境破坏很大。换而言之,制造业既是产生财富的重要产业,也是当前环境污染的重要源头。制造业已经从 19 世纪的小规模工艺生产,到 20 世纪初的大规模生产,再到 20 世纪 80 年代的大规模生产,发展到 21 世纪小批量生产各种产品的灵活生产。由于微电子技术、大规模集成电子技术以及机械工业之间的结合,古老的制造业蓬勃发展,但与此同时,产生了对能源的大量消耗和对环境的严重污染,全球的技术人员与环保人员都在尽力处理此难题,我国对该领域也越来越重视。目前,制造业存在以下几个问题。

(1)闲置设备的回收与再利用效率低下。特别是在旧机床处理领域,我国大量工厂都有遍地的老旧设备,怎么改进与使用好这些老旧器材是我们面临的难题。

(2)能源与原材料浪费严重。在一些大厂中表现得更加明显:地上遍布小零件以及油污,这也能解释为何我国在整个产业链中所耗费的能源与原料比发达国家高出数十倍。

(3)产品回收利用效率低下。长期以来,我国企业的生产模式都是生产→流通→消费→废弃,而我们倡导闭环生产模式,也就是在原有的生产模式中加入“回收”这一过程。厂商需要在产品设计与制造过程中就考虑到回收这一环节。

近些年来发展起来的绿色制造，是针对这些现象所提出的全方位考虑环境因素与资源利用率的一种现代化的制造模式。传统制造与绿色制造之间的差别就是传统制造仅仅按照市场信息来进行设计、生产、销售产品，而很少考虑其他方面。绿色制造是利用绿色生产过程来产出绿色产品，利用产品之后进行回收处理以再次利用。绿色制造能够最大限度地减少环境污染，同时使原料与能源的利用率最高。当前发布的 ISO 9000 系列国际质量标准与 ISO 14000 国际环保标准也为绿色制造提供了更大的进步空间，"绿色革命"即将到来。

绿色制造目前已经是全球性的产品设计潮流，因为其符合现代环境观。绿色制造产品的零部件可重复回收使用，继而形成一个封闭式循环。如今废物处理费用越来越高，因此从设计阶段就让产品易于回收非常关键。绿色制造的设计理念已被人们普遍接受，西门子微波炉、施乐复印机、柯达照相机、个人电脑、激光打印机甚至各种电话机等都在设计和制造时将回收的因素考虑在内。

2.我国制造业绿色化提升要求

我国是制造业大国，2020 年制造业总产值约占全国 GDP 的 30%，是国民经济的核心。虽然中国已经成为全球第一制造大国(2020 年统计年鉴)，220 多种产品的产量位居全球首位，但制造业的劳动生产率较低，高消耗、低附加值的产品占据很大一部分，位于产业分工链的底端，很多产品还停留在简单加工层次，依靠产品规模扩张的潜力十分有限。装备制造业作为我国制造业的技术水平的代表，其技术水平和发达国家相比也有很大差距，大部分制造企业没有核心技术，形成了对跨国资本和国外技术的过度依赖。更为严峻的是，我国制造业科学技术水平与国际先进水平相比尚有明显差距，资源利用效率与生产效率低下，作为我国产业结构中资源、能源消耗和工业废弃物产生的主体，其环境污染与资源浪费特别突出。例如，我国规模企业主要的工业产品的单位能耗高于发达国家 20%～70%；冶金、化工等工业废渣排放量每年以亿吨计，严重污染环境；我国每单位 GDP 的废水排放量比发达国家高 4 倍，固体废物排放量高 10 倍。制造业的资源环境问题已严重制约了我国国民经济的可持续发展。

我国人均资源储量不足，国务院政策研究室副司长刘健生在“第三届中国(西部)有色金属矿业开发国际论坛”上表述，45 种主要矿产资源人均占有量不足全球平均水平的 50%。随着重化工业高速发展，石油、天然气、铁、铝、铜等主要矿产对外依赖程度上升，可持续开发率急剧下降。

未来 30～50 年，我国人口仍将稳步增加，社会发展对能源与物质的需求仍将持续增长，制造业仍将长期是我国国民经济的支柱产业。中国要变为制造业强国，需要依靠科技创新，从根本上克服制约可持续发展的难题，改变粗放的增长方式，加速制造业的绿色升级，通过节约资源、环境友好的绿色技术和科技进步完成增长方式的改变。

实现可持续发展，我国制造业实现绿色制造所面临的问题与趋势表现在如下三个方面：①急需大幅度提升能源、资源利用效率，急需减少废弃物排放的清洁生产、循环经济先进技术。②迫切需要研发我国特色资源、二次资源、生物质资源等替代现有资源，为我国未来 30～50 年的可持续发展提供资源安全保障。③我国应把握制造业转型时机，引领科技发展，重新构建我国产业结构，将大宗基础原材料加工与高价值产品服务高度融合，将离散制造业与流程制造业高度融合，建立具有我国产业特色的绿色制造结构和先进技术体系，至 2050 年进入世界先进国家行列。

5.1.3　绿色制造的发展趋势

目前，环境问题已变成全球关注的重点问题，制造业需要改变以往的发展模式，推广绿色技术，促进绿色材料、能源与制造数据库、知识库等技术的发展。生产出不以破坏环境为代价且资源利用效率高的产品，如绿色汽车等，与此同时，利用法律法规来监督公司的所作所为，不发展绿色技术与绿色产品的企业，将会被淘汰，推动绿色制造技术的发展是大势所趋。

1.全球化

绿色制造的发展越来越反映全球化的特点与形势，绿色制造的全球化特征表现在很多方面:①制造业对环境的破坏经常是不分国界的,人类要共同保护地球。②ISO 14000 系列标准的出台为绿色制造的全球化发展奠定了坚实基础,但是有些标准有待于继续完善,很多标准需要研究与制定。③由于近些年来全球市场的形成,绿色产品的市场变成了全世界。④很多国家都要求进口产品必须有"绿色标志"。尤其是一些国家利用不能破坏国内生态环境为借口,订立非常严格的产品环境标准以阻止他国产品进入本国市场,也就是"绿色贸易壁垒"。绿色制造给中国企业带来绿色技术,有利于中国企业突破国际绿色贸易壁垒,顺利地进入全球化市场。

2.社会化

绿色制造社会支持体系需形成。发展绿色制造需要整个社会的参与,构建必要的绿色制造社会支持体系。绿色制造的社会支持体系首先涉及的是立法与行政法规问题,越来越受到各国重视。除此之外,政府还可以制定经济政策,以市场经济机制引导绿色制造。比如,订立合理的资源价格,严格把控不可再生资源的数量以及其开发后对环境产生的不利影响,促使公司与人们降低使用这类资源的频率,并寻求替代资源。再比如,城市的汽车尾气污染的问题也亟待解决,政府可以在年检期间确定每辆车的废气排放水平,并制定废气排放收费相关政策。如此一来,尾气排放量大的汽车会渐渐失去市场,市场机制会推动汽车制造商研发绿色汽车。企业实施绿色制造,必须考虑产品使用之后的回收利用问题,这会促进企业、产品、用户三者之间新型关系的建立。比如,有人提出,对于可以再次利用的产品,如汽车、冰箱、空调等,用户仅仅购买了使用权,而企业拥有所有权,报废后由企业负责回收。不仅仅包括绿色制造所涵盖的立法、行政法规以及经济政策,还包括企业、产品和用户三者之间的关系,都是需要解决的难题,此外还有许多相关技术方面的问题,需要进一步研究,以建立绿色制造所要求的社会支持体系。这也是未来绿色制造研究的重要部分。

3.集成化

绿色制造更重视系统与集成技术的研究。绿色制造涵盖了产品的全生命周期以及公司生产、运营的方方面面，是一个非常繁杂的难题。所以，要有效实施绿色制造，一定要从系统与技术融合角度对与绿色制造相关的问题进行考虑。绿色集成制造技术的研究，如集成功能目标系统、产品和工艺设计以及材料选择系统之间的融合，用户需求和产品使用集成等都将成为未来研究的重点。

绿色制造还需要一个集成的系统。所以，绿色集成制造系统可以定义为，构建出了绿色集成制造体系架构：此系统涵盖了管理信息、绿色制造过程等系统。绿色集成制造技术与系统是未来的重点研究对象。

4.并行化

“绿色并行”是进行绿色产品研发的重要模式。与并行工程相结合，建立产品设计与开发的绿色并行新模式，是未来绿色制造的一个重要趋势。“绿色并行”是绿色产品设计与开发的一种新型模式，它以集成的方式进行产品设计并考虑产品生命周期整个过程，促使产品开发者在设计开端就思考产品全生命周期的全部因素，涵盖产品的质量、产品的成本、产品对环境的影响等。

5.智能化

人工智能与相关技术会在未来的绿色制造研究中产生关键影响。绿色并行工程包括很多重要技术，涵盖了“绿色并行”工程的协同组织模式、绿色制造的数据库和知识库、设计过程的评价技术与方法等，很多技术需要进一步研究。绿色制造是全面质量管理 TQCS(Time, Quality, Cost, Service)目标体系与环境影响 E(Environment)与资源消耗 R(Resource)的集成体系，也就是 TCSRE 决策目标体系。想要优化这些目标，难以用一般的数学方法来处理，要用人工智能进行处理。此外，绿色产品的评估指标体系和相关专家系统,都要用到人工智能与其制造技术。基于知识系统、模糊系统与神经网络的智能技术对于绿色制造的发展能够发挥非常关键的作用。

6.产业化

绿色制造的实施会促进部分产业的发展。除了当前的废弃物回收处理装备制造业与相关服务产业之外,还有两类产业需要关注:①绿色产品制造业持续研究、设计与开发不同的绿色产品来代替资源消耗与环境破坏力大的产品,会带动相关产业持续发展。②发展绿色制造软件产业,会用到很多工具与软件产品,如绿色制造的支持软件,也能带动一类新产业的兴起。

5.2 绿色制造的内涵界定

5.2.1 绿色制造的含义

绿色制造的广义概念由美国制造工程师学会(SME)于1996年第一次提出。这是一个全面考虑环境影响以及资源效益的制造模式,即在不降低产品功能、质量和保持原有成本费用的前提下,保证产品在整个生命周期,对环境破坏最小化,资源利用率最大化,达到企业经济与社会效益的双赢。它将产品生命周期当作主轴,将环境友好当作发展主题,全方位涵盖"清洁生产"和"节能减排"等理念,全面考虑对环境产生的影响。绿色制造的狭义概念是指在产品制造过程中,考虑环境因素,目的是通过技术手段来推动制造程序的优化升级,减少对环境的污染,实现节约资源、可持续发展的目标,也可称之为"绿色生产"。本章内容采用狭义的绿色制造概念,以产品生产阶段的绿色制造为主要介绍内容。

环境问题的关键来源是资源消耗后生成的废弃物。由于制造业规模大、涉及面广，对环境的破坏力度大，所以，绿色制造的重要途径是对制造资源的流动过程进行升级，使资源利用率尽量高，资源浪费尽量少。

在《中国制造 2025》规划中，“绿色”作为关键词出现了 46 次，十九大报告中也多次提到要着力解决突出的环境问题，加速构建绿色产业体系。在《中共中央关于制定国民经济和社会发展第十四个五年规划和二〇三五年远景目标的建议》中指出，到 2035 年广泛形成绿色生产生活方式，碳排放达峰后稳中有降，生态环境基本好转。《中国制造 2025》指出，全方位推行绿色制造，推动绿色制造工程的实施，将其并入九大战略任务、五大重大工程之中。要把制造业绿色改造升级作为关键点，促进循环经济发展，发展增材制造产业，推动工业资源全面利用与产业绿色协同发展。促进绿色制造技术的开发与产业化，加强合同能源的管理工作，大力推动环保服务行业的发展，推动节能环保产业的快速发展。全方位构建绿色制造体系，将企业作为发展主体，加速制定绿色标准，研发绿色产品、建立工厂、发展园区，加强管制与示范引导，促进全方位实现制造业高效、清洁、低碳、循环以及可持续发展，促进工业与生态文明之间的协同，推动二者和谐共生、绿色发展。

5.2.2　绿色制造的特征

绿色技术改变了传统的制造概念，推动以往制造模式和系统的变革以及内涵的延伸，主要有以下特征。

1.闭环特性

传统制造物流是一个开环，物料流的终点是产品的报废。绿色制造的物料流是闭环的，开环的物料流与产品成为废弃物之后的反馈构成了一个闭环。在这个过程中，形成了几个小的闭环。

2.时间外延特性

在传统产品制造过程中，产品生命周期是指从产品使用到产品报废，绿色制造能够极大地延长产品的生命周期。绿色制造的目标是在产品全生命周期时间范围内,使产品使用时间最大化,对环境的破坏最小化,资源综合利用率最大化。在全面考虑环境与资源效率问题的前提下,通过控制对产品及其零部件的使用频率或者高质量的利用来延长产品的使用时间。

3.空间特性

制造系统是制造业中形成制造生产的有机整体。制造系统集设计、生产、运输与销售于一体。由此可见,制造系统的空间范围仍在企业的内部,当然还存在于与企业外部的不同物质、信息、能量的交换中。产品制造与使用过程产生的废液、废气、固体废弃物等造成的环境污染经常具有空间边界模糊的特征。此外,产品生命周期结束后的回收过程是绿色制造系统的关键构成部分,这会在企业、产品与用户之间形成一种一体化关系,甚至形成多家企业参与的供应链运作模式。因此,绿色制造在以往制造系统的基础上有了更大的空间范围,与外部进行物料、信息和能量交换的功能也得到极大的延伸,绿色制造要实现这些目标就需要在一个更大的系统中思考绿色制造的相关问题。

4.决策特性

制造中的决策特性指的是进行制造决策时要考虑到的重要影响因素或者为实现目标所做出的努力。美国麻省理工学院教授在 1992 年提出了非常有影响力的制造决策属性的 TQCF 四面体模型:T——制造系统能够快速响应市场的能力;Q——产品的质量;C——成本;F——制造系统柔性。由于绿色制造是现代制造模式,综合考虑对环境的影响与资源消耗,它的目标是使产品的整个生命周期都对环境的破坏最小及资源利用率最高,并达到企业的经济与社会效益双赢的目的。

5.“资源主线论”特性

环境问题主要产生于资源消耗后产生的废物。所以,资源问题不只包括对全球资源的可持续利用，还有环境问题的主要来源。在传统的生产方式下，制造资源主要包括物料、能源、设备、资金等；在绿色制造环境下，制造资源的概念已经得到极大的拓展，不仅包括传统意义上的资源，还包涵传统制造方法下认为是“废弃物”的材料，如废弃材料。绿色制造的生产活动是围绕制造资源进行的，因此，优化制造资源的流动过程，使资源利用率达到最大化，资源浪费尽可能少，是实现绿色制造的可靠方法。

5.3　绿色制造体系建设

改革开放以来，我国的制造业迅猛发展，完成了从小到大的根本性变化。工业和信息的相关数据显示，在 500 多种工业产品中，中国的 220 多种产量都居于全球首位。但是长期以来，我国制造业的发展都是“高投入、高消耗、高排放”的模式，发展迅速的同时，造成大规模的能源消耗与污染物排放，资源短缺、环境污染与生态破坏问题是限制制造业可持续发展的重点难题。由此可见，推进制造业可持续发展需要构建绿色体系。

5.3.1　绿色制造体系建设提出背景

1.《工业绿色发展规划(2016—2020 年)》

2016 年 6 月，工业与信息化部印发《工业绿色发展规划(2016—2020 年)》(工信部规〔2016〕225 号)(简称《规划》)，是中国首个与工业绿色发展相关的全面性规划，包含“十三五”之前工业节能、清洁生产等内容，第一次关注全产业链绿色发展，建议要围绕产品、工厂、园区与供应链构建绿色制造体系。《规划》明确提出要“高举绿色发展大旗，紧紧围绕资源能源利用效率与清洁生产水平提高，把工业绿色化改造当作未来发展的关键，把绿色科技创新当作发展的支撑，把法规标准制度建设当作发展的保障，推动绿色制造工程的实施，推动建立绿色制造系统，着重发展绿色制造产业，促进产品、工厂、园区与供应链的全方位发展，构建工业绿色发展的长效机制”。绿色制造体系建设工程被概括为“四绿”，也就是绿色产品设计示范、绿色示范工厂、绿色园区的创建与绿色供应链示范。

2.《绿色制造工程实施指南(2016—2020 年)》

2016 年 9 月，工业与信息化部、发展改革委等四部委联合印发《绿色制造工程实施指南(2016—2020 年)》(工信部联节〔2016〕304 号)(简称《指南》)，《指南》和《规划》相辅相成，相比《规划》来说更加重视可实施的工程任务和工程的操作性。《指南》还指出“传统制造业绿色化改造示范推广”“资源循环利用绿色发展示范应用”“绿色制造技术创新和产业化示范应用”“绿色制造体系构建试点”这四项任务。

5.3.2 绿色制造体系建设具体内容

《中国制造 2025》(国发〔2015〕28 号)提出要建立绿色制造体系，走生态文明发展道路，支持企业研发绿色产品、开设绿色工厂、打造绿色工业园区、创建绿色供应链、发展绿色企业、加强绿色监管以及进行绿色评价。《规划》和《指南》和《绿色制造工程实施指南(2016—2020 年)》进一步将绿色制造体系建设工作任务细化，描述了绿色制造体系的建设内容和“十三五”期间的阶段性目标。推动绿色制造体系试点工作是全方位促进工业绿色发展的重点工作之一，能够缓解资源约束，也有利于推动供给侧结构性改革，加速绿色增长的发展。绿色制造体系建设主要包括绿色工厂、产品、园区、供应链、制造标准体系、制造评价机制等。其中，工厂、产品、园区、供应链是绿色制造体系建设的主要内容。《中华人民共和国国民经济和社会发展第十四个五年规划和 2035 年远景目标纲要》第三篇第八章第三节提出推动制造业优化升级，深入实施智能制造和绿色制造工程，发展服务型制造新模式，推动制造业高端化、智能化、绿色化，完善绿色制造体系。

1.绿色工厂

绿色工厂是绿色制造的生产单元、主体以及系统的核心支撑，强调绿色生产过程集约化、低碳化和洁净化。绿色工厂采用的绿色建筑技术通过优化工厂布局和结构来实现工厂的绿色发展。

2.绿色产品

绿色产品是绿色制造业供给侧结构性改革的最终体现，关注产品整个生命周期的绿色化。也就是说，公司生产的产品无论是从生产过程到消费过程，还是从外包装到废弃后的回收利用，都要有利于环保。

3.绿色供应链

绿色供应链是绿色制造理论与供应链管理相关技术进行集成与融合的产物，关注的是供应链节点上公司之间的协调与合作共赢。创建一个绿色供应链需要构建资源节约型、环境友好型的产品全生命周期体系，促进上游和下游企业和供应商提升资源的利用率，提高环境绩效，实现资源利用最大化和环境破坏最小化。

4.绿色园区

绿色园区是制造企业和基础设施聚集的平台，突出绿色概念和要求，关注园区内工厂间的整体管理与协作联系。绿色园区要强调绿色生态，在园区规划、空间布局等方面落实资源节约与环境友好理念，实现集中布局、绿色结构和链接生态化。通过土地集约化利用，促进基础设施的共建与共享，补充和完善园区内绿色产业链，促进园区信息与技术服务平台的建设，促进绿色产品的开发、绿色工厂的建立以及绿色供应链的搭建，实现整个园区的绿色发展。在资源利用方面，更关注园区的智能微电网建设、余热余压废热资源以及水资源再利用，园区内企业废弃物的交换利用。

5.绿色制造标准体系以及评价机制

绿色制造系统建设的基础是与其相关的标准体系、评价机制，能够指导该体系的建设,能够确保绿色制造体系建设的标准化和集成化。绿色制造标准体系由综合基础、产品、工厂、企业、园区、供应链和评价与服务等方面标准组成。绿色制造评价机制涵盖第三方评价实施规则、程序和绿色制造评价数据库等。

6.绿色制造服务平台

绿色制造服务平台能够支持绿色制造体系的发展。企业绿色制造体系的建立不能没有外部服务的支持:一是以市场为导向的服务内容,以服务机构为主要的提供者,提供标准创建、计量检测等服务;二是以政府为主体,提供政策法规推广、信息交流与传递等服务内容。

5.3.3 绿色制造体系建设发展成效

国家已经接连完成了五批绿色制造体系的建设示范工作,绿色制造名单的公布时间分别是 2017 年 9 月、2018 年 2 月、2018 年 11 月、2019 年 9 月、2020 年 10 月。

从前两批绿色制造示范名单来看,国家绿色工厂示范 409 家,首批有 201 家,第二批有 208 家。绿色供应链管理示范企业 19 家,第一批 15 家,第二批 4 家。绿色园区示范 46 家,第一批 24 家,第二批 22 家。绿色产品 246 种,第一批有 193 种,包括家用洗涤剂、可降解塑料等 11 类;第二批 53 种,包括房间空气调节器、电动洗衣机等 10 类。第三批公示的名单中,绿色工厂有 402 家,绿色供应链管理示范企业 21 家,绿色园区 34 家,绿色产品 482 种,包括铅酸蓄电池、丝绸制品等 30 类。第四批公示的名单中,绿色工厂有 602 家,绿色设计产品 371 种,绿色园区 39 家,绿色供应链管理示范企业 50 家。第五批公示的名单中,绿色工厂有 719 家,绿色设计产品 1 073 种,绿色园区 53 家,绿色供应链管理示范企业 99 家。

绿色制造体系建设的实践表明,企业绿色发展的意识持续提升,绿色制造的标准已经成为推动企业进行绿色发展的重要工具,开展一批具有先进技术与强劲带动作用的项目,打造出部分绿色制造试点企业,促进行业与地方快速发展绿色企业，借助市场化的手段促进企业绿色发展的机制与氛围正慢慢形成，工业绿色转型升级有非常好的效果。2017 年我国规模较大的单位工业增加值能耗同比降低 4.6%，并且在 2016—2019 年下降 15.6%，绿色制造体系推动工业绿色发展到了新的阶段。

5.4　绿色制造的前沿技术

5.4.1　绿色制造的关键工艺技术

绿色制造技术是指以传统工艺技术为前提，把目前比较先进的绿色材料和制造技术科学运用到产品制造过程中，从而优化配置相关资源，在一定程度上能够缩小制造过程的成本规模，并降低对环境的污染。

1.节能减耗工艺技术

节能减耗工艺技术主要利用减磨、低能耗等手段，降低能源损耗，并且能够提升生产加工水平。在机械生产制造过程中，会产生大量的能源损耗，能源及材料产生的能量只有一部分能够转化为有用的能量，大部分都被直接浪费。

2.节约型工艺技术

节约型生产工艺重点关注对机械原材料以及能源的节约，主要做法是精简生产流程。在产品设计方面，采取更精密的算法，了解材料的重量与数量，确定原料投入量的多少，提升原料的使用效率；在加工工艺方面，使用质量更好、精度更高、刚度更大的加工工具，延长工具的使用寿命、降低能耗；在干式加工技术方面，能够帮助降低对资源的消耗量；最后，利用先进的加工技术，事先对零部件进行处理，以降低在正式加工中产生的资源浪费。

3.环境保护型工艺技术

环境保护型工艺技术是指通过工艺技术，降低制造过程中产生的有害物质，此技术能够有效保护生态环境。在进行加工时把需要的要素输入系统，系统能够默认输出与产品生产不相干的物料。利用该技术能够实现对机械生产无关的物料处理，从而降低废液、废气的产生与排放。

4.快速成型技术

快速成型技术是许多技术的集成，涵盖了计算机技术、数控技术等，是目前应用广泛的生产技术之一。快速成型技术依据"逐层堆积"原理，根据实际情况得出相应数据，从而减少机械加工时间，快速制造出有一定功能、结构的原产品，这个过程能够减少资源消耗，也能够减少"三废"的产生。

5.4.2 绿色制造的数字创新技术

在产品研发领域，使用 CAD、CAM、CAE、PDM 等软件辅助产品进行研制，能够实现少量图纸或无图纸设计、加工，提升开发产品的效率，达到节约成本、节约资源的目的，是实现绿色制造的有效途径。

1.CAD/CAM 技术

对于更成熟的 CAD 技术，为了迎合节能环保的产品发展趋势，有必要增加相对应的功能。PTC、Siemens PLM 等 CAD 领域的提供者们分享了他们对产品级环境法规、机电一体化概念设计和其他解决方案的承诺。PTC 于 2008 年底收购了 Synapsis Technology 公司，这是一家为制造业提供物质、材料、零部件以及产品级环保法规合规性管理解决方案的企业，提出环保合规与绿色设计领域的解决方案；Siemens PLM 的 3D CAD 产品——NX 融合了机电一体化概念设计解决方案（MCD），基于功能设计方法，以机电一体化产品的概念设计阶段为目标，这不仅包括定义多体物理学，而且还包括集成机电一体化产品中常见的与自动化相关的行为。

此外，在 CAM 领域，英国的 CAM 软件公司 Delcam 也在产品创新数字化峰会上推出其软件解决方案：PowerMILL、FeatureCAM、PartMaker。PowerMILL 面向复杂型面加工中最少机床加工时间与最佳表面加工质量的需求；作为基于特征、基于知识、使用自动特征识别技术的软件，FeatureCAM 面向铣削、车削、车铣复合、线切割加工中最少编程时间的需求；作为专业的瑞士型纵切加工及多轴多刀塔车铣复合加工编程系统，PartMaker 满足精密零件加工中最少机床工艺准备时间和加工时间的需求。

在 CAD/CAM 领域，通过采用先进的工具软件，将高速铣削用于粗加工与半精加工，利用高速切削加工模具的复杂曲面，而电加工只作为精加工，既能够降低相关材料的损耗，又能够极大缩短生产周期，提升加工效率的同时降低了成本。

2.CAE 技术

众所周知，CAE 的诞生是为了减少物理试验并减少成本。随着 CAE 技术的发展，虚拟仿真技术的作用不仅在于减少测试，还整合了产品创新、质量改进、节能环保等多个阶段。

MSC 还搭建了 CAE 知识平台，从 MSC 技术中心的研发特性与现状出发，体现和纳入技术中心在长期 CAE 实践中取得的成果、经验与规范，形成了一个基于成熟架构的 CAE 知识平台，该平台集成仿真知识管理、仿真流程管理等功能，在技术中心构建并持续积累用于模拟分析的数据库，有助于项目质量保证，并支持企业产品开发以及企业创新的发展。

在电子散热仿真分析领域，明导公司贡献出 EDA 领域的电子设计自动化工具，提供了电子产品结构领域仿真分析方面的解决办法，利用同步 CFD 技术，实现 CAD 和 CFD 工具之间的衔接，FloEFD 工程师可以直接在 Solidworks、Pro/E、CATIA 等 CAD 里面做专业的热仿真、流体仿真，方便工程师的同时还精简了研发、生产和制造流程。

当前，CAE 在我国产品开发方面得到广泛应用并起着关键作用。利用CAE的分析积累，企业在长期的CAE实践中，积累了大量的CAE分析模型、数据、结果与报告及与CAE相关的试验数据；这部分数据积累到一定阶段时，能够为产品研发提供参考，形成一个比较完备且经实践验证可行的体系。

3.虚拟现实技术

虚拟制造是对制造过程的所有环节，涵盖产品的设计、加工、装配和后期销售、维护的统一的模拟，塑造一个可运营的虚拟环境，将专业化的虚拟软件作为支持手段，通过高性能硬件，在虚拟制造过程中达到可视化、可检测以及可反馈，从而降低实际产品的设计和制造时长，减少开模的开发费用，提升响应市场与应变的能力。例如，在汽车行业，利用虚拟模拟机的操作合理性、人力作业可行性、制定生产线流程等因素，实现分析多任务和更换生产线可行性的目标，确保工程人员在工作区域的工作质量，能显著缩减生产线各区工作的流程和时间。

4.快速成型技术

在产品研制过程中，另一个技术——快速成型技术——对绿色制造与节能环保起了重要作用。快速成型技术是一个融合了激光、数控和精密传动等的制造方法，它打破了传统加工工艺使用材料“开模”的原则，利用材料逐层聚积原理，依据产品的CAD模型数据，能够很快制造出具备必然结构与功能的产品原型，因而能有效提升新产品的开发速度，减少新产品研发成本，并能够降低投资风险，缩短新品研发与投放市场的时长，尤其是在小批量、多品种、改型快的产品领域，拥有更加广泛的发展前景。快速成型技术缩减了产品研制的时间，能够降低原材料的浪费，从而节省成本。

5.材料信息化管理

利用材料信息化管理去克服绿色环保节能低碳这些难题，西格玛能够在产品设计过程中形成各种各样的板材余料报表，还可以判断余料的可用性且自动生成多种不同的剪裁方式，把板材余料裁减成为便于应用与储存的形状，存到数据库。它的优点是：能够显著降低主观因素的影响，给材料人员提供更宽泛的思路，提升板材的利用效率，降低余料的产生量，给公司带来效益。西格玛提供了优化算法的切割技术，由于计算机技术、数控设备、先进的切割工艺的产生，更能够节约板材；此外，西格玛还提供了废料连接及并排功能、板材条码管理系统以及余料优先使用管理，一定程度上节约了原料并且减少了成本。

5.4.3　绿色制造的信息支撑技术

1.制造系统环境影响评估体系

制造系统环境影响评估体系需要评估产品全生命周期的资源消耗与对环境的破坏情况，评估内容主要是：对环境破坏的情况、产品报废之后对环境的影响等。制造系统中资源量大，且资源消耗情况复杂，所以制造过程对环境的破坏状况非常多样且复杂。测算与评估这些情况以及评估绿色制造推进的状况与程度非常困难。所以，形成绿色制造的评估体系是目前绿色制造研究与实施亟待解决的难题。

2.绿色 ERP 管理模式与绿色供应链

绿色制造企业的经营管理要考虑资源消耗、环境影响、环境成本，从而提升公司的经济与环境效益。其中，面向绿色 MRPI/ERP 管理模式和绿色供应链是未来研究的重点。

3.基于信息化的绿色制造运行系统的体系结构

信息化技术的支撑功能，使绿色制造管理与技术的功能特征数字化、信息化，能够开发出适用于车间生产过程中绿色制造实施的信息化支持系统，提升制造装备的绿色加工能力以及公司绿色生产管理的能力，与此同时还可以减少制造成本。绿色制造运行体系的结构由支撑层、数据层、应用层以及用户层构成。

(1)支撑层。信息化绿色制造系统要有大量数据库才能运行,比如产品的材料选择、工艺规程、制造系统资源数据库以及评价方法库。系统采用了分布式数据库管理,其运行还需要集成、仿真技术以及网络协议。

(2)数据层由绿色制造数据库与知识库组成。绿色制造数据库与知识库能够为绿色设计、绿色材料选择、绿色工艺规划以及回收处理方案的设计提供数据与知识支持。绿色设计的目标就是实现环境和其他需求的结合。可以把CAD与环境信息进行融合,便于设计人员在设计时,获得与在传统设计中相同的有关技术和成本的信息,获得所有相关的环境数据,这是绿色设计的重要前提。这样,设计人员可以按照环境需求设计来研发产品,得到决策对环境造成影响的实际状况,还能够将设计结果与给定的需求进行比较从而进行评价。因此,为迎合绿色设计需求,一定要构建相应的绿色设计数据库和知识库,并进行日常管理与升级。

(3)应用层主要由模型库以及应用程序构成。模型库涵盖产品设计模型库、材料选择模型库等,每个模型库都由功能各异的子模型构成。应用程序按照不同的需求,运用相对应的子模型进行绿色性分析与评价。

①产品设计模块:从产品数据库中选择和产品相关的信息,评价工件的制造工艺。比如可制造性、结构尺寸工艺性等。同时,按照产品设计的设计原则、评价指标等估计产品全生命周期的资源消耗与环境影响。

②材料选择模块:在产品设计中使用对生态环境破坏性低的原料,也就是绿色材料。

③生产过程优化:涵盖工艺方法的绿色优化技术、工艺路线绿色规划技术等,利用工艺过程以及工艺方案等做出决策并进行优化,降低生产过程中的资源消耗和对环境的破坏。

④生产过程的绿色评价:通过对企业在生产过程中的资源环境特性进行全面评价,构建标准化的评价流程,提升效率、降低费用、保证结果的真实性,研发评价软件系统,支撑评价的整个过程,生成评价报告。

⑤生产过程监测:对生产过程的资源消耗和环境状况进行控制、分析与评价,寻找工艺和生产过程中绿色制造的重要环节。

(4)用户层中的用户分为三种类型:系统、企业管理员、企业用户。系统管理员拥有最高权限,企业管理员进行注册并获得管理员的授权之后就可以添加新的一般企业用户,并且对企业基本信息进行修改,企业用户获得企业管理员的授权之后,就能够操作得到授权的模块。

典型案例　云南铝业

一、企业概况

云南铝业股份有限公司(以下简称“云铝”)是一家国有重点企业,是中国有色金属行业、我国西部省份工业企业中仅有的“国家环境友好企业”,是我国“绿色低碳水电铝”的龙头企业,“水电铝”规模位居全国第一,先后被国家列为示范试点企业、重点清洁生产示范企业等。

云铝拥有云南文山铝业有限公司、云南云铝润鑫铝业有限公司等十多家制造型公司。具备年产铝土矿 250 万吨、氧化铝 160 万吨、电解铝 158 万吨、铝加工及铝合金 82 万吨、碳素制品 65 万吨的生产能力,总资产超 340 亿元,成功建立了以昆明为中心,对具有能源优势区域进行产业集群辐射,集铝土矿、氧化铝等生产为一体的全方位大型铝业企业。

二、企业的绿色发展之路

1.低碳发展,绿色云铝

云南省拥有独特的区位优势,是中国的能源大省,当前正在努力打造全球一流绿色能源、绿色食品与健康生活目的地“三张牌”,以“绿色”为底色推进转型升级与铝产业高质量发展。根据调查数据,我国电解铝的生产过程中,使用煤炭等不可再生能源的火电铝产能占总产能的 85%以上,利用水电等清洁能源生产铝的产能不到 15%。和煤电铝进行比较,生产 1 吨水电铝能够减少 4.8 吨标准煤的消耗,降低排放二氧化碳量 12 吨、二氧化硫排放量 0.36 吨。按照云铝公司当前水电铝的产能计算,全年能够降低标煤消耗量 770 万吨,降低二氧化碳排放量 1 920 万吨以及二氧化硫排放量 58 万吨。在生产电解铝时,使用了世界上比较先进的节能技术,云铝原铝电单耗比全国平均水平低近500千瓦时/吨，在整个行业都处于领先地位，折合吨铝降低二氧化碳排放量0.26吨。

云铝2018年初被列入国家“能效领跑者”，云铝使用水电铝生产铝箔、铸造铝合金等主导产品，使铝箔、铸造铝合金生产实现整个生命周期的再利用，实现全过程绿色低碳。此外，铸造铝合金、超薄铝箔等产品作为“绿色产品”，在交通运输、电子电容器等方面应用范围持续扩大，能够显著降低资源消耗量，降低温室气体与废气排放量。

2.产业延伸，特色云铝

资源自给率持续提升，氧化铝产能达到了160万吨/年，碳素阳极自给率达到了80%，产品合金化率达到50%，产品结构持续优化。云铝不断发展产业链，推动其升级发展，创建特色鲜明的“水电铝加工一体化”产业链。云铝将绿色发展当作推动公司转型升级的关键点，尽全力走绿色发展道路，依靠云南省大量的清洁能源以及丰厚的资源，大力推动“水电铝加工一体化”发展，提高能源、资源等优势在区域产业布局中的重要性，从产业规模、产业结构等方面促进绿色发展新形式的形成，建立了铝土矿-氧化铝-碳素制品-铝冶炼-铝加工相融合的全绿色低碳产业链。

3.创新引领，科技云铝

云铝掌握了“低温低电压铝电解新技术”等多个先进的铝电解生产节能环保技术。2016—2017年主导并参加了9项国家标准、4项行业标准的制定，拥有“世界首创、国际领先”的铸轧法生产超薄铝箔技术，弥补了全球铝工业方面的空白。

一直以来，云铝坚持“依靠科技进步，定位世界一流”的发展路子，从来没有停下过对科创的探索，且越来越坚定。2017年，云铝通过大型展厅和展板展示了超薄铝箔、铝空气电池、移动式生态环保厕所等绿色制造新品，且得到了国家发改委、云南省部委领导的重视，引起全社会的关注。

4.环境友好，环保云铝

云铝先后获得全国“资源节约型、环境友好型”示范企业、“绿色工厂”等称号，这些都是对云铝绿色发展的肯定。一直以来，云铝一直坚定走美丽和发展共赢，把绿色理念融入生产过程的道路，坚持“减量化、再利用、资源化”的原则，依靠环境管理体系，推动污染治理与资源的综合利用，发展循环经济与清洁生产，尽全力实现绿色制造。

云铝致力于铝产业全流程节能减排技术创新与实践，在整个行业内首先推动环保节能技术改进，核心技术指标一直都是行业第一。目前已建成了铝电解大修渣、碳渣、铝灰、含油硅藻土等危险废物无害化处置和资源化利用生产线，推动了电解、碳素、氧化铝生产超低排放项目建设，实现了污染治理技术的改进，在防控环保的同时形成废物资源循环利用系统，践行绿色设计与绿色制造。

三、绿色制造理念在企业中的应用

近年来，云铝公司通过创建生态（绿色）示范企业，在绿色制造技术上取得了许多创新性的突破，获得了工业产品绿色（生态）设计示范企业的殊荣。它相继承接了“低温低电压铝电解节能新技术”“铝工业烟气脱硫及资源化利用”和“极细金属导体与超高压电子箔材料技术”国家科技计划，自主研发了包括“文山铝土矿选矿选冶关键技术”“大型曲面阴极高能效铝电解槽新技术”等 20 余项技术，率先在氧化铝、电解铝和铝用碳素生产系统，全流程创新性地采取了氨法脱硫环保技术，在氧化铝、铝冶炼、铸造铝合金等核心绿色低碳产业技术方面保持并建立竞争优势，整体产业技术水平已达到国内领先和世界一流水平。

1.文山铝土矿选矿选冶关键技术

文山铝业生产氧化铝时所采用的拜耳法，结合了当前全球最先进的一水硬铝石矿生产砂状氧化铝的技术与装备，采用灰熔聚流化床粉煤气化技术有效利用褐煤制备煤气，采用氨法脱硫除尘一体化技术集中控制热电锅炉中的废气，氧化铝生产工艺技术已达到国际先进水平。两年来，经过大量的试验研究，文山铝业自主开发的“文山铝土矿选矿选冶关键技术”有效提高了文山中低品位铝土矿资源利用率，它所采用的洗矿（预脱硅）—浮选（脱硅）—拜耳法生产工艺，可将 A/S 由 4～6 提高到 8 以上。

在此基础上，文山铝业即将动工建设300万吨铝土矿选矿厂，从而实现中低品位铝土矿资源的综合利用。

2.高效率、低能耗、长寿命、低排放电解铝生产技术

云铝承担了“低温低电压铝电解节能新技术”国家重点科技项目，以曲面阴极技术为核心，围绕“高效率、低能耗铝电解工艺”，研发了磷生铁浇铸、高能效曲面阳极等铝电解生产控制技术，实现了铝电解节能集成新技术、高电流效率低温低电压铝电解新技术在50万吨水电铝示范生产线上集成应用，获得大幅节能减排效益。

3.短流程、低能耗铝合金和板带箔生产技术

为解决电解铝液液温过高、杂质含量高、含气量高，铸造结晶时形核质点数量少的“三高一少”问题，企业依托云南省丰富水电资源，充分发挥完整产业链优势，致力于短流程铝合金和板带箔产品加工生产。自主研发了铝合金轮带式连续铸造技术铸轧法和中高强度铝合金板带材技术、宽幅(1 750 mn)铝箔技术，0.004/0.004 5 mm 超薄铝箔，铸造铝合金、铝板带箔、铝线材技术处于行业先进水平，所生产的产品也具有较强市场竞争力。采用高温铝液短流程浇铸的方式，运用自产铝液和自产铸轧坯料生产铸造铝合金和超薄铝箔，实现水电铝—铸造铝合金—铝箔绿色关键工艺的突破，制定了相关绿色技术和产品标准，建成了65万吨合金生产线和3.6万条铝箔绿色示范生产线，减少了4.5万公斤金属损耗，有效促进了企业产业升级及发展转型，形成具有云南区域特色和技术优势的水电铝—铝加工绿色制造典型模式，铸造的铝合金产品也成为中国铸造铝合金第一品牌，直接采用电解铝液铸轧法生产超薄铝箔产品，被中国有色金属协会认定为“国内第一、世界首创”。

4.危险废物资源化、无害化处置集成技术

铝电解生产过程中所产生的铝灰、碳渣、铝电解大修渣、含油硅藻土等危险废物所产生的危害以及堆存产生的环保风险一直是制约行业可持续健康发展的瓶颈问题。多年来，云铝致力于研究危险废物资源化利用及无害化处理技术并参与应用，已经建成了包括铝电解生产环节产生的

槽大修渣、碳渣，以及铝加工生产环节产生的铝灰、硅藻土等废物资源化利用及无害化处置项目，形成了行业内独一无二、具备全产业链废物的处置能力。通过采取该技术，废物资源综合利用率得到明显提升，无害化处置率已达到100%。

5.铝工业烟气脱硫及资源化利用技术

本项目所采用技术被列为国家重点科技项目。针对铝工业主要环节含硫烟气的特点，研究了氧化铝生产炉（窑）、碳阳极生产的石油焦烧炉（窑）、阳极焙烧炉和铝电解烟气的典型特征；研究了SO_2烟气氨法处理吸收塔气溶胶和氨雾控制及高效捕集技术；研究了铝电解烟气低浓度二氧化硫氨法治理及回收利用成套技术；研究了氧化铝烟气复法多点分布式吸收，吸收液集中处理、自适应用工艺配送控制技术；研究了氧化铝生产碱性赤泥尾矿吸收二氧化硫并综合资源化利用技术，并开发铝工业全流程烟气脱硫成套技术和设备，建设了氧化铝生产炉产业化示范系统和国内第一条铝电解烟气低浓度二氧化硫处理示范系统，并对已有的石油焦煅烧回转窑烟气系统进行技术改造和再开发，取得了二氧化硫浓度低于50 mg/m^3 的优异环保指标，实现了回收物的资源化再利用最大化和二次污染最小化，为中国铝工业绿色制造做了示范。

6.电解铝生产低浓度含氟雨水深度处理技术

作为电解铝生产流程中的一个环保技术难题，中水、雨水深度脱氟处理极大地制约了企业的可持续发展。为攻克水脱氟处理这一技术难题，2017年，公司组建了内部研发团队，经过科学论证、技术研发及分析对比，自主研发的深度处理系统攻克了低浓度含氟雨水处理技术难题，成功研制了电絮凝除氟设备并建成投运了处理系统，开创铝板块内水脱氟处理的先河，并取得良好的环境保护绩效。该技术分别采用化学沉淀法—混凝沉淀法—吸附法和电渗析两种工艺，不仅节省了设备投资，降低了运行成本，而且明显降低了中水、雨水回用的风险。自投入使用以来，出水氟含量稳定在0.5 mg/L以下，具有良好的示范效果和推广价值。

四、企业的绿色价值体现

作为云南省仅有的水电铝企业，云铝公司通过依靠云南独有的水电能源，专注于铝的冶炼、加工、应用全生命周期的绿色制造，借助绿色制造的关键工艺与设备的创新应用，构建出“水电铝加工一体化”产业模式，不仅实现了经济效益，同时也创造了一系列的环境效益和社会效益。

1.经济效益

云南铝业的经济效益涵盖了绿色产品产量提升、循环经济与效益增收、节能降耗及成本下降这四个部分，如通过文山低品位矿冶洗选及赤泥选铁综合利用，形成了年产量 12.5 万吨精铁，增收 25 000 万元，提高了 4%氧化铝综合回收利用率，大约增产 67 200 吨氧化铝，增收 16 800 万元；通过文山 3 万吨铝灰资源化综合利用，年回收 2.2 万吨冶金级氧化铝，增收 6 160 万元；建设水电铝产业基地，年增加 90 万吨水电铝产能，增加产值 134 亿元；1.2 万吨铝电解大修渣无害化处理，按每吨 2 千元处置计算，年增收 2 400 万元；7 500 吨铝电解碳渣资源化利用，年可回收电解质 5 000 吨，年增收 1 250 万元；铝工业脱硫脱氟除尘一体化治理及减排，回收二氧化硫与氨水反应生产硫酸铵化肥，增加产值 310 万元；铝灰(一次灰)再生资源利用，一年产生量约 45 000 吨，提取再生铝金属约 11 000吨。

此外，党的十九届五中全会提出，坚定不移贯彻创新、协调、绿色、开放、共享的发展理念，十九大报告提出要推动生态文明体制改革，发展绿色金融，推动绿色发展，绿色金融已经是全球经济发展与金融合作的共同理念。云铝作为一家上市公司，在创建绿色设计示范企业过程中，建立了“绿色低碳、中国水电铝”的发展模式，走出了引领行业绿色低碳可持续发展的新路子。利用产品生命周期评价方法计算环境影响，并主动公开环境信息，能够促进企业融资以及进一步投资。

2.环境效益

环境效益方面涵盖了治污、减排、节能及绿色低碳发展等多个方面，如应用电力行业内二氧化硫治理超低排放技术，做到了增产不增污；通过文山低品位矿冶洗选及赤泥选铁综合利用，提升了赤泥及低品位铝土矿的利用率，每年减少了15万吨赤泥、7万吨尾矿的堆存，降低了环境风险；建立铝灰提取再生铝利用系统，建立资源利用平台。

此外，公司积极推动周边生态保护工作，生态效益显著。通过一系列保护周边生态安全的措施，对周围3 200亩荒山进行植树绿化，厂区主要建有绿色通道、花园广场、休闲广场，厂区绿化面积达66万平方米，绿化率达45%左右，四季都呈现出生机盎然的景象，筑牢了阳宗海风景名胜区生态保护屏障。先后荣获“全国绿化模范单位”“全国绿化先进企业”等称号。在公司周边种植植物，完成阳宗海附近143亩面山绿化造林，利用植物进行自然隔离，起到了防止水土流失、美化环境、改善环境的作用。通过对周边2 km范围内敏感目标环境质量情况实施不定期监测，经监测，自2017年开始，公司周边环境敏感点TSP、二氧化硫、氟化物、氮氧化物日均值优于《环境空气质量标准》二级标准的要求。周边泉眼、阳宗海水质达到《地表水质量标准》相关标准的要求。

大力推进矿区土地复垦，主体矿山对采空区进行生物复垦，打造“甘蔗种植”“板栗种植”等示范区域，仅云南文山铝业公司到2020年就已累计完成矿山复垦5 000余亩。创建“绿色矿山”，培育以自家餐桌上的生态健康食材为主的现代生态产业，减缓环境压力与生态破坏。

3.社会效益

云南铝业股份有限公司的社会效益涵盖以项目带动扶贫，扩大社会就业，推动消费者生活质量的提高，提高绿色制造与绿色消费意识等方面。

(1)打造有国际影响力，面向东南亚、南亚的“水电铝”产业载能基地，探索了能够引领行业绿色低碳发展的新路子，符合国家产业政策要求，对今后国家电解铝产业的转移、扶持等都有重要影响。此外，水电铝一体化项目都在贫穷的少数民族地区和经济发展落后的地方实施，包涵灾后重建的昭通鲁甸水电项目、鹤庆水电铝项目等的建设，是我国云南省实施长江经济带开发战略与西部大开发而布局实施的扶贫攻坚重点项目，通过项目扶贫实现精准扶贫，不但能够解决当地的就业难题，也有利于促进地方经济发展与社会稳定。水电铝项目可实现工业产值近182亿元，就地消纳当地水电154亿度，新增税收12亿元，直接或间接带动3 000人就业，同时也带动每年450万吨物流运输业发展。

(2)铝是减重节能的重要原料，在汽车上用铝材代替钢铁，能减轻车重，节省油耗。利用铝材代替传统钢铁来进行汽车制造，整个车的重量能够减轻25%～30%。德国海德堡公司通过调查研究发现，小中型乘用车减重10%能够节约油耗5.6%左右。在车辆上广泛应用铝，按照我国保有汽车2亿辆计算，每年可节省4 000万吨油，将成为实现汽车节能减排目标的基础技术途径。拓宽铝的应用领域，以铝代替钢、以铝代替铜、以铝代替木材已成为社会领域节能减排的新趋势。

(3)推广使用铝电解节能新技术能够使吨铝直流电耗降低至12 500 kwh/t以下，对于促进我国乃至整个世界电解铝行业的节能减排技术进步有着重大的产业推动作用。铝电解低浓度二氧化硫治理工艺的研发和应用，使云铝主要铝电解烟气的排放指标领先于行业，成为行业的标杆，起到带头作用。同时能够有力推动中国铝工业环境友好、低碳与绿色发展，为国家新排放标准在行业实施与实现提供坚实的基础和良好的示范。

树立"绿水青山就是金山银山"的理念，通过技术研发并实施铝板块大修渣、铝灰、碳渣、硅藻土等危险废物资源化利用项目，不仅能够产生显著的经济效益，也克服了制约企业可持续发展的社会问题，创建了铝工业完整的废物资源化利用产业链。

资料来源：中华人民共和国工业和信息化部

第6章 绿色回收

6.1 绿色回收的产生及发展

6.1.1 绿色回收的产生背景

社会发展像一把双刃剑。人类无节制地开发有限的自然资源为自己带来了优质的物质生活，促进了社会经济的繁荣，但是随之产生了大量垃圾和废弃物。这种传统的“资源一产品一污染排放”的线性经济模式单向消耗着环境中的资源，同时产生大量的污染，严重威胁了人类的生存和发展。《中华人民共和国国民经济和社会发展第十四个五年规划和2035年远景目标纲要》提出，我们要加快推动绿色发展，促进人与自然和谐共生，提升生态系统质量和稳定性，加快发展方式绿色转型。频繁出现的重污染天气现象也说明我国急需优化产业结构和制定节能减排的具体政策措施。同时基于循环经济与可持续发展理论、国家政策导向、环境保护法律法规以及经济利益等考虑，发展绿色循环经济势在必行。

在单箭头流向的线性经济模式下，经济增长主要是通过破坏环境、高强度地消耗和开发资源来实现的，而循环经济的关键在于“循环”。传统经济的特点包括增长率与资源的耗费成正比、GDP的增长和环境负荷的增加成正比。循环经济要求顺应生态规律，将经济活动转化成“资源一生产—消费—可再生资源”的反馈过程，实现“低开发、高利用、低排放”，最大限度地利用进入消费生产端的物质资源，提高经济发展的质量和效率，实现经济发展与资源和环境保护协调发展的战略目标。循环经济要求各项活动都遵循“3R”原则，即“减量化”“再利用”“再循环”，这是一种生态效益高的新型经济发展模式，旨在消耗少量资源换取较低污染排放和最大化的经济成果，实现经济、环境和社会效益相统一，建设环境友好型和资源节约型社会。

有关数据显示，全球环境污染源中70%以上的固体废物来自制造业。随着我国城市化和工业化脚步的加快，产品更新周期不断缩短。根据国际电信联盟、联合国大学等联合发布的《2017 全球电子废弃物监测报告》，中国已成为全球最大的电子废弃物生产国。2016 年全球共产生4 470 吨电子垃圾，相当于 4 500 个埃菲尔铁塔。在巨大垃圾量的攻势下，高效回收再用资源，建立回收再用体系迫在眉睫。

废物再利用、循环利用和无害化处置的工业体系也称为“静脉”产业，它不仅是生产与消费的纽带，更是消费领域的重点之一，是循环社会的基本标志，也是循环物流所涉及的重点。可持续发展要求下，我国发展绿色回收系统的必要性主要体现在三个方面：

1.经济发展的要求

中国经济已经步入以大众消费为特点的工业化加速阶段，产业结构即将进入快速变化期，在发展过程中，许多不断积累的矛盾问题正在逐步显现出来。20 世纪 90 年代中期，我国经济增加值中 75%的成就是在糟糕的环境破坏状态基础上实现的。生态环境不断被破坏，由于自然资源短缺而造成的“环境泡沫经济”已成为阻碍我国经济稳步增长的重大结构性问题。因此，应构建回收物流系统，合理利用“回收”资源。

2.社会因素的要求

中国传统的大规模生产和大量废弃、大众消费的社会经济模式引发了许多环境问题。第一，废物处理的社会成本正在增加。第二，传统发展造成的生态失衡,降低了人民的生活质量。因此,迫切需要建设新形势下的绿色回收物流系统来缓解生态失衡带来的压力。

3.环境变化阶段的要求

由环境库兹涅茨曲线(Environmental Kuznets Curve)理论可知,在某一个国家或区域的发展过程中,环境存在一个先恶化后逐步好转的"U型"过程。在 20 世纪 90 年代以后,全球部分发达国家步入了经济增长与环境质量二者协调发展的阶段。中国也制定了"构建和谐社会""科学发展观"的发展战略,符合环境库兹涅茨曲线理论的要求。

可以看出,环境和资源问题已经成为经济可持续发展的瓶颈,环境和资源损失与经济发展之间的不平衡导致它们无法同步发展,因此目前工业经济的发展趋势是向绿色回收物流系统的研究转变。

6.1.2　绿色回收的发展历程

早在 2006 年,商务部便尝试在试点城市推行废旧产品回收体系建设的相关工作。自 2011 年 1 月 1 日起,《废弃电器电子产品回收管理条例》(中华人民共和国国务院第 551 号)在中国颁布实施。同年,国务院办公厅印发了《关于建立完整的先进的废旧商品回收体系的意见》(国办发〔2011〕49 号),主要是针对中国废旧商品回收体系管理不规范、不完善,废物回收率不高,容易造成环境污染的现实情况提出的。2012 年 7 月 1 日起,由国家税务总局颁布的《废弃电器电子产品处理基金征收使用管理办法》(财综〔2012〕34 号)正式实施。截至 2012 年 8 月,我国被批准为可再生资源体系建设示范试点城市共 31 个。2018 年 3 月 28 日,国务院印发《关于加快发展循环经济的若干意见》(国发〔2005〕22 号)提出,国内企业要以尽可能少的资源消耗和环境排放,取得最大的经济产出和最少的废物排放为目标,实现经济效益和环境绩效相统一,努力实现企业的社会价值,促进资源的可持续发展。2018 年 12 月 29 日,通过《"无废城市"建设试点工作方案》(国办发〔2018〕128 号),将循环经济的发展纳入现代化发展进程,鼓励以点带面,提高国内废弃物的利用率。可以看出,这些法律法规为废旧家电的回收和循环使用提供了政策支持和保障,但在各个城市中“游击队”依然是废旧家电回收的主要力量,固定回收地点较少。二手家电市场的翻新产品销售火热。当消费者想处理旧电器时,依旧找不到正规的回收机构。试点城市之前建立的回收体系仍然存在不成熟、不完善的问题,旧电器逆向物流的实施依然非常困难。

中国家用电器研究院发布的行业研究白皮书显示,2015 年以来,我国废弃电器电子产品理论报废数量整体呈上升趋势,理论报废重量逐年上升,2019 年,我国 14 种废弃电器电子产品理论报废数量达 62 393 万台,理论报废重量达 633.92 万吨。2019 年废弃电器电子产品回收利用行业处于政策调整期,新目录产品配套政策有待出台,已有产品处理补贴额度将面临调整。企业自有回收渠道回收数量较低,应持续推进电器电子产品线上+线下、逆向物流等回收模式。鼓励“互联网+回收”、两网协同回收、逆向物流回收等新型回收模式的综合运用。

6.2 绿色回收的内涵界定

6.2.1 绿色回收的含义

“分类”是区分绿色回收与一般回收的要点。回收,具有普遍性和较为强烈的经济色彩,其概念范围是模糊的,但绿色回收较普通回收具有明显的环保意识,是较为详细的。它是有目的、有层次地进行分类,最大限度地收集废物和最小限度地损害环境的循环利用。

一般来说,固体废物处理是指通过生物、物理、化学、生物化学和物理化学等方式,将固体废弃物转化成适宜处置、贮存、运输或利用的其他类型材料,以实现绿色回收无害化、减量化和循环利用的过程。部分学者觉得在“三废”中,固体废物是最难处理的类型,不仅因为其成分相当复杂,而且它处于不断变化中。要达到“减量化、无害化、资源化”的目的,第一步是控制其产量,如不断提升废品的回收率;二是进行综合利用,将固体废物作为资源和能源,压缩和淘汰不能利用的固体废物,经过无毒处理后再进行沉海和填埋。使用的方法主要包含生物处理、分选、压实、固化、焚烧、破碎等。

首先压实、破碎、分选,然后固化、焚烧,最后进行生物处理的一系列过程能够达到一定程度的综合利用效果,但处理方法单一快捷,没有全面利用、物尽其用。绿色回收则可以解决这个难题。由于垃圾的种类繁多,从电子垃圾、餐厨垃圾、包装垃圾、建筑垃圾到废弃轮胎、汽车和生活垃圾,几乎涉及人们生产生活的各方面。因此进一步理解,只要人类还在活动中,固体废物便随之不断产生。当可燃垃圾、资源垃圾、不可燃垃圾和有害垃圾被任意堆积,终有一天,环境容量会达到极限,人类将会被置于垃圾丛林中。显然,制止这种情况的产生是现阶段环境治理的重点。

6.2.2　绿色回收的特点

绿色回收既有一般回收的基本特点,又有其自身的特征。

1.逆向性

绿色回收的起点是消费端,从消费端到生产端。通常的正向物流起点必须是制造商,从生产端到消费端。

2.分散性和未定性

绿色回收来源相对分散,可以是零售终端、消费者、制造商、分销终端等,很难提前确定回收的数量、时间和地点等信息。此外,不同的消费者对产品的使用程度也不同,导致产品后续处置方法存在不确定性,可能会被运送到废物处理中心、经销商处生产企业等不同场所进行处理。

3.缓慢性

绿色回收的产品不断累积至一定数量时,会发生集中转移。产品经过一系列的测试和再制造过程，才会实现使用价值，时间过长会导致慢性逆向物流。

4.价值的非单调性

一方面，包装废料在运输过程中会丢失，导致价值下降。另一方面，废弃物品被处理之后将恢复其经济及环境价值，呈现为价值的增加。

6.2.3 绿色回收模式分类

1.制造商负责的回收模式

制造商负责的回收模式主要分为自营和联营两种模式。两种不同的模式适用于不同情况。

(1)制造商自营的回收模式

厂家自营回收模式是指原始设备制造商(Original Equipment Manufacturer，OEM)建立的独立逆向物流系统，承担其产品回收和再利用等环节的运营成本，管理绿色回收信息系统、加工设备和人员的运营模式。一些国家已经发布了制造商有责任进行废旧家电回收的法律法规。例如，欧盟颁布的“WEEE指令”(Waste Electrical and Electronic Equipment)中规定，对于流通在欧盟市场的电气电子设备的制造商，其必须依法承担产品回收报废费用。

就制造企业而言，进行自营回收模式选择有以下优势：更好地控制供应链，避免商业秘密泄露；对回收网络中产品的详细信息能够了解得更加清晰透彻，及时将其作为补充原材料和零部件的有效途径；更为直接地接触、联系终端消费者，有关产品一手市场反馈的信息可以及时获取，由此更方便了解产品的缺陷并加以改进以增加客户忠诚度；维护企业“绿色形象”，留下“环境友好”印象，强化企业竞争优势。

但并不是所有企业均能采用自营的回收渠道模式，主要原因如下：绿色回收是专业程度要求较高的模式，对于单个企业来说，分配与回收的设施和人员利用率低，会带来较高的整合成本，此外企业在生产过程中需同时进行制造和再利用活动的计划和控制，大大提高了管理难度；耐用消费品使用寿命较长，如果制造企业在这些产品成为 EOL(End of Line)产品之前失败，这些产品将因此变成“孤儿产品”，处理它们也是这种模式面临的现实问题。

在分析后可知，厂商自营回收模式在以下几种情况中适用：

考虑到企业本身的特点：客户群主要集中在企业所在的城市，交货方式简单、物流管理能力强的厂家；代理商、分销和连锁店分布广泛的制造商，但业务相对集中；规模大、逆向物流巨大、资金实力雄厚的企业。比如松下等知名的电子电器厂商，都建立了企业自身的逆向物流系统，成功实行了产品回收业务。再比如施乐墨盒回收的具体流程。1991 年，该闭环供应链模式便开始施行，8 年间回收再利用了 60％以上的墨盒，节约了 45％左右的制造成本。

考虑回收物品的特点：物品回收价值高；法律规定必须由生产厂家回收和处理；废料量大，严重危害环境；租赁过期产品，以旧换新产品等。

(2)制造商联营的回收模式

对于制造商负责的回收模式，上述是以单个制造企业进行回收的模式，除此之外，还有许多生产类似产品的制造商通过合同采用联合经营形式开展回收的模式，合作管理回收产品，同时承担相应的成本与责任，共享收益，共担风险。

制造商联营一方面拥有制造商自营回收模式的优势，另一方面对其不足之处进行了弥补。然而，合作模式下，成员的选择、成果的共享和联盟机构的管理将面临许多矛盾和困难。一旦联盟解体，会泄露合作成员企业间的商业秘密，同时也需要花费大量的精力和时间继续寻找新的合作伙伴。

所以一般技术通用、报废量大的回收产品，适合这种模式，但这种模式需要强大的资金和庞大的网络技术支持，因此通常情况下单个企业无法承担。这时生产相似产品的企业便能采取合作合资的方式，创立有针对性的逆向物流企业，为所有合作伙伴提供服务。常见的是生产过程中丢弃的废旧电子产品、家用电器、家具或塑料制品、玻璃、纸张、橡胶制品和金属器具。例如,2000年,索尼公司与三洋电气、夏普、日立、富士通、三菱电气等在内的15家公司在名古屋成立了绿色循环家电再商业化公司——GreenCycle,为电视机等产品的循环利用提供技术支持。GreenCycle公司是典型的联营模式下成立的绿色回收企业,通过各个家电厂家组成的回收网络进行废旧家电的回收工作,再由联合回收厂进行下一步处理。统计显示,每年80%的日本废旧家电被回收利用,其中回收的金属材料超过10万吨。相应的,在二手车的回收和再制造方面,通用汽车、福特和克莱斯勒在底特律高地公园创建了一个汽车回收中心,致力于提高汽车零部件可回收性和拆卸的研究。

2.经销商负责的回收模式

经销商负责的回收模式是一种由经销商和制造商共同达成相关协议,其中经销商负责人员管理、包装材料或废旧产品的回收,以及相关信息收集等的回收模式。经销商负责把具体的回收活动委托给数千家不同规模的零售商。在这种模式下,产品回收的效果好坏和数量多少大多取决于经销商的工作,因此增加了回收的不确定性。为鼓励经销商增加回收产品积极性,可设置回收基金,即制造商将对经销商回收的每单位产品给予一定的经济补偿。这种模式在家居用品业和电子行业中比较普遍,比如日常生活中回收的各种玻璃瓶。这种方式可以灵活采用,以低价换取新的产品,免费回收或收集。例如,柯达与一家照片打印服务提供商达成协议进行回收后,柯达一次性相机的回收利用率为77%到90%,所有的部件都得到重复使用和再制造,几乎没有部件被忽略。

该模式充分利用了零售商分布广、离客户更近以及经销商易控制等方面的优势,有利于提高客户忠诚度和满意度,进行更优质的客户管理服务。但是,由于经销商和零售商不是产品的制造商,在回收产品的分类、分拣等技术工作上相对不专业,这可能会导致产品运营初期管理混乱、回收效率低等问题。

通过以上分析，发现该模式更适用的情况：企业拥有更加成熟、稳定的产品正向物流网络，零售商或经销商能够与消费者保持密切的联系，及时了解消费者的具体信息；特别是当产品销售和回收网络在很大程度上重合时，最好的策略是选择该回收模式。

3.第三方负责的回收模式

第三方负责的回收模式指的是由专业的回收公司负责废旧产品的绿色回收，制造企业则支付相应费用与专业回收公司达成有关合作协议。其主要分为第三方部分负责与完全负责两种模式。

(1)第三方部分负责的回收模式

考虑到成本、投资回报等因素，许多企业选择将部分逆向物流、仓储、运输外包。例如，惠普与全球领先的回收公司建立了战略合作关系，方便回收任何制造商的 IT 硬件产品，实现环境友好的目标。通过该计划的实行，数以千万计的墨盒得到有效回收，成千上万吨的材料变得有价值。

将一些绿色回收活动外包给第三方，可以充分发挥第三方的优势，避免资源浪费，减少重复投资，大幅提高社会资产的利用率；制造企业依然可以独立管理核心的逆向物流工作，并通过较强的控制能力来保证客户服务的质量。

然而，因为制造商和第三方公司之间业务往来频繁，关系一旦变得松散，这将使制造企业很难全面、有效地控制和协调他们的外包回收活动，从而导致管理方面的难题，甚至降低整个供应链的效率。

第三方部分负责的模式被看作是厂商自营回收和第三方全责回收模式之间的过渡形式。对于实力强大的大型企业来说，自身较大的规模便足以支撑进行产品回收。如果仅仅因为专业化的操作，其采取外包回收模式的动机还不够；对于科技能力和经济实力不强的中小型公司而言，外包虽然降低了回收成本，但对第三方企业的控制力较弱。所以，一些外包模式更适用于公司的管理改革，作为一种过渡性的方式，可以避免改革带来的一系列管理问题。

(2)第三方完全负责的回收模式

在这种模式下,通过协议和合同等形式,制造商完全将其产品的所有回收业务委托给专门从事回收服务的第三方企业,并支付相应费用,由其作为制造商的代表延伸并履行生产者责任。在美国,根据不同的情况出现了大量的专业行业的逆向物流管理公司,如 Genco、Return Buy.com 等。位于芬兰的 Kuusakoski 公司是一家专门从事电子垃圾处理的企业。不同种类的电子废弃物经分类后,送到相应的专业加工厂进行破碎、铸造等再加工,转换成各种工业原料,供国内外工业企业使用。

该模型应用广泛,可覆盖市场上全部种类的产品。对厂商而言,既可以降低投资风险,又可以专注于自身的核心业务,在部分有回收责任的产品方面也符合法律法规。向许多企业提供逆向物流服务的第三方企业在运营和管理上实现了规模经济。

然而,这种模式在运行中也会遇到一些难题。比如为了保证资源再利用的最大化,合理有效地拆分和处置废品,通常需要对原材料成分和结构设计图纸的设计信息进行详细了解,这会有专利技术泄露的风险。

表 6-1 总结了上述模式的相应特点。

表 6-1　　不同回收模式的比较

指标	制造商回收		经销商回收	第三方回收	
	制造商自营	制造商联营		第三方部分负责	第三方完全负责
规模经济性	低	较高	一般	较高	高
促进产品设计改进程度	很好	一般	一般	一般	较差
物流成本	高昂	较高	中	较低	低
财务风险	大	较大	中	中	低
供应链控制能力	很强	一般	一般	较强	弱
信息反馈	一手、及时	及时	由契约得到	由契约得到	一般难得到
“孤儿”产品	不能顾及	能估计	能顾及	能顾及	能顾及
企业产品形象	有利	有利	有利	一般	不利

（续表）

指标	制造商回收		经销商回收	第三方回收	
	制造商自营	制造商联营		第三方部分负责	第三方完全负责
商业机密	保护	易泄露	保护	保护	易泄露
适合制造商规模	大	大小均合适	大	大小均合适	大小均合适
适合产品类型	价值高、专业性强、废旧量大的产品	差别小的同类产品	日常用品	范围广	范围广

6.3　绿色回收的应用概述

6.3.1　包装废弃物回收

随着商品加速流通，各种产品对包装材料的依赖性也越来越大，人们感受着包装材料带来的便利，但也存在包装垃圾量的持续上升所带来的一些社会问题。近年来，邮政物流产生的包装垃圾令人震惊。中国包装信息网统计显示，2020 年，全国快递业务量完成 833.6 亿件，快递包装垃圾的增量已占生活垃圾增量的 93%。可见，包装产生的垃圾是目前城市废弃物的主要来源之一。

包装是保护和储存产品的一种容器，如盒、瓶、篮子、桶、罐、罐头、袋等。它是一种有形的物品，与产品一起从厂商流向用户。包装是正向物流的终点，也是逆向物流的起点。

包装废弃物的处置和回收可以分为两类不同的过程：一种是能够重复利用的外包装，如纸箱、玻璃瓶和塑料瓶等，这类包装物经过回收—检验—改造系列流程后便能重复利用；第二种是无法重复利用的废旧包装物，如一次性纸包装袋等，作为一般废弃物进行处理。

长期以来，包装企业盲目生产包装材料，消耗了大量社会资源，但却未承担相应的包装废弃物的污染责任，从而该类企业逐步发展成“资源—

产品一污染排放”的单一线性经济型企业，对人类的生存发展产生严重威胁与阻碍。

为处理由于包装废弃物而引发的严峻社会经济问题，我国政府提出发展循环经济的号召，要求企业绿色生产，并在“3R”原则基础上提出“4R”作为企业生产经营活动的行为准则，也就是坚持包装减量化、再利用、再生产和能源回收的原则。2008 年，我国政府颁布了《包装回收管理办法》，用于规范包装材料的处置、运输和分类等回收工作，使包装行业逐步形成“生产一消费一包装回收”的生产循环模式。同时规定企业实行“谁污染谁负责”的生产责任制，特别强调回收包装废弃物。

在国外，德国政府颁布了《产品回收与废物管理法》和《包装条例》，强制生产、运输、销售和包装的企业对废旧包装材料进行回收利用。同时，德国也是第一个建立包装垃圾回收体系的国家。法国政府要求相关部门对生产企业生产的产品及其衍生品的回收进行监督，并强制要求其对包装垃圾负责。奥地利建立了一套完整的包装垃圾和生活垃圾回收体系。

纵观国际，包装废弃物的回收利用一直以来都是世界各国普遍面临的问题，政府机构对包装废弃物的回收利用均予以大力支持。中国及社会各界对此高度重视，由此可见，关于包装垃圾的逆向物流正在逐步形成。

包装在我国物流业中占有非常重要的地位。在运输和管理方面，由于运输商品的不同，其采用的包装物材料也是多种多样，可以将其大致分为六类，见表 6-2。

表 6-2　　我国包装废弃物的分类

分类	代表例子
纸质类	纸箱、纸盒、各种包装纸
塑料类	塑料盒、塑料箱等
复合材料类	软包装
木制品类	木箱

（续表）

分类	代表例子
玻璃类	玻璃瓶
金属制品类	易拉罐、印涂制品

在日常生活中，纸质包装是最常见的包装类型，但由于需求不同，商品的包装也不一致。人们收到的快递大多是价格低廉、质量轻的瓦楞纸，或者是价格较低、不易拆卸的塑料包装。由于拆卸问题，大部分塑料包装失去了再利用的机会。

1.纸制品包装

造纸工业中最重要的纤维来源之一便是废纸。随着废纸处理技术和设备的发展，这些废纸处理后可用于大型造纸机生产高档产品。据估计，在造纸纤维原料中废纸占比达 60%～70%，一些国家已经超过这一比例。

我国废纸回收依旧存在下列问题有待解决：废纸回收缺乏规范的市场体系；缺乏标准的检测方法与废纸质量的评价体系；去除粘胶、脱墨等处理技术，提高废纸白度、使用次数等相关绿色环保技术仍需进一步发展；进口废纸的质量和价格由于货源的不稳定性，也呈现波动状态。

废纸也是制造纸浆模塑的主要原料，在运输和包装中占有关键地位。现阶段，我国纸浆模塑生产技术相对落后，研发深度不够，产品质量不够高，限制了纸浆模塑应用范围的扩大。

废纸与酚醛或脲醛树脂混合后，可以压制成抗压强度是普通纸板两倍的复合板。我国在分离纸塑复合材料方面大范围已经实现产业化，可以将纸塑复合水泥袋与其他纸基复合材料中的造纸机分离。废纸与 PE、PP 等高分子材料混合后，可在高温下成型为性能优异的机械零件。在沥青瓦楞纸板的制造中加入一定量的废纸，可以提升其隔热、防水、耐腐蚀和阻燃性能。废纸可以水解得到比普通糨糊具有更好附着力的糨糊。

2.塑料包装

塑料包装大致有三种回收工艺，分别是焚烧、热解和再生。再生又分为简单再生和复合再生。

简单再生是指将清洗过的单个塑料包装、边角料或废品直接粉碎后混合其他材料，然后重新返回塑料加工流程，这种方法也叫机械回收，是塑料包装回收的首选。但由于其采用的是低熵处理方法，受技术经济因素的制约，必须分类回收。EPS废料可以添加到轻质混凝土中，制成轻质保温的材料。复合再生所用的废塑料是从不同渠道收集到的，杂质较多，具有多样化、混杂性、污脏等特点。由于各种塑料的物化特性差异及不相容性，它们的混合物不适合直接加工，因此回收再生工艺较繁杂。

聚氨酯废弃物可以用作人工土壤，提高土壤蓄水功能。废塑料可通过化学方法解聚后形成单体，而能够水解回收单体的塑料包装仅限于尼龙、聚酯、聚甲基丙烯酸酯、聚苯乙烯等品种，且上述方法具有经济合理性。废聚酯可直接裂解成热熔胶，PS废料可用于生产油漆和建筑涂料。废塑料被粉碎，与木粉混合并造粒后成型便可形成塑料制品。在废塑料如PE、PP、PVC中加入许多无机填料后，可以生产钙塑制品。废聚乙烯可用于制造聚乙烯改性沥青，提高沥青路面的性能。混合塑料和城市有机废物可以混合生产包膜肥料。混合塑料也可以在高温下分解成油或气体，然后制成化工产品或用作燃料，但该过程成本较高。德国和日本在高炉中用塑料废料代替焦炭作为还原剂，在经济上是可行的。

水溶性聚乙烯醇树脂(PVA)可通过聚醋酸乙烯酯水解制得，是一种不需要回收利用、不产生固体废弃物的塑料包装，特别适合食品、农药、洗涤剂等产品包装，并且可直接溶于水。还有一些完全可以依靠生物降解的改性淀粉等生态塑料包装废弃物，可以进行堆肥处理，使其回归自然，从而不产生污染。

3.玻璃包装

平板玻璃的主要原材料为碎玻璃，但在国家限制“五小产业”政策发布后，碎玻璃的利用率大幅下降。除部分啤酒瓶还在进行回收利用外，其他包装容器基本没有回收渠道。玻璃容器生产工艺要求碎玻璃比例在

20％以上，以降低能耗。如果比例过高，包装容器的质量会降低。因此，玻璃容器应在废弃后用于生产玻璃制品，并应分类回收，制定政策指导回收和再生。

碎玻璃可以在新型建筑材料的发展中创造新的局面，例如，它可以用来制造高档水晶玻璃或微晶玻璃墙地砖、玻璃马赛克和保温泡沫玻璃等。可与树脂复合制成人造石，可替代石材制成水磨石。添加到沥青路面中，可改善路面的多种性能，并可在破碎后用作水泥增强剂。它可以用碎玻璃烧结，加之除氮、磷、钾以外的铁、锌、铜、锰、硼、钼等微量元素制成玻璃肥料，对易溶土壤和农村灌溉特别有效。综上所述，碎玻璃利用的技术方案很多，关键是要尽快扶持一些具有经济效益的示范生产线，开拓碎玻璃回收产品的新市场。玻璃瓶是很容易回收利用的包装。问题在于如何通过政策补贴调动回收部门购买碎玻璃的积极性，使它可以像纸张一样被大量回收。

4.金属包装

废旧易拉罐回收后被运输到炼铝厂冶炼成铝锭，与铝矿精炼铝锭相比，可大大节省能源消耗。牙膏软管等纯铝包装容器，经碱洗后可直接挤压切割成铝制颗粒。铝箔纸清洗后与润滑剂（石蜡）混合粉碎、筛选、洗涤、抛光，能得到铝粉，商业上叫银粉。

对于混合铝包装废料，可通过酸水解、过滤和聚合生产用于净化工业废水的聚合氯化铝。钢铁包装废料不能再利用时，可以作为废铁回收，送钢铁厂重熔。然而，钢包装容器中的铅、锡、铝等低熔点金属容易与熔炼炉的耐火材料发生反应，造成炉壁损坏，降低钢材质量。对于大型铁桶，如果腐蚀不严重，可以考虑直接用来制造波纹铁板，或者改装成较小的铁桶。

6.3.2　废旧电池回收

我国政府相关部门制定了废旧电池处置的法律法规，包括标准法规和行为法规。电池的材料成分、外观标识、环保标准、回收标准为标准法规;电池厂商、经销商、消费者、电池回收商的权利和义务都是行为法规。

要建立健全动力电池模块化标准体系,加快突破关键制造装备,提高工艺水平和生产效率。完善动力电池回收、梯级利用和再资源化的循环利用体系,鼓励共建共用回收渠道。建立健全动力电池运输仓储、维修保养、安全检验、退役退出、回收利用等环节管理制度,加强全生命周期监管。

我国动力电池回收技术发展比较成熟,与消费电子产品中的电池回收路线基本一致,镍、钴、锂、稀土元素等贵金属全部回收。但是,动力电池回收管理的落后阻碍了动力电池的回收,主要表现为:

①回收网络并不完善。国内动力电池回收网络主要由多家中小型回收公司组成,网络层次多,动力电池无法有效回收。这种回收网络会产生两个结果,一个是当废旧动力电池的回收数量较少时,电池回收价值低,没有利润驱动,回收公司不会主动回收废旧电池。另一个是当废旧动力电池数量较多时,虽然有一定的回收价值,但由于公司数量多,多级网络增加了回收的难度和成本,限制了企业的发展壮大。

②回收企业规模小,技术水平低。国内有许多企业从事锂、钴、镍金属回收,但规模较小,主要从事动力电池回收,也从事其他废品回收。而且这些公司技术落后,设备不完善,很难保证资源回收的效率。在回收过程中,还可能造成二次环境污染和资源浪费。

③安全隐患大。根据《危险废物经营许可证管理办法》(中华人民共和国国务院令第 408 号)规定,只有在申请危险废物经营许可证时,相关企业才能从事含镍废物的回收和处理。然而,在利益的驱使下,大量没有营业执照的企业仍然没有依法从事废旧电池的回收,不仅扰乱了市场秩序,还会带来环境和安全隐患。

大量推广使用的锂离子动力电池,其正极材料主要使用价格相对便宜的磷酸铁锂和锰酸锂,只能回收锂、铜、铁、锰等金属,而铁、锰几乎没有经济价值,废旧锂离子动力电池回收的主要目标产物是锂和铜等金属,一般工艺流程如图 6-1 所示。

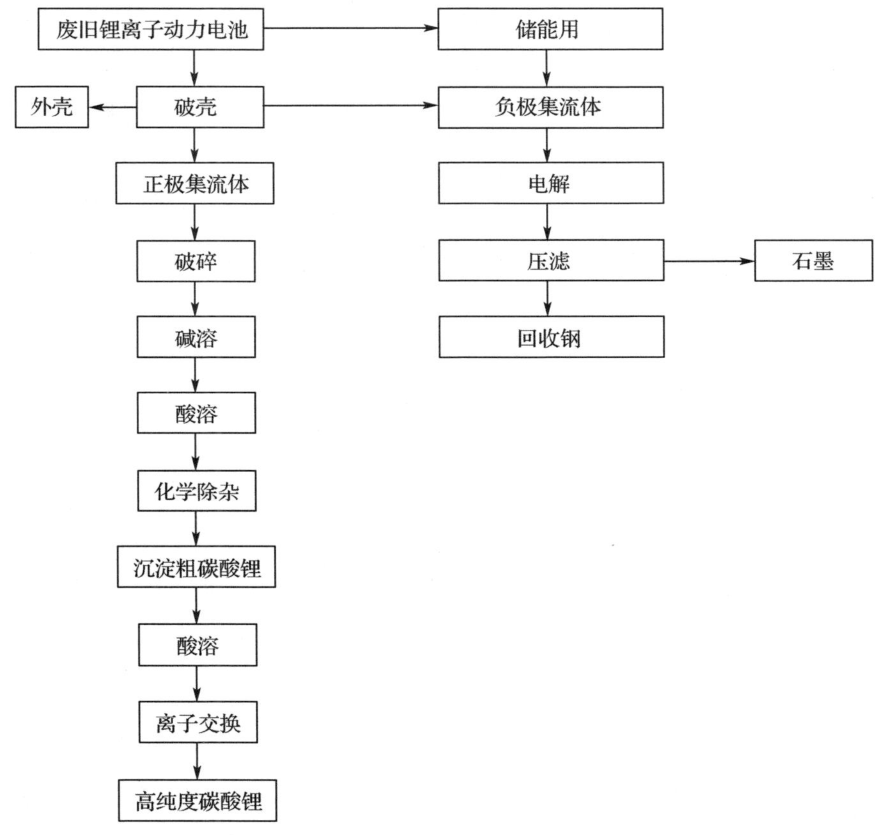

图 6-1　动力电池回收一般工艺流程图

从化学成分来看，动力电池中所含的有毒金属和电解质不仅会对生态和环境造成危害，而且迁移转化后还会影响人体健康。从环境的角度来看，一方面，只要废旧动力电池作为一种资源进行回收和无害化处理，就可以完全控制其对环境的污染，产生直接的环境效益；另一方面，有更多有价值的金属可以恢复，比从矿石中提取更加节约资源，因此没有必要进行矿山建设、采矿、冶炼等复杂的工作，不仅可以节约能源，而且有效改善了生态环境。

6.3.3 工业余热回收

工业余热是指在生产过程中产生的可以利用但实际上却被丢弃并排放到周围环境中的部分能量。工业消耗的能源品种包括原煤、洗煤、焦炭、油品、天然气、热力、电力等。工业余热资源的特点主要是多形态、分散性、行业分布不均、资源品质差异较大。根据北极星环保网对钢铁、水泥、玻璃、合成氨、烧碱、电石、硫酸行业余热资源的调查分析结果显示，2020 年这 7 个工业行业余热资源总量高达 3.4 亿吨标准煤。工业余热利用的潜力巨大。

工业余热是指在各类生产中所产生的热能，未经利用便被排放进自然中，是在液体、固体和气体中携带的二次能源。在燃料作为主要能源的工业耗能过程中，应当将充分运用热能作为基础，这必然会产生大量的余热资源。废热资源按温度可分为三个类别：超过 650℃的为高温；中温则介于 200～650℃；200℃以下的烟气和 100℃以下的液体均处于低温类别。依据来源，余热可以被分为烟气余热、炉渣余热、产品感热、冷却介质余热、可燃性废气余热、冷凝水余热、热机化学反应产生的残炭等 7 种。

余热资源在数量上巨大，来源广泛，所有工业企业基本上都会运用余热资源。表 6-3 显示了若干典型行业中的余热资源。

表 6-3　　典型行业的余热资源

工业部门	余热来源	余热约占部门燃料消耗量的比例(%)
冶金工业	高炉、转炉、平炉、轧钢加热炉	33
化工工业	高温气体、化学反应、高温产品	15
机械工业	锻造加热炉、冲天炉、退火炉	15
造纸工业	造纸洪缸、木材压机、烘干机、制浆黑液	15
玻璃搪瓷工业	玻璃熔窑、搪瓷转炉、搪瓷窑炉	17
建材工业	高温排烟、窑顶冷却、高温产品	40

资料来源：北极星环保网，2020

按照余热温度高低，其利用途径主要包括直接利用、余热发电与热泵回收。

1.直接利用

利用烟气余热和热交换器余热工业炉的助燃空气或低热值气体使热量回炉，提升燃烧的温度与效率，节约燃料消耗。烟气余热可用于原料预热干燥，使热量返回装置直接节能。比如电炉高温废气预热废钢，降低了电炉冶炼能耗并产生蒸汽或热水。余热锅炉对烟气进行回收利用，产生蒸汽或热水，以满足生产或生活的需要。将水冷改为蒸发冷却生成蒸汽，可以将余热利用价值最大化，延伸其应用范围。

2.余热发电

可以用以下多种方式进行余热发电：

余热锅炉能够生成蒸汽，然后利用汽轮发电机组，通过冷凝机组循环或背压供热机组循环发电。

如图 6-2 所示，空气由空气压缩机 2 压缩后运回在热交换器 3 中加热以回收废热。高温增压空气做功能力大，所以被空气涡轮 1 膨胀做功，除了驱动空气压缩机 2，它也可以产生若干电能。做功后的低压空气通过预热器 R，用于炉膛的燃烧和助燃。

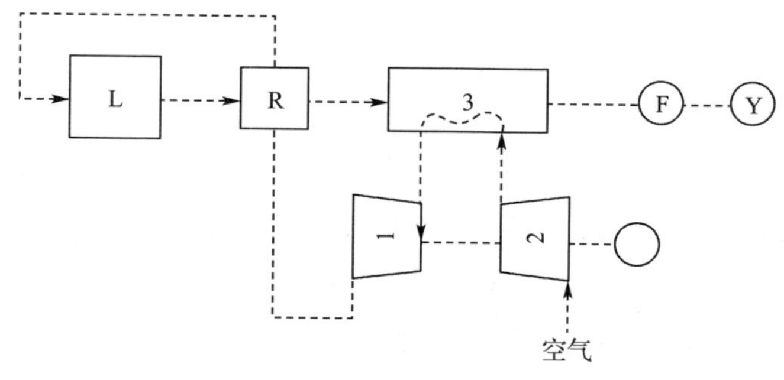

注：1——空气涡轮；2——空气压缩机；3——热交换器

图 6-2　余热发电流程图

高温余热作为燃气轮机工质的热源，加压加热后的工质带动涡轮做功，涡轮做功带动压缩机工作，发电机进行发电。

利用低沸点工质回收中低温余热，生成的氟利昂蒸汽于轮机内按照朗肯循环膨胀做功，带动发电机进行发电。

3.热泵回收

热泵是用来把能量从低温物体转移到高温物体的一种装置。工业生产过程中有各种各样的余热，如废水、废气、冷却水等。一般来说，余热的量很大，然而因为其温度未能满足使用要求且对它进行回收并不简单，大部分都被废弃了。根据废热回收原则，热泵的适当应用能够将不能直接采用的低温热能转化为可被利用的热能，这样可以提高热能利用率，节省燃料。

除以上几种方法，按照余热资源的实际情况，综合利用系统也可考虑最佳利用热量。例如，高温烟气余热的多级利用不仅预热空气，还为余热锅炉提供蒸汽；进行蒸汽动力回收时，应尽量增加蒸汽参数，在发电的同时采用热电联产机组供热；对于具有一定压力的高温废气，可由燃气轮机进行膨胀做功，接着将其废气运送至余热锅炉。余热锅炉生成的蒸汽也能够通过汽轮机膨胀做功，形成燃气—蒸汽联合循环，使余热利用率有所提升。

典型案例　天能集团

一、企业概况

天能集团是中国高端铅蓄电池行业的领跑者，已形成主营电动车环保动力电池制造，兼顾锂离子电池、电池回收、循环利用等的大型实业集团。综合实力居于全球新能源企业 500 强、中国企业 500 强、中国民营企业 500 强，并且其产品电动车动力电池的产销量在十年间都位于全国同行榜首。

天能集团在追求经济效益的过程中，始终坚持“成为全球领先的绿色能源方案解决商”的战略目标，在蓄电池领域率先打造国内第一条“生产—销售—回收—冶炼—再生产”的闭环式绿色产业链，持续推行清洁生产、绿色智能制造，为创建环境友好型企业树立了行业标杆，并对引导国内蓄电池产业绿色发展发挥了重要作用。天能集团被评为国家火炬计划重点高新技术企业、国家技术创新示范企业、全国“质量标杆”企业、国家知识产权示范企业、国家级绿色工厂、国家循环经济试点企业、中国电池行业清洁生产环境友好型企业、浙江省绿色企业等。

二、企业的绿色发展之路

2015年6月，国家工业和信息化部发布了《工业产品绿色设计试点企业（第一批）及实施方案摘要公示》，根据《关于组织开展工业产品绿色设计示范企业创建工作的通知》（工信部节函〔2014〕308号）要求，天能集团成为首批工业产品生态（绿色）设计试点企业。

在试点期间，集团坚持以“引领电池行业新发展、开启绿色发展新征程”为使命，严格按照《工业绿色发展规划（2016—2020年）》（工信部规〔2016〕225号）和《绿色制造工程实施指南（2016—2020年）》（工信部联节〔2016〕304号）等有关要求，把创新驱动、绿色智造作为引领，提倡以绿色设计、绿色产品、绿色工厂、绿色供应链作为集团开展绿色制造的重要抓手，根据“一圈一链”推动公司高质量可持续发展。

2015年天能集团多家下属子公司进入工信部第一批《铅蓄电池行业规范条件》企业名单并通过环保部组织的环保核查，2016年天能动力能源公司高性能铅蓄电池绿色设计平台建设与产业化应用项目获批工信部绿色系统集成项目，2017年共计建设两家国家绿色工厂、两家国家绿色供应链企业，获得绿色设计产品三项；在绿色产品生产和原材料研究、再生铅回收等方面都取得了重大的成果，通过了国家废铅酸蓄电池回收处理循环经济标准化试点工作。

在示范企业创建过程中，公司从组织机构设立和运作、各项制度建设和完善、技术创新成果的应用和人才激励、节能减排设备投入以及资源投入等各个方面保障工业产品绿色设计示范企业创建工作的顺利进行，有力推进各项重点工作落地生根，取得了试点创建的预期成效。

三、绿色回收理念在企业中的应用

天能集团主动参与构建全国废旧电池回收体系，建设循环经济产业园，年处理50万吨废旧铅蓄电池。铅、塑料回收再利用率均在99%以上，与原生铅冶炼相比，每生产一吨再生铅能耗减少70%～75%，实现环境效益、经济效益、社会效益协调发展的目标。

1.产品原料绿色化

合金铅、电解铅、浓硫酸和塑壳是产品最主要的原材料，集团致力于开展再生原料替代原生料工作，尤其在铅及塑壳方面。集团公司两大基地布局了再生铅生产基地。为提高再生铅利用率，在试点期间通过研制再生铅精炼除铜组合物除杂剂、引入绿色供应链管理模式提高电解铅中再生铅利用率等措施，再生铅利用率在35%以上，在同行业处于领先水平；畅通科技是集团下属子公司，专门回收废旧铅酸电池破碎分选出塑壳废料，通过改性、烘干、注塑等工序重新制成铅蓄电池塑壳，据不完全统计，集团塑壳再利用率达到85%以上。

为进一步提高废铅酸蓄电池资源化水平，集团下属浙江天能电源材料有限公司实施年回收30万吨废铅蓄电池清洁化再生技术改造项目（目前正处于试生产阶段），通过再生铅冶炼烟气制酸及废酸纯化循环利用工艺制备分析纯硫酸，淘汰原有预脱硫及硫酸钠溶液蒸发结晶工艺，分析纯硫酸回用于铅酸电池充电加酸，真正实现与上游铅酸电池生产企业闭路循环的目标，填补行业空白。

2.有毒有害物质减量化

铅是铅蓄电池最主要的原材料，同时也由于其重金属特性属于有害物质。在试点期间为进一步降低生产成本及减少铅使用量，各子公司积极推行开展高风险污染物削减工作，同时也积极开展降本增效合理化方案，在保证产品质量的前提下，通过优化极板结构降低极板中铅含量；各子公司全面推广自主研发的“铅—钙—锡—铝”四元绿色合金完全可以替代“铅—锑—镉”三元合金，从根本上减少了锑、镉等有毒有害物质的使用；开发的“三阶段变电流低温内化成先进工艺”使得废水产生量减少了95%，硫酸雾废气减少了 90%，节能达 35%，电池循环寿命延长 40%左右。

3.生产工艺及装备清洁化

在试点期间，集团通过开展清洁生产技术改造，采用集中供铅工艺和内化成工艺，另外集成了铅锭冷加工造粒、自动全密闭合膏、自动双面涂膏、能量回馈式充放电、机械化分板刷板、自动铸焊及密闭式自动灌酸等行业先进的技术工艺。总体上，本项目工艺技术水平处于行业先进水平；在设计、生产过程中引入了诸多铅减量化、减酸及废酸回收工艺技术，最大限度节约铅、浓硫酸等主要原材料。

4.能源利用低碳化

集团各子公司全面推行集中供铅和无镉铅酸蓄电池多阶段内化成工艺；熔铅和输铅管道均采用电磁加热方式；铅锭冷切工艺替代传统熔融造粒工艺；铅粉机使用自动温度控制器提供特定温度，变频控制铅粉球磨系统和脉冲式袋料器与排料系统；膏涂板机传动和膏斗变速均采用变频调速；固化干燥室加热均匀，温度调节采用 PID 智能控制，闭路循环热量，采用全自动蒸汽、水、热风固化干燥；采用能量回收型公用母线充放电源，功率因数高，可通过增加公用母线回收放电电能，与传统设备相比，节能量在 20%左右；环保风机、空压机采用变频控制。

5.污染治理高效化

集团各子公司全面采用行业先进的环保治理技术，铅尘、铅烟涉铅部位均采用梯级微负压收集系统，运用“初级沉降＋滤筒＋高效过滤器”处理工艺；酸雾采用二级碱液喷淋处理工艺，确保废气达标排放；工业含铅废水与生活污水(厕所、食堂)分别进行收集及治理，工业废水经过“混凝沉淀＋砂滤＋活性炭吸附”预处理后，生活污水经过“隔油＋生化”处理后同生产废水一并纳管排放；为进一步提高水资源利用效率，采用二级反渗透装置实施中水回用，回用率在60%以上；铅尘、铅渣、含铅污泥、涉铅劳保用品等危险废物分类存放，设置专门危险废物存放仓库进行存放，委托有资质的处置单位进行安全处置，并依照国家危险废物转移单制度严格进行。

四、企业的绿色价值体现

1.经济效益分析

通过产品绿色设计示范企业的创建，天能集团已经形成从原材料选用、产品设计研发、生产制造到合理回收利用的涵盖产品全生命周期过程的生态管理模式，从产品设计和生产过程中根本性地减少铅、硫酸等原材料的使用，大大缩短了新产品研发时间并降低了研发成本，降低了产品生产所需的电力、天然气、水资源等能源成本和人工成本等，每千伏安时生产成本由原来的6.6元下降至5.2元，综合成本下降21.25%。

2015—2017年，公司设备累计投入3.2亿元，重点实施铅蓄电池清洁生产技术改造，运用清洁生产、全生命周期等理念提升企业生产效益，初步估算年可增加经济效益8 000余万元。天能动力生产的6-DZM-12和6-DZM-20两种规格产品占比达60%以上，绿色设计产品申报成功后，通过绿色营销等手段进一步提升了产品附加值，预计可实现5%左右的增值，大大提高了集团整体运营效益。2017年，天能集团达到10%左右的利润率，远高于铅酸蓄电池行业6%的平均水平。

2.环境效益分析

在设计阶段就充分考虑产品生命周期各环节的能源资源节约和污染物减排，形成一条“源头绿色设计—原料绿色采购—过程智能控制—末端高效回收”生态环保的产业链，单位产品铅消耗量降低16.85%，综合能耗降低12.43%，取水量降低10.35%，废水产生量削减11.21%，废水总铅产生量削减15.21%，废气总铅产生量削减18.32%。以上数据充分说明，推行产品绿色设计，创建绿色设计示范企业，为公司带来了显著的环境效益。

3.社会效益分析

(1)推动国家绿色制造工程的落地实施

绿色制造工程是《中国制造2025》所明确的五大工程之一。天能集团一方面通过“智能化、绿色化、高端化”高性能铅酸蓄电池示范线和绿色设计平台建设，极大地推动了整个制造业装备与产品的绿色设计和绿色制造的发展。另一方面，对产品全生命绿色评估方法的研究，将极大地推动我国铸造产品全生命周期绿色评价技术与方法的发展。这将用于评价社会所有功能产品是否为绿色产品，指导人们选择对环境影响最小的产品，从而减轻人类生活和生产活动对环境的影响，进而改善我国当前的环境污染问题。

(2)推动整个制造业的产业链融合和转型升级

通过示范企业创建，天能集团建立了产品绿色设计与制造一体化的典范，是当前我国乃至世界制造业发展的重要方向。通过推广和应用，我国制造业产品设计能力将得到提升，解决当前部分制造企业的产品设计能力的短缺和不足问题，促进产品品质提升。通过设计与制造一体化集成，促进产品研发与制造企业间的良好互动与共同发展，建立产业链上的利益共同体，促进产品设计过程的技术与产品创新，提升产品与服务的竞争力。

资料来源：

[1]王恒利. 天能主攻“绿色智造”[J]. 信息化建设，2019(5)：46-47.

[2]王恒利. 践行绿色环保成就中国生态文明——天能集团的绿色纪事[J]. 信息化建设，2019(6)：44-45.

第7章 绿色管理

7.1 绿色管理的产生及发展

7.1.1 绿色管理的产生背景

企业绿色管理问题可追溯至20世纪西方兴起的环境保护运动。第二次世界大战后工业科技与全球经济的迅猛发展导致一系列生态问题，使一些经济学家、人类学家质疑当时的工业经济发展模式。1972年，罗马俱乐部发表《增长的极限》，运用系统动力学构建出世界模型，提出“零增长理论”，宣称指数增长模式不可持续，人口和资本已达极限，唯一办法是主动采取措施使人类生存环境保持在均衡状态。报告发表后，国际社会掀起关于“经济的不断增长与环境的退化”问题的热烈讨论。总体来讲，绿色管理经历了以下三个阶段。

1.视技术为重心的绿色管理

最初的环境问题主要是出现在局部地区，西方资本家单纯地认为仅仅通过末端治理技术，就可以彻底解决各国出现的环境公害问题，这一时期的污染治理停留在“谁污染，谁治理”的初级阶段。这样的绿色管理理论在一定程度上反映出人类对环境问题的认知逐渐产生，但是认知程度还不够深入。

2.视经济为重心的绿色管理

随着时间的推移,生态破坏、资源短缺等问题相继出现,并且随着西方绿色运动的深入,越来越多的学者开始关注到可持续发展,企业界和学术界都认识到了环境管理的必要性,但是考虑到环境成本,许多企业望而却步。这一时期的绿色管理理论相比之前有了较大进步,但是未在实践中充分利用。

3.视社会发展为重心的绿色管理

经过对环境问题的不断探究,人类终于领悟到改变发展观念是解决环境问题的必经之路。1990年德国学者霍普分贝克在其学术著作《绿色管理革命》中使用了“绿色管理”一词。1995年哈特在《基于自然资源的企业观》一文中指出,未来企业的发展将会受到自然环境的限制,企业的优势也来自自然环境。将社会经济发展与生态文明的修复割裂开来的做法是不合逻辑的,因此应当从多维角度来面对矛盾,将环境保护概念贯穿于企业的经营管理之中。

对于企业层面的绿色管理来说,企业的绿色管理经历了回应绿色管理阶段到主动实施绿色管理阶段的演变过程。绿色管理包括反应阶段、预防阶段、主动阶段三个阶段,在不同的阶段,绿色管理呈现出不同的特点,如表7-1所示。

表7-1　企业绿色管理演变进程及特点

阶段	名称	特点
第一阶段	反应阶段 (Reactive)	组织往往只能满足立法和推进环境法规的要求 侧重于避免环境问题,在组织结构中绿色管理缺乏威信 不参与有关环境主题的外部活动
第二阶段	预防阶段 (Preventive)	通过生态效率和应用3R原则优化自然资源的利用 在组织内开始讨论环境问题 在组织结构中绿色管理变得更加重要 参与一些外部绿色管理行动

（续表）

阶段	名称	特点
第三阶段	主动阶段（Proactive）	环境问题是经营战略的基本要素 绿色管理是积极的，绿色管理行动被嵌入组织的其他领域 公司开始采用措施减少内部环境和生产链的影响

在反应阶段，企业主要满足法律法规要求，避免环境问题发生，极少主动参与绿色主题有关的外部活动。在预防阶段，企业会积极寻求通过生态效率和应用3R(减少，再利用，再循环)原则优化自然资源的利用，在组织内开始讨论环境问题，主动参与一些外部绿色管理行动。在主动阶段，企业的各个层次、各个领域、各个方面、各个过程会采用绿色管理的原则和工具系统来获取竞争优势，绿色管理已成为企业社会责任的重要内容。

绿色管理是一个递进的过程，由于企业各方面存在差异，企业绿色管理可能正处于其中某一个阶段。无论企业绿色管理处于哪一阶段，企业都可以运用一些绿色管理手段如ISO 14001绿色管理体系、环境设计等减少企业对环境的影响。

7.1.2 绿色管理的发展趋势

随着生态危机的爆发与经济全球化，企业的发展面临新的挑战，驱动着企业改变管理模式，寻找新的发展机遇，这不仅有外部法律、法规、政策等的约束，更重要的是企业需要通过绿色管理改进生产过程，节约资源，改善周边环境，从而提升品牌形象，做有意义的赚钱生意，进而提高企业的生产效率，引导企业的价值观从功能取向转移到过程取向。在这个趋势下，绿色管理的表现形式将从隐含转向明确，应用领域也会进一步扩大。

此外，每一个成熟的管理体系都需要一套与之配套的标准对它进行规范。具有代表性的国际标准是国际标准化组织确定的ISO 14000环境管理体系系列标准。随着市场上针对企业的环境标准的陆续出台，企业需要通过相应指标才能进入更多的优质市场，并且获得国际社会的认可，而没有通过环境标准的产品及其生产企业将无法在竞争中得到平等的地位，甚至会被淘汰出局。标准的设立，可以督促企业采取绿色管理，企业为了生存不得不改变自己的生产经营模式，从而对绿色管理起到推广作用。

7.1.3　绿色管理在中国的发展前景

1.绿色管理蕴含中国传统哲学思想

在《荀子・富国》中有“上得天时，下得地利，中得人和，则财货浑浑如泉源，汸汸如河海，暴暴如丘山”，追求的是自然、经济与社会三者相互联系的可持续发展，讲究人与自然的和谐共处。绿色管理要求的是走循环经济的道路，对资源进行循环再利用，做到对自然的影响最小化。在《周易・复卦》有这么一句“反复其道，七日来复，天行也。利有攸往，刚长也”，强调阴阳反复是宇宙的自然规则，宇宙是循环运动的，是对循环的最基础的探究。运用“阴阳增长”的规律，设计社会物质生产的物质循环利用系统，实现废物还原和废物利用，体现了“循环经济”的思想，绿色管理理论要求的是关注生态环境与工人的安全健康，促进经济与生态的协调发展，这一理论模式与儒家“天人合一”的思想不谋而合。

2.绿色管理符合马克思主义思想的理念

绿色管理提出了人类对自然环境资源有着不可逆的依赖性，经济发展需要自然资源作为基础保障，绿色观念要求我们明确人类是自然的一部分，人类的生存依托于自然的供给。传统的管理模式是对工人和环境的双重剥削，是一种贪婪的破坏，绿色管理模式试图改变这一错误的模式，通过提高工人的地位，改善生态环境，实现人与人之间的和谐相处、人与自然之间的和谐共生。马克思也十分关注这种双重关系的稳定，他指出，人类生活的生产，无论是自己生活的生产（通过劳动）或他人生活的生产（通过生育），表现为双重关系：一方面是自然关系，另一方面是社会关系，只有能准确处理好人与人之间、人与自然之间的关系，才能保证社会与经济的稳定发展。

3.绿色管理理论适应中国生态文明建设

针对当前中国面临的严峻的生态环境危机，习近平总书记指出，“我们既要绿水青山，也要金山银山。宁要绿水青山，不要金山银山，而且绿水青山就是金山银山”①，要求遵循人与自然的和谐共生，确保环境保护与经济发展的协同进步。生态文明建设仅仅通过政府的监管是一定不够的，更需要走一条自我管理的道路，企业应当主动承担建设美丽中国的任务，积极转变经济增长的类型，加快企业的产业结构转型，淘汰落后产能，走低碳循环经济的发展道路。这样的发展模式需要一种更为合理的管理体系来指导，绿色管理要求企业把生态文明和绿色经济纳入发展战略中，将生态文明建设纳入企业的日常经营中，有利于企业遵循我国产业结构转型升级的大方针，推进生态文明建设的有序发展。

绿色管理理论既蕴含了中国传统思想文化，又符合马克思主义思想的指导理念，更是紧随中国生态文明建设的发展潮流。由此可见，绿色管理理论是适应中国发展方向的一种管理理念，具有一片广阔的发展前景。

7.1.4 企业绿色管理实践典型案例

在当前绿色经济的背景下，许多企业纷纷推出环保型产品，注重环境保护。然而，由于各个国家和地区法律与文化的不同，企业的环境管理模式也会相应地有所调整，结合自身特色构建适合本企业发展的绿色管理模式。

1.德国 BSHG 公司绿色管理案例

作为欧洲生产电子及电气产品的领先企业，德国 BSHG 公司以其在

① 习近平.在哈萨克斯坦纳扎尔巴耶夫大学发表题为《弘扬人民友谊 共创美好未来》的重要演讲[N].人民日报，2013-09-07

环保方面的不断创新，于 1998 年首先使用可自然产生的无害气体异丁烷，将其作为制冷剂，成为世界第一家不使用氯氟化碳氢化碳作为制冷剂的公司。从 1989 年来，环保就已经成为该公司的焦点问题。BSHG 认为有责任将商业目标和环保结合到极致，即使在德国 20 世纪 90 年代经济不景气时，它们也没有放弃过为环保而努力。从 1994 年起，公司便开始向着获得 ISO 14001 认证前进。由于公司完全依靠它的雇员来实现公司目标，BSHG 公司通过昂贵的深入培训及个人发展课堂来加强员工的环保动力与资历。

2.日本 Canon 公司绿色管理案例

Canon 是全球领先的生产影像与信息产品的综合性集团，主要产品包括照相机及镜头、数码相机、打印机、复印机、传真机、扫描仪、广播设备、医疗器材及半导体生产设备等。Canon 按照环保理念创建了一套全新的设计方法——生命周期评价（LCA）设计系统。根据这套系统，Canon 在产品设计前，就规划出产品生命周期中每个阶段的二氧化碳排放量的削减目标，研发阶段计算二氧化碳排放量，生产准备与生产阶段对产品的性能进行确认和评估，控制并监测二氧化碳排放量。通过多年努力，Canon 获得了 ISO 14001 环境管理体系标准认证，并按照年度计划监督其产品的生产、使用和回收情况。早在 1995 年，Canon 就创建了绿色管理系统，该系统能够有效地控制整个公司的环境保护活动，评估内外部的环境状况，以确保公司遵守环境管理的相关法规、制度。Canon 根据环保前景，制定环保目标，然后详细安排各部门的环保工作，再利用环境评价系统对环保工作的成果进行评价，及时改善和强化环保活动。

3.中国华硕公司绿色管理案例

华硕公司是世界高科技制造业的重心，其分支机构遍布全球二十多个国家和地区，拥有十万余名员工。公司的环境管理系统主要包括品质管理系统和社会环境责任与安全卫生管理系统，每年对供应商、外包商定期做 QBR（Quality Business Review）评价，评价审核工作包括供应商的质量系统的完整性与落实度的评审、外包商产品制造过程的评审和绿色产品质量是否达到公司的标准等。表现良好的厂商,可成为公司的长期合作伙伴,而对表现较差的厂商将终止与其的合作。华硕公司为了减少未来产品可能对环境造成的污染,还创建了公司产品生态化设计标准,该标准涵盖了产品低能耗设计、产品回收再利用设计、产品有害物质处理设计和延长产品生命周期设计等。

7.2 绿色管理的内涵界定

7.2.1 绿色管理的定义

绿色管理是指把环境保护的思想观念融于企业的管理经营和生产营销活动之中,通过采用节能环保的技术、工艺和装备,提高环境资源利用率,减少污染物排放,承担环境保护和污染治理责任等方式,避免或减少对环境的污染与破坏,最终实现人与自然的和谐发展,实现企业经济效益、环境效益与社会效益的有机统一,是兼顾环境绩效、社会绩效和经济绩效的一种新型的企业管理模式。绿色管理这一概念由多维且复杂的特征和目标组成,涉及多个领域,例如技术、产品、流程、活动、管理和战略工具。绿色管理是企业的一种战略行为,通过经济可行的产品、过程设计以及商业化,减少污染和节省能源,以实现经济、社会和环境等可持续发展目标。

绿色管理理念要求企业合理利用自然资源、维护生态系统平衡,所开展的生产经营活动要尽可能避免或减少对环境的污染,并在此基础上提升企业的管理水平,实现企业的经济利益。绿色管理至少要满足两点:①将可持续发展和环境保护理念纳入企业战略和经营决策中。②在产品研发、技术创新、流通等过程中实现"绿化"。企业是人类社会活动的重要形式,不仅大幅改变着人类的生活方式,更对人类自身发展及自然环境有着决定性影响。人类发展历程显示,当工业文明所引发的人与自然环境的冲突达到临界点时,“工业文明便会开始走下坡路,人类将进入新时代——生态文明时代”,因此,基于人与自然和谐共生的绿色管理有历史必然性。

7.2.2 绿色管理的实质

不同的学科对绿色管理的理解也各不相同:从环境科学上讲,企业绿色管理活动要对生态环境无影响或者减小影响;从资源科学上讲,企业绿色管理活动要保证生态环境资源得到合理的开发和有效的使用;从生态科学上讲,企业绿色管理活动要在不打破生态系统平衡的前提下进行,要顺应生态发展的规律;从经济学上讲,企业的一切活动都是为了提高企业的利益,企业实行绿色管理就是要实现经济利益、社会利益以及生态环境利益共同发展的目标;从管理学上讲,企业绿色管理就是要求企业在经营中对其内部的人力、物力以及财力资源进行合理的分配,使其在其岗位上最大限度地发挥效力,从而促进企业的快速发展。

企业绿色管理在本书中的实质主要是:企业绿色管理实际上是大自然与人类社会相互沟通的一个媒介,绿色管理同时具有自然性质和社会性质。自然性质是指绿色管理需要与社会生产力挂钩,也就是说,企业绿色管理需要采用高质量的技术以及先进的设备,从而提高企业产品的生产效益,生产出让社会成员满意的产品。社会性质主要是指绿色管理与社会的相关制度相挂钩,也就是说,在企业内部是员工之间的关系,在企业外部,企业作为社会的一个组成部分与社会产生这样那样的联系,社会的法律法规等相关制度对企业起到监督管理的作用,从而促使企业合法经营,与社会同步发展。

7.2.3 绿色管理的内涵

1.内涵探讨

“和谐”作为绿色管理理论的核心本质,包括“生态”“心态”和“人态”

三态的和谐与统一,是顺应时代发展而产生的新型管理理念。心态和谐指管理过程中参与者内在的心理变化。心态和谐是绿色管理的产生根源;人态和谐是指人与人之间交往相处的和谐,是绿色管理的必要条件;生态和谐指人与周边自然环境的和谐,是绿色管理的最终结果。而从其各自的特性来看,心态和谐是基本条件,人态和谐是重要节点,生态和谐是既定目标。

2.内涵展开化

(1)管理中的潜在规律。管理学作为一门十分重要的基础学科,有着潜在的规律可循。管理过程中的互动,只有被管理对象、管理者、管理主要参与人相互调节,成为和谐统一的完善整体,才能最有效果,管理效率和质量最高。为了对管理进行评价,可将参与人员的工作绩效作为评价标准,而非用正确、错误来评价管理。使用绩效作为标准可以避免参与人员过分关注对错,轻视管理过程的问题。

(2)个人与整体的一致目标。由于绿色管理理论的核心本质是“和谐”,因此,想要使最后的各项效益最大化,个人与组织整体目标的一致是至关重要的条件。管理者在进行管理活动的过程中,应当对员工的心态变化予以关注,更多地给予员工重视和尊重,使员工在关注个人发展之外,能够注意到组织整体的发展目标。并通过寻求个人目标和企业发展目标的共同点,使员工对工作有自主性和积极性,对工作投入精力和激情,从而逐渐建立起良好的心态和工作氛围,凝聚力量,最大限度地实现企业组织和个人的双赢。

7.2.4 绿色管理的内容

1.建立绿色管理模式

绿色管理涉及企业管理的各个方面,因此应首先从企业的全局来建立企业的绿色管理模式,主要包括三个大的方面:①建立绿色的企业文化。绿色的企业文化是指企业在生产和实践过程中所形成的、并为企业的全体成员所普遍认同和接受的本企业特色的、对于节约资源和保护环境及其与企业成长关系的各种看法的总和。绿色企业文化的建立对于企业绿色管理的实施起着基础性的关键作用，是企业自主实施绿色管理的前提。②制定绿色经营战略。绿色经营战略的制定是企业持续进行绿色管理的有力保障。企业应在企业与社会、自然和谐可持续发展观念的指导下结合企业的实际经营管理情况和企业所处的外部环境的发展方向，从企业的全局出发，来制定企业实施绿色管理的途径和措施。③设立绿色组织机构。绿色组织机构的设立是企业绿色管理顺利实施的可靠保证。如设立环保成效监督部门、绿色技术研发部门、绿色市场开拓部门、绿色认证部门等，使企业形成一个能够促进企业绿色管理有效实施的网络体系。

2.实施绿色生产

绿色生产主要是企业将环境保护的观念贯穿到企业生产经营的各个方面，采用绿色技术和先进的管理手段提高企业对能源的利用效率和降低污染物排放等一系列的生产活动。绿色生产要求企业不仅要对企业生产活动所产生的污染物进行末端治理，更重要的是利用绿色技术，从企业生产活动的源头来控制污染。企业的绿色生产活动主要包括绿色设计、绿色采购、绿色技术、清洁生产等。

3.实现绿色营销

绿色营销是企业实施绿色管理的综合体现，是指将绿色的理念融入企业的营销过程中，通过同企业市场主体进行产品价值的交换，来实现企业的生产经营过程与社会的利益相一致的目标。具体内容包括绿色包装，即运用可回收的材料或可再生的材料对产品进行包装；将环境保护的成本内化为产品的成本，以制定产品的价格，并积极争取产品的绿色认证，并且加强对绿色观念的宣传，鼓励绿色消费。

4.进行绿色理财

企业的财务活动是企业生产经营活动的重要组成部分，绿色管理要求采用绿色技术，提高资源的利用率，降低污染物的排放，因此，在企业的绿色生产过程中必然会产生绿色成本，因此，企业应该在原有理财体系的基础上进行改革和完善，将企业实施绿色管理时环境保护的效益和成本计算到企业产品的总成本中，实施绿色理财。绿色理财主要包括绿色会计、绿色审计以及绿色核算等内容。

在绿色管理的内容中，绿色管理模式规划出了绿色管理的整体布局，绿色生产和绿色营销突出了环境保护和可持续发展的要求，是实施绿色管理的关键，绿色理财对企业绿色管理的实施情况起到了辅助和监督的作用，绿色管理模式、绿色营销以及绿色理财三者相互联系，共同组成了绿色管理的内容。

7.2.5 绿色管理的原则

1.“5R”原则

(1)研究(Research)。将环保纳入企业的决策要素中，重视研究企业的环境对策。

(2)消减(Reduce)。采用新技术、新工艺，减少或消除有害废弃物的排放。

(3)再开发(Reuse)。变传统产品为环保产品，积极采用绿色标志。

(4)循环(Recycle)。对废旧产品进行回收处理，循环利用。

(5)保护(Rescue)。积极参与社区内的环境整治活动，对员工和公众进行绿色宣传，树立绿色企业形象。

2.全程控制原则

目前，企业大多只注重产品生产过程中产生的环境问题，而对产品在发挥完使用功能后对环境造成的污染和破坏则缺乏相应的管理。因此，实施以产品为龙头，面向全过程的管理是绿色管理的原则之一。

3.双赢原则

即在处理环境与经济的冲突时，必须追求既能保护环境，又能促进经济发展的方案。这就是经济与环境的双赢,也是可持续发展的要求。有时这一原则表现为彼此在遵守规则的前提下相互做出的一定程度的妥协,而不是双方都得到最大限度的利益。

4.保护性原则

实施绿色管理的企业,不但应该做到自身不破坏环境,而且应该向企业的员工和社会公众积极宣传环境保护的意义,积极参与社会和社区内各种环境整治的活动,在社会公众中树立起绿色企业的良好形象。

7.3　绿色管理体系的构建

7.3.1　绿色管理构建的必要性

1.促进人们更好地生活,从而实现企业经济的健康持续发展

通过建立绿色管理体系,从管理上来促使企业实行绿色行动,让公司最大限度地合理使用自然资源,降低公司活动对生态环境的影响,从而改善人们生活的环境,提高人们的生活质量。实行绿色管理体系,能够对企业的活动、产品以及提供的服务进行监督和指导,从资源的选取、产品设计、产品加工制作、产品交易与运输到最后产品废弃后回收处理的整个生产过程,从原来粗放的经济增长模式转变成集约的经济增长模式,使企业经济效益不断提高。企业充分合理地使用自然资源的同时,减少其对生态环境的影响,从而实现生态环境保护与经济效益的健康持续发展。

2.加强企业绿色意识,提高企业管理水平

企业建立绿色管理体系让整个公司的成员认识到生态环境保护的重要性,提高社会成员的社会使命感。绿色管理是一个新型而且有效的管理方法,它使公司管理变得更加系统、有层次。绿色管理体制在整体提高企业的绿色管理能力外,也提高了该公司的整体实力。

3.使企业节约能源、减少资源消耗、降低环境污染以及增加企业效益

绿色管理体系的构建是企业在生产过程中采取洁净生产的办法,整个生产过程都受到公司的严加控制,有效地促进了洁净生产技术的使用以及环境污染的防治。企业在生产过程中确立目标、标准、实施计划以及经营控制,能够充分运用原始资源和回收处理废弃产品,从而在环境方面不再出现缴纳各种费用或因污染严重而被罚款的现象,减少环境治理成本,提高企业经济利润。

4.提高公司的知名度与市场竞争实力,从而扩大其规模

随着我国经济的不断发展以及人们生活质量的提升,人们已经不再满足于产品的质量,而是更多地追求生活环境的优越,即人们开始密切关注企业的绿色行动。人们是否购买某个企业的产品,主要取决于该企业日常的行为是否满足人们对绿色的要求。与企业有利益联系的很多行业对该公司的绿色行为也寄予厚望,它们在与公司进行业务上的往来时,会对该公司的绿色行为以及客户信息进行一个全面系统的调查评估,从而决定合作与否。企业建立绿色管理体系能够满足人们以及合作伙伴对公司的绿色行为的期盼与愿望。以绿色、干净、环保为旗帜的公司,人们必然在心中对其形象有着很高的评价。企业通过建立绿色管理体系来管理环境是其存在社会责任感的主要表现,也会让人们和其合作伙伴对其产生信心,提高公司在市场上的知名度,扩大该公司在市场上占有的份额,为企业扩大其规模奠定基础。

5.有助于企业员工树立绿色观念

环境问题的产生是全人类共同造成的,所以要想解决环境问题就需要全人类的共同努力。企业建立绿色管理体系时需要对公司员工进行绿色管理培训,让员工树立绿色观念,对环境保护、环境污染的防治、环境保护相关法律法规有一个大体的认知,自觉制约自己在公司生产过程中的

不良行为,减少对生态环境的破坏。只有这样才能促使社会所有成员参与到解决环境问题的工作中去。

6.使企业在环境管理上拥有主动权

我国的环境保护事业一直以来都是政府在主导,构建绿色管理体系后,企业的环境保护观念不断得到加强。企业对环境保护不再像以前那般需要政府的强制和监督,而是能够主动地管理生态环境,这样不仅使企业的绿色行为得到了强化,而且也提高了该企业在市场上的整体形象。

7.3.2　绿色管理体系的组成

绿色管理体系是实现绿色管理目标的体系,即以可持续发展理论为指导思想的绿色指导方针。如图7-1所示,建立绿色管理体系必须考虑三个因素——政府、企业和消费者。政府是实施绿色管理的领导者,要加快立法进程,完善法制,严格执法,积极发挥宏观调控和监督作用。宏观调控和政府指导可以给企业施加外部压力,并为企业实施绿色管理提供外部动力。企业是绿色管理活动的主体,在企业的个体经营中,绿色技术、清洁生产、绿色销售、发展节能减排这一系列活动影响着绿色管理的效果。消费者会对绿色管理活动做出反应,甚至在一定程度上是绿色管理活动的催化剂。只有消费者认可的绿色活动才能真正实现长期发展,随着中国人民收入的增长,绿色标准成为消费的重要标准,绿色概念将不断深入人心,以绿色消费为基础的绿色消费社会是未来社会成熟的重要标志。

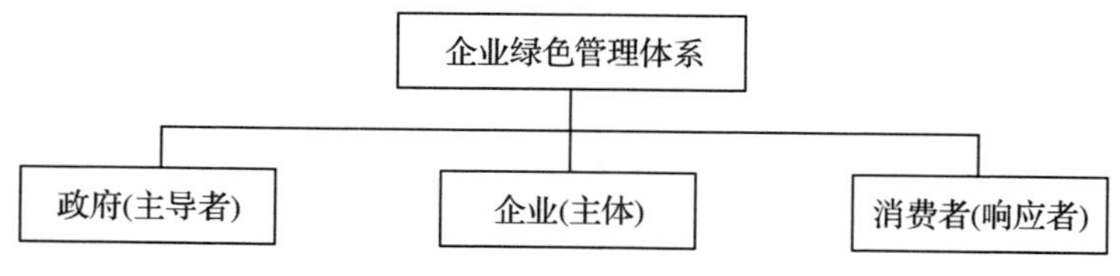

图7-1　构建绿色管理体系的三大因素示意图

绿色管理是新时代企业发展的客观需求,是企业管理进步的重要表现。在日益激烈的竞争中,如何获得更有效的管理模式,掌握更科学的管理模式是确保取胜的最重要要点。绿色管理的理念可以满足这一迫切的需求,并逐渐成为对公司发展产生重大影响的因素。

7.3.3 绿色管理体系的目标

绿色管理的主要目标就是协调自然、社会、企业与人口之间的矛盾,促进四者健康可持续发展,最终实现企业经济利益、生态环境利益、社会利益的共同发展。因此绿色管理体系的执行要达到两个平衡:人与自然之间的平衡、生产与需求之间的平衡。

从企业的生产经营角度而言,构建绿色管理体系主要是为了实现三个目的:一是自然资源得到最大的、有效的使用。目前我国已经采取集约型的经济增长方式,这就要求企业在资源的选取和使用时,充分发挥资源的优势,使资源的产出最好最多。二是减少向自然排放污染物的数量。绿色管理在企业生产之前预防生态环境污染与生产全过程对生态环境污染的操控,使企业在生产中尽量少地排放污染物,从而保护生态环境。三是生产的绿色产品适应市场的要求。企业要时刻关注市场需求的动向,开发出对生态环境无污染、对人们身体健康无危害的高品质产品。这三个目的之间是相互影响、相互约束的。企业生产绿色产品会促进其资源利用率和生态环境保护意识的提高。这三个目标的实现也会协调企业、社会与生态环境的发展,使企业、社会、环境都能得到健康发展。

7.3.4 绿色管理体系与传统企业管理的差异

1.管理目标存有差异

企业在经营过程中为消费者提供商品或服务,同时也为社会提供就业机会并向国家纳税,但是追求最大的经济利益仍然是其主要任务,有时甚至是企业管理的唯一目的。传统的业务管理观念更着重强调经济利益的最大化，但是“绿色管理”增加了“可持续发展”的概念性要素，强调了环境和社会效益与企业利益的有机结合。现代企业，特别是对于环境污染应当承担责任的工业企业，在企业管理过程中，其业务活动必须同时考虑追求经济利益和保护自然环境，以实现人与自然的可持续发展。

2.管理体系存有差异

传统的企业管理概念将员工、服务和商品视为内部管理的对象，并将企业与消费者之间的关系、与相似类型竞争对手的关系视为外部管理的对象。在绿色管理的概念下，企业管理是完全参与式的管理。生态管理的理念已融入企业自己的建设中，生产经营第一线的有关管理人员以及普通员工都必须参与到环境保护当中，遵守条例。同时企业管理也是全面的管理，不仅限于对人、事件和与之相关的事物的管理，也将人与自然的关系包括在其中。内容包括产品的生产和加工过程，产品的市场营销和回收利用，以及公司的日常管理和工作环境管理。

3.管理方式存有差异

传统企业管理理念在进行企业运营时通常会选择投资高、消耗高、污染大的广泛生产方式，从而使资源的节约、废物的利用和环境保护难以实现。绿色管理的概念遵循循环经济的原则，将环境和企业的经济利益结合，强调降低成本、环境资源消耗以实现最大的社会和经济利益，减少自然资源的消耗强度，并通过提高生产要素利用率，保证低污染、低排放，实现集约化的环境资源节约和循环利用。

4.管理效果存有差异

传统的公司管理层对污染的预防没有给予足够的重视，大多在污染发生后更加注重污染控制，这种做法增加了公司排污设备和处理技术的支出，虽然可以为企业取得一定的经济效益，但是也存在巨大的业务风险。如果造成环境破坏，企业将面临巨额的经济补偿和罚款。如果责令他们中止其生产活动，也将造成巨大的经济损失。绿色管理理念重视企业生态经济效益的有机统一,要求企业事先考虑生产经营活动对环境的影响,并使用各种方式避免或减少污染,在实现商业目标的同时,实现环境保护、社会发展和企业绩效的共赢。

7.4 企业绿色管理实施策略

7.4.1 企业推行绿色管理的意义

1.在企业中实施绿色管理是国民经济可持续发展的迫切需求

根据世界银行的估计,在1980—2000年的20年中,中国的经济增长为世界贡献了14%的GDP,但中国也消耗了大量资源,并为此付出了沉重的代价,能源过度消耗和环境遭到破坏。根据生态环境部2019年中国生态环境状况公报显示,约有53.4%的城市环境空气质量超标,全国水土流失面积273.69万平方千米,全国荒漠化土地面积为261.16万平方千米;全国平均气温10.34℃,较常年偏高0.79℃,中国已成为全球第一大温室气体排放国。因此《中华人民共和国国民经济和社会发展第十四个五年规划和2035年远景目标纲要》提出,要推动绿色发展,促进人与自然和谐共生,生态文明建设实现新进步,提升生态系统质量和稳定性,持续改善环境质量,加快发展方式绿色转型。

2.企业实施绿色管理战略是为人民创造良好生活环境,提高生活质量的根本保证

根据2020年中国生态环境状况公报显示,中国沿海海平面总体呈波动上升趋势。2020年,中国沿海海平面较常年高73毫米,为1980年以来第三高。过去十年中国沿海平均海平面处于近40年来高位,这严重威胁了人民的生命安全,降低了人民的生活质量。

3.企业推行绿色管理是企业自身生存与发展的迫切要求

中国已加入世界贸易组织，打破关税壁垒只是时间问题。但是，非关税壁垒，特别是国际环境标准的要求很高。来自我国的许多产品在国际市场上受到影响，在世界贸易组织的框架内，几乎所有行业都被提出了许可的污染水平、资源开发方法、限制数量等严格要求，也就是“绿色壁垒”。例如，2020 年初，俄罗斯联邦兽医与植物检验监督局以我国水产养殖产品重金属如汞、镉、砷含量超标、产品安全控制性不足、产品及原材料存储管理混乱等为由，做出了临时禁令。因此，我们必须关注加入世界贸易组织后所面临的悲惨现实：在一个环境标准较低的国家，不可能开发出具有较高环境标准的有竞争力的产品，这可能演变成贸易争端。因此，企业应实现清洁生产，认真执行国际 ISO 14000 环境管理体系系列标准，大幅度提高绿色产品的比例，提高其在国际市场上的竞争力，并最大限度地减少“绿色壁垒”给中国企业造成的损失。

4.绿色管理是适应绿色消费浪潮的必然选择

消费者越来越重视绿色消费的趋势主要有两个原因：首先，社会经济的发展迅速增加了大多数居民的个人收入，他们为了追求高品质和高质量的生活环境而消费，即绿色消费；其次，如果社会和经济发展只考虑利益，就会造成严峻的自然和社会环境问题，直接威胁人们的健康。因此，人们迫切要求处理环境污染，并要求企业停止生产对环境和人体健康有害的产品。

5.企业参与国际竞争必须实施绿色管理

随着世界贸易组织允许成员国采取相应措施加强环境保护，绿色壁垒将不可避免地存在，并成为最重要的“变相贸易壁垒”。从 20 世纪90 年代起，“绿色革命”在世界范围内出现，环境与发展问题是新的多边贸易谈判的重点，即“绿色回合”。为遵守这些绿色贸易规则，打破绿色壁垒并避免贸易制裁，企业应实施绿色品牌战略以实现快速健康的发展。

6.社会环境要求企业实施绿色管理战略

企业的生产经营面临许多挑战。第一,消费者对绿色消费的要求急剧增加,企业需要满足消费者的绿色消费需求,并进行绿色运营来赢得客户;第二,来自宏观环境的压力,如来自消费者环保运动和维持生态平衡运动的压力,还有来自政府方面标准化立法的压力,这促使企业树立环境保护的理念,采用绿色品牌战略并努力符合时代的要求;第三,优胜劣汰的竞争法则迫使企业改变经营理念,塑造绿色品牌以有效面对竞争,提高市场份额。

7.4.2　企业推行绿色管理的障碍

我国一些企业已经将许多绿色管理实践纳入生产经营的理论和实践中,并做出了积极的探索,但总体上收效甚微。与其他国家相比,中国企业的绿色管理还处于起步时期,想要实现企业从传统管理方式向现代绿色管理方式的根本转型,仍存在许多问题。

1.政府缺乏完善的全面规划和宏观指导

目前,我国制定的总体规划仍不完善,也缺乏完善具体的业务指导方针来指导企业的绿色管理。由于缺少有效的宏观建议和激励政策,如绿色生产责任制、回收和资源利用、清洁能源和清洁生产、设计和销售环境等,政府有关部门需要定期监督和指导。企业在实践绿色管理的过程中也经常会互相斗争,只能采用各自的理解来进行尝试,以求达到绿色企业管理的经济指标要求,而实现真正目标通常是很困难的,中国尚未在这些领域建立一套全面的政策计划、激励措施和相关的法律法规,导致企业的可操作性差,企业实施规模小。许多企业认为实施绿色管理的成本很高,因此自愿放弃。

2.大多数企业对绿色管理的社会责任感较弱

由于传统的管理和商业模式的惯性,大多数企业很难摆脱传统管理的障碍。一些企业以利润为导向,不主动采取行动,部分企业家对绿色管理没有足够的重视,并采取了目光短浅的做法。更多企业追求土地经济利益,无视资源浪费、环境污染和生态破坏。总之,许多企业对当今的绿色管理没有真正的了解,并且缺少承担社会责任和参与绿色管理的积极性。

3.企业技术水平低下,绿色产品开发不足

目前,中国企业缺少支持绿色经济发展的共识和关键技术。尽管一些企业在环保、节能技术和绿色管理等领域取得了进步,但它们在关键环节的技术水平仍有提升的空间。由于技术落后,中国绿色产品的发展明显落后。由于技术原因,绿色产品的成本相对较高,非绿色产品占据了很大的市场份额,绿色生产和开发企业的竞争力并不占主导地位。这正是企业绿色管理停滞的主要原因。

4.落后的概念导致绿色营销缺乏科学性

绿色营销是绿色企业管理必不可少的一部分。当前,中国企业在绿色营销方面存在一系列困难和问题:整个社会资源、人口、环境压力概念落后,生态意识薄弱。这直接导致不良的绿色营销信息和落后的绿色营销方法,绿色营销缺乏绿色特征。更令人遗憾的是,中间市场营销链很长,而且一些公司在绿色推广、绿色信息传播和正确的消费定位方面仍然缺乏科学的运营和管理。特别是人们的生活必需品远未达到绿色营销的简单性、便利性和速度要求,符合要求的产品又通常是较昂贵的产品。这并非是“绿色”的本质追求,违反了绿色管理的初衷。

7.4.3　企业绿色管理的实现途径

1.建立绿色管理模式

要实行绿色管理,必须从全球角度出发,建立相应的管理模型,考虑全球形势,并构建绿色管理体系。从绿色的企业文化入手,在企业中,价

值观是企业文化的本质和重点，在企业发展中起着最重要的作用。文化氛围对于企业非常重要，并且是影响企业发展的重要因素。积极的企业文化可以鼓励每位员工积极工作，并为企业的发展发挥最大的力量，而消极的企业文化氛围会导致企业内部产生矛盾，在企业内部造成混乱和不团结，并降低企业的经济利益，影响企业的整体发展。企业的绿色文化包括积极价值观、道德规范、行为准则等。所以，要树立企业的绿色文化，首先，企业必须确立正确的价值观，它是企业发展的强大内部引擎，让企业有清晰的发展目标和正确的价值追求。其次，有必要推崇绿色经营理念：企业为了实现可持续发展而在自身基础上促进社会和环境可持续性的概念。只有坚定绿色经营思想，企业才能在自身的发展中节约资源，保护环境并获得业务的长期利益。绿色经营理念是企业的灵魂，是长期稳定发展以及实现目标的强大动力。同时，绿色经营理念的传播和实施也应被视为重要方面，使企业的每个员工都了解其内涵，用绿色管理理念约束人的行为，促进绿色管理理念的发展。

2.设立绿色管理机构

在企业中，树立绿色经营理念是绿色管理实践的前提，贯彻绿色管理理念，建立专门的绿色企业管理服务机构是实施的保证。在企业中，不仅必须让每个员工都了解绿色管理，而且还必须在绿色管理方面采取实际行动，这需要专门的服务或组织进行监督并帮助其平稳运行。这些具体部门通常包括绿色产品研发部、绿色环保计划办公室、绿色市场开发部等。这些实体非常重要，可以确保绿色经营理念在企业中得到真正贯彻。

3.实施绿色生产行为

绿色管理的重点是实现绿色产品的生产，树立企业的绿色形象，赢得消费者的喜爱和支持。绿色生产指的是企业需要在整个生产过程中体现绿色管理的理念。首先，企业应实施绿色采购，即在选择生产原材料时，应考虑使用可再生或可循环利用的原材料。其次，企业还应考虑选择能产生更少废物和污染的原材料。在产品生产技术方面，必须实施绿色技术,即在产品的生产和加工过程中,必须确保减少废气排放并减少废水排放,实现技术生产,对环境的污染最小。接下来,需要实现绿色设计,在产品设计过程中,应该考虑如何使产品在使用后可回收利用,即将废物变成珍宝并提高产品资源的可用性。在产品包装中,必须尽可能实现环保包装,即最好使用无污染、无毒且易降解的材料进行包装,进一步保护环境,减少污染。

4.推广企业绿色营销

营销活动是指企业通过介入重大的社会活动或整合有效的资源策划大型活动,以提高其产品的知名度或改善其自身的品牌形象。为实现营销效果,企业产品或服务的活动包括市场调查、市场研究、市场推广和广告等,帮助更多消费者了解企业及其产品、文化、服务和品牌。绿色营销是指将绿色和环境保护的概念纳入开展营销活动的过程中。例如,企业促销产品时,其促销工具和促销产品必须使用绿色和可再生材料。使用环保包装,如环保袋等。此外,营销活动所需的成本要将生态计算在内:将环境保护成本添加到所有营销活动的成本中和促销产品的绿色价格中以便进行监管。此外,应鼓励消费者采用绿色消费,且企业本身应提供绿色售后服务。总体而言,绿色营销意味着企业必须将绿色和环保概念整合到营销活动的各个方面,如市场研究、产品定价、促销活动和产品开发。在加强环境保护的生态理念的指导下,使企业发展符合消费者和社会的需求。

5.建立绿色企业文化

为使员工和管理者能够在工作中实现绿色生产和绿色管理,必须营造相应的绿色企业文化氛围。只有在绿色的企业文化下,才能发挥绿色管理的作用。企业员工是企业文化最直接的建筑师,要建立绿色企业文化,就要树立绿色员工形象。企业管理者必须首先增强自身的环保意识,与员工交流沟通,企业文化应将清洁生产纳入在内,以便所有员工都能树立“绿色就是品质”的理念,并营造企业绿色文化氛围。在系统方面,有必要在企业内设立绿色管理机构，由特定的职能部门来执行绿色管理职能，包括创建绿色认证部门，进行绿色产品和绿色品牌的认证，并负责企业的环境管理体系的构建和改进。

6.申请绿色管理认证

为了实现绿色管理，企业还应积极寻求相关的绿色认证，如 ISO 体系认证，并在企业内部建立标准化或规范的绿色管理体系，以确保企业的长期绿色管理有效实施。一方面，在企业内部建立完整的生态管理体系是实现企业绿色管理的必要措施。由于建立了该系统，企业的一系列过程，如产品的生产和购买、产品设计、产品制造直至产品包装都有据可依，从而可以有效地实施和改善企业的整体绿色管理。通过对系统所有环节的审查和不断修正，绿色管理体系将越来越完善，整个企业的绿色管理效率也将越来越高。另一方面，ISO 体系认证是环境管理体系的认证，该认证可以帮助企业降低成本，节约能源并带来经济效益，还可以提高整个企业的竞争力。获得 ISO 认证意味着企业生产的产品通过了环境质量检查，而越来越多的人在购买产品时关注该产品是否带有 ISO 认证标志。因此，如果一家企业想要实现绿色管理并获得消费者的认可，则应尽可能获得 ISO 认证。

7.5 企业绿色战略联盟的构建

战略联盟的定义最早是由美国管理学家罗杰·奈格尔和 DEC 公司总裁简·霍普兰德提出的。绿色战略联盟是指通过资源补充、利益共享和风险共享与公司利益相关者建立契约联盟关系，以实现生态、经济和社会的可持续发展。这是企业实现绿色管理的重要途径。

7.5.1 绿色战略联盟的主要方式

Freeman 认为，利益相关者是“可能影响业务目标实现或可能受业务影响的任何个人或团体”。资源依赖理论强调，组织应注意为组织的长期生存提供重要资源，并且应更多地关注其他组织和团体的需求，控制并响应其环境中的关键资源。基于此，Agle 和 Mitchell 等研究人员从利益相关者的角度提出，组织需要考虑并更加关注利益相关者的利益和需求，利益相关者控制着企业可持续生存所必需的关键资源。考虑到这一点，企业应与利益相关者建立绿色战略联盟，以实现企业价值链中所有环节的绿色管理。该联盟不仅涉及直接利益相关者的绿色资源互补，还包括间接利益相关者的绿色社会关系。

1.与直接利益相关者构建绿色战略联盟

直接利益相关者就是通过与企业直接进行正式交易而产生正式关系的团体和个人，包括股东和雇员、债权人、消费者、竞争对手、供应商等。这些团体和个人直接影响企业绿色管理的绩效，也受到企业绿色管理绩效的影响。第一，企业绿色管理的实现有赖于员工的积极参与，具有良好环境声誉的企业可以吸引对环境保护具有强烈偏好的高素质人才。第二，私人投资者倾向于将资金投资于环保实践，重点是环境绩效与经济绩效之间存在长期正相关性。第三，消费者的消费行为指导着企业的发展方向，并成了企业践行绿色管理的巨大动力，因此有必要改进企业环境绩效。第四，企业与竞争对手结盟，实现资源、技术和信息的互补共享，建立战略绿色网络。第五，绿色供应商将不可避免地停止向环境声誉欠佳的公司提供服务，实现绿色企业管理始于绿色投资，并且必须与绿色供应商结盟。

2.与间接利益相关者构建绿色战略联盟

间接利益相关者指的是不与组织进行正式交易的个人和团体（包括政府和环境商业协会、媒体和社会活动团体）。首先，企业建立并实施了先进的环境保护策略，使其成为环境管理的领导者，并与政府和专业协会结成了环境联盟，一起参与研究，制定企业环境战略、行业规范和质量标准，并鼓励政府制定有助于实现绿色管理的环境法规和融资政策。其次，企业应与媒体建立联盟，将其作为引导社会舆论的宝贵工具，共同引领环境保护，树立绿色企业形象，造福人民。再次，在企业中实施绿色管理也需要社会活动团体的支持，社会活动团体是企业独特的社会资源。

7.5.2 绿色战略联盟的构建原则

1.市场主导、政府引导原则

坚持以市场为主导，发挥市场在资源配置中的基础性作用，遵循经济发展规律，建立具有法律效力的联盟合同，对联盟成员的行为形成约束并加以保护。在我们国家，企业与地方政府和社会组织保持着亲密的关系。妥善管理这种关系并利用市场的积极影响，将有助于处理经济活动中的混乱状况，并帮助企业和联盟参与者建立信任，从而为联盟的建立和发展提供支持，保证绿色战略联盟的正常动态运作。同时，政府指导原则也显现在政府的适当参与中。政府应发挥协调和指导作用，建立适应战略联盟需求的商业信息网络，并创造良好的政治和法律环境。

2.互利、双赢原则

尽管企业绿色战略联盟提出了一种整合的合作模式，但参加联盟的个人参与者都有自己的目标，必须充分保证每个参与者的独立利益，否则会影响联盟参与者的积极性，甚至导致战略联盟失败。

3.灵活战略、独立地位原则

由于企业处于充满动态和不确定性的竞争环境中，这不可避免地迫使企业制定自己的战略以快速适应环境变化。当企业由于联盟而失去战略灵活性时，环境突然发生变化，就会产生严重的风险，也违反了战略联盟的目标。战略联盟是建立在互惠互利和相互信任的基础上的，一旦联盟的一部分失去其独立地位，联盟便变为兼并，这样另一方的投机将损害企业利益，造成的风险是企业无法承受的。

4.风险收益对称原则

在利润分配中，分配原则应与所有参与者承担的风险对称，并应采取相应的风险补偿措施以提升所有参与者的信心。

5.互相学习原则

无论企业如何采用绿色战略联盟，联盟的目的都是局部的和临时的。为了获得长期竞争优势，企业必须通过学习和积累经验来提高其综合实力。

7.5.3　绿色战略联盟构建的对策

1.政府的作用

政府既是企业绿色战略联盟的发起者，也是指导者。具体职能是：使用各种政策工具创建有利于企业战略性绿色联盟的政策环境和服务环境；专注于提高受众素质，大力鼓励开展绿色教育；积极鼓励绿色需求，引导绿色消费；设立资金和专项项目，支持实施企业的绿色管理，指导和促进绿色战略联盟的形成及发展；调整产业结构，发展绿色产业。由于绿色战略联盟中合作伙伴的多样性，政府政策应具有灵活性。此外，政府部门在建立企业与其利益相关者之间的绿色战略联盟后，只能行使监督和协调职能，而不能直接干预企业的生产和经营活动。

2.联盟参与者的选择

联盟参与者的选择与联盟的正常运作直接相关。选择时应精心挑选，而不是任意决定。选择参与者时，企业应考察和评估其组织绩效、信用状况和资源能力，并选择值得信赖和可以提高各自竞争力的组织作为联盟参与者。

3.联盟治理机制的建立

战略联盟中的一个重要问题就是参与者之间的利益冲突及如何适当

缓和矛盾。所以在开始建立绿色战略联盟时，应考虑所有参与者的共同利益，使用合理的合同和制度安排，以形成可持续发展联盟的战略方向。绿色战略联盟机制主要包括监督机制、参与者之间的谈判机制、冲突管理机制、制裁机制和声誉机制。

4.联盟文化的塑造

作为组织行为的指导思想，组织文化应具有统一性。绿色战略联盟也是一种组织，因此，必须具有自身运作所必需的绿色文化，并创建“绿色合作”作为战略联盟思想的指导文化。将秉承绿色使命和环保、节能减排、发展生态经济、满足绿色需求的核心价值观作为联盟参与者的合作文化，同时，企业本身必须确保其培养和建设学习型文化。在此基础上，企业可以形成强大的吸收能力，方便从联盟中获得更多的经验。

参考文献

[1] 李颖明，肖珣. 绿色发展进程：从理念到行动 [C]. 生态经济与美丽中国——中国生态经济学学会成立30周年暨2014年学术年会，中国北京，2014.

[2] Xia D, Zhang M, Yu Q, et al. Developing a framework to identify barriers of Green technology adoption for enterprises [J]. Resources, Conservation and Recycling, 2019, 143: 99-110.

[3] 曾凡银. 绿色发展：国际经验与中国选择 [J]. 国外理论动态，2018(8)：85-92.

[4] 贾卫列. 从可持续发展到绿色发展 [J]. 中国建设信息化，2017(10)：38-41.

[5] 姚婷. 绿色发展：迫切之举与长久之治 [J]. 前进，2015(3)：30-32

[6] 张庆阳. 英国：绿色发展的先行者 [J]. 世界环境，2018(3)：84-85.

[7] 李清源. 国内外绿色发展的实践与经验启示 [J]. 青海环境，2011, 21(4)：178-181.

[8] 胡锦涛. 在中央人口资源环境工作座谈会上的讲话(2004年3月10日) [J]. 领导决策信息，2006(Z1)：28-34.

[9] 胡翔. 绿色发展在五大发展理念中的作用和地位以及我国绿色发展实践 [J]. 决策探索(下半月)，2017(8)：84-85.

[10] 李春林，王耀伟. 论我国企业减排温室气体的制度促进 [J]. 华北电力大学学报：社会科学版，2018(6)：14-21.

[11] 陈楚. 产业绿色发展：政府行为、企业意愿与民间资本选择 [J]. 河海大学学报：哲学社会科学版，2019，21(2)：57-68.
[12] 桑金琰，张英华，耿佃友. 我国企业实施绿色管理的障碍与对策研究 [J]. 商场现代化，2006(36)：67-68.
[13] Li G, Wang X, Su S, et al. How green technological innovation ability influences enterprise competitiveness [J]. Technology in Society, 2019, 59: 101-136.
[14] 董红云. 浅析绿色管理对企业发展的重要性 [J]. 科技信息，2011(24)：799.
[15] 李燕，周全. 我国企业绿色战略研究发展过程综述 [J]. 新商务周刊，2017(23)：189，191.
[16] 程飞. 清洁生产在低碳经济中的战略地位与实践探析 [J]. 中国高新区，2017(24)：7.
[17] 李宇. 清洁生产、环经济与低碳经济：政府行为博弈市场边界 [J]. 改革，2011(10)：106-115.
[18] 陈思思. 英国产业低碳竞争力分析 [D]. 吉林：吉林大学，2017.
[19] Li D, Kang T. Inspiration from Green Effect of South Korea's Low-Carbon Economy Development to China [J]. Low Carbon Economy, 2012, 03(4): 154-159.
[20] 朱留财，杜譞. 全球绿色发展的现状与展望 [J]. 环境保护，2011(19)：69-70.
[21] 刘雅君. 韩国低碳绿色经济发展研究 [D]. 吉林：吉林大学，2015.
[22] MIC，何心宇. 三星电子从绿色产品到绿色管理 [J]. 日用电器，2009(1)：27-28.
[23] 余晓泓. 日本企业的环境经营 [J]. 环境保护，2003(9)：61-64.
[24] 刘凤芹. 浅议中国企业的低碳发展策略 [J]. 环境教育，2011(4)：46-48.
[25] 康丽，武金朋. 企业绿色转型与可持续发展 [J]. 中国邮政，2018

(10)：56-57.

[26] 张春丽. 绿色企业视角下我国企业承担环保责任现状及提升对策北京林业大学，2014.

[27] 李顺兴，郑凤英，邓南圣. 面向产品系统的环境管理工具：生命周期评价 [J]. 漳州师范学院学报：自然科学版，2004(3)：78-83.

[28] 杨雪. 基于产品生命周期的环境成本管理体系设计 [J]. 中国集体经济，2016(3)：48-49.

[29] He J N. Government Intervention：The Basic Way to Accelerate Enterprises' Green Management Innovation [C]. International Conference on Information Management. IEEE, 2011.

[30] 李勃，李朝. 绿色管理理论在建筑工程项目管理中的应用 [J]. 科技创新导报，2013(33)：167.

[31] 刘璐. 论绿色物流理论及其在大明公司仓储中的应用 [J]. 物流工程与管理，2013，35(2)：29-30.

[32] 马翌华，袁博，闫哲. 绿色物流及其在企业中的应用研究 [J]. 内蒙古电大学刊，2005(3)：5-6.

[33] Song-qing L. Implementation tactics of green operation based on enterprise and government [C]. International Conference on Business Management and Electronic Information. IEEE, 2011.

[34] 顾寰. 解析企业绿色文化建设 [J]. 商业文化，2016(20)：64-69.

[35] 娄全伟. 低碳经济下的企业绿色文化浅析 [J]. 中国城市经济，2012(2)：131.

[36] 李顺祥. 论绿色企业文化的内涵及构建策略 [J]. 山东社会科学，2012(6)：124-126.

[37] 王红强. 现代企业绿色文化建设 [J]. 科技创新与应用，2012(7)：252.

[38] 李宛书. 绿色品牌偏好对绿色消费的影响研究 [D]. 大连：大连理工大学，2016.

[39] 崔伟，俞晔. 论企业绿色品牌形象的塑造 [J]. 现代商贸工业，2007，19(12)：172.

[40] 仇立. 基于绿色品牌的消费者行为研究 [J]. 商业经济研究，2015，博士(7)：71-73.

[41] Zhou X, Zhang Q S, Miao Z, et al. Research on Evaluation and Development of Green Product Design Project in Manufacturing Industry [C]. Wireless Communications, Networking and Mobile Computing, 2008. WiCOM '08. 4th International Conference on. IEEE, 2008.

[42] Glantschnig W. Green design: a review of issues and challenges [C]. IEEE International Symposium on Electronics & the Environment. IEEE, 1993.

[43] 甘树福，陈继波. 基于产品生命周期的环境管理 [J]. 中国环境管理干部学院学报，2014，24(4)：16-19.

[44] 俞翰沁. 固体废弃物绿色回收的法律激励机制研究 [D]. 杭州：浙江农林大学，2015.

[45] 许付仁，刘芳，邹胜梅. 论企业环境责任的承担 [J]. 中国环境管理干部学院学报，2013，23(4)：10-13.

[46] 周全法. 国内外电子废弃物处置现状与发展趋势 [J]. 江苏技术师范学院学报，2006(2)：4-9.

[47] 孙亚琴. 绿色设计的相关要素及其措施 [J]. 住宅与房地产，2018(7)：45.

[48] 任新宇，王倩. 论绿色产品设计的特征及策略 [J]. 设计，2018(8)：108-110.

[49] 王慧，张军. 绿色设计中的系统性思维与应用 [J]. 生态经济，2019，35(2)：225-229.

[50] 张晓璐. 简化生命周期评价方法及其案例研究 [D]. 广州：广东工业大学，2013.

[51] 朱婉芬. 工业产品设计中绿色设计的应用分析 [J]. 科技风，2019(10)：132.

[52] 杨雨，刘祖兵. 水利工程设计中绿色设计理念的应用 [J]. 低碳世界，2019，9(4)：95-96.

[53] 向二萍. 未来设计发展趋势 [J]. 传播力研究，2019，3(1)：213.

[54] Khor K. S., Udin Z. M. Reverse logistics in Malaysia：Investigating the effect of green product design and resource commitment [J]. Resources, Conservation and Recycling，2013，81：71-80.

[55] 张健. 分析绿色设计的意义 [J]. 南昌教育学院学报，2012，27(3)：193-194.

[56] 罗春美. 绿色设计在产品设计中的研究与应用 [D]. 昆明：昆明理工大学，2007.

[57] 张丽霞. 谈绿色设计在机械包装设计中的应用 [J]. 甘肃科技纵横，2019，48(4)：32-34.

[58] 贾昕妍. 可持续发展理念下的绿色设计 [D]. 天津：天津师范大学，2010.

[59] Wang Q., Tang D., Yin L., et al. A Method for Green Modular Design Considering Product Platform Planning Strategy [J]. Procedia CIRP，2016，56：40-45.

[60] 王义鹏，孟亨在. 绿色设计下的城市公共设施规划设计策略研究 [J]. 吉林建筑大学学报，2019，36(1)：73-76.

[61] Leung J, Sze S. Practicing green manufacturing operations in the garment industry in China [C]. International Conference on Engineering & Industries. IEEE，2011.

[62] 伍美坚. 绿色设计理念的应用探索 [J]. 大众文艺，2019(6)：94.

[63] 马萧，刘萱. 绿色设计理念在服装设计中的应用研究 [J]. 西部皮革，2018，40(6)：4.

[64] Xu S., Liao Q. Green architecture：Traditional architecture rejuve-

nated from green design. [C]. 2010 IEEE 11th International Conference on Computer-Aided Industrial Design & Conceptual Design 1. IEEE, 2010, 2: 1018-1021.

[65] 王建印. 绿色建筑设计理念的应用研究 [J]. 城市住宅, 2019, 26(4): 74-76.

[66] 杨小星, 赵晓冬. 浅谈制造业绿色发展 [J]. 中国战略新兴产业, 2018(32): 37.

[67] 赵翠. 论述绿色制造及国内外绿色制造的发展情况 [C]. 天津市电视技术研究会 2015 年年会, 中国天津, 2015.

[68] Jian C Y. The Role of Green Manufacturing in Reducing Carbon Dioxide Emissions [C]. International Conference on Measuring Technology & Mechatronics Automation. 2013.

[69] 李晓龙. 关于绿色制造管理体系标准架构的研究 [J]. 机电产品开发与创新, 2018, 31(1): 82-84.

[70] 王思童. 从绿色制造走向制造绿色 [J]. 质量与认证, 2018(6): 32.

[71] 徐青. 中小企业绿色制造战略实施及其演化过程研究 [D]. 杭州: 浙江工业大学, 2012.

[72] Seth D., Rehman M. A. A., Shrivastava R. L. Green manufacturing drivers and their relationships for small and medium(SME) and large industries [J]. Journal of Cleaner Production, 2018, 198: 1381-1405.

[73] Rusinko C. Green Manufacturing: An Evaluation of Environmentally Sustainable Manufacturing Practices and Their Impact on Competitive Outcomes [J]. IEEE Transactions on Engineering Management, 2007, 54(3): 445-454.

[74] 刘抗强. 绿色制造与企业可持续发展 [D]. 武汉: 武汉科技大学, 2003.

[75] 毛涛. 我国绿色制造体系构建面临的困境及破解思路 [J]. 中国党

政干部论坛，2017(5)：72-74.

[76] 汪晓光. 我国工业绿色制造体系建设现状分析 [J]. 机电产品开发与创新，2018，31(4)：1-3.

[77] 陈丛悦. 浅谈绿色制造体系建设 [J]. 中国高新区，2018(8)：220.

[78] 叶生洪，杨宇峰，张传忠. 绿色生产探源 [J]. 科技管理研究，2006(7)：82-84.

[79] 王煦. 深化绿色发展理念加快推进绿色制造体系建设 [J]. 上海节能，2018(11)：838-841.

[80] 孙贵杰. 机械制造过程中绿色制造技术应用 [J]. 中国高新区，2018(8)：173.

[81] 张立彬，刘庆. 绿色制造技术在电机制造过程中的应用 [J]. 黑龙江科学，2014，5(1)：57.

[82] 买尔达·库尔班江. 绿色制造技术在机械制造中的应用与思考 [J]. 中国高新技术企业，2015(4)：97-99.

[83] 卢菲菲，陈秋媛. 浅析绿色产品设计 [J]. 工业设计，2018(8)：50-51.

[84] 孟冬冬. 食品包装中的绿色设计理念解析 [J]. 大众文艺，2019(3)：134.

[85] 徐捷. 基于交通建筑绿色设计与评估方法研究 [J]. 住宅与房地产，2018(6)：89.

[86] 刘彬，朱庆华. 绿色采购实践研究述评 [J]. 中国人口·资源与环境，2009，19(1)：150-155.

[87] Matsumoto M, Chinen K, Endo H. Remanufactured auto parts market in Japan: Historical review and factors affecting green purchasing behavior [J]. Journal of Cleaner Production, 2018, 172: 4494-4505.

[88] Carter C. R., Carter J. R. Interorganizational determinants of environmental purchasing: Initial evidence from the consumer products

industries [J]. DECISION SCIENCES, 1998, 29(3): 659-684.

[89] Zsidisin G. A, Siferd S. P. Environmental purchasing: a framework for theory development [J]. European Journal of Purchasing and Supply Management, 2001, 7(1): 61-73.

[90] 朱庆华，耿勇. 企业绿色采购影响研究 [J]. 中国软科学，2002(11): 72-75.

[91] Cai Z, Xie Y, Aguilar F. X. Eco-label credibility and retailer effects on green product purchasing intentions [J]. Forest Policy and Economics, 2017, 80: 200-208.

[92] Choi D, Johnson K. K. P. Influences of environmental and hedonic motivations on intention to purchase green products: An extension of the theory of planned behavior [J]. Sustainable Production and Consumption, 2019, 18: 145-155.

[93] Ramayah T, Lee J. W. C, Mohamad O. Green product purchase intention: Some insights from a developing country [J]. Resources, Conservation and Recycling, 2010, 54(12): 1419-1427.

[94] Yook K. H, Choi J. H, Suresh N. C. Linking green purchasing capabilities to environmental and economic performance: The moderating role of firm size [J]. Journal of Purchasing and Supply Management, 2018, 24(4): 326-337.

[95] 张志波. 关于我国企业实施绿色采购的思考 [J]. 科技创新导报，2012(11): 189-190.

[96] 郭宝东. 绿色采购特征及影响因素分析 [J]. 环境保护与循环经济，2011, 31(10): 69-71.

[97] 周星，周敏，崔九翠. 制造企业绿色采购行为及影响因素的理论模型 [J]. 江苏师范大学学报：自然科学版，2013, 31(2): 74-78.

[98] Joshi Y, Rahman Z. Factors Affecting Green Purchase Behaviour and Future Research Directions [J]. International Strategic Man-

agement Review, 2015, 3(1-2): 128-143.

[99] 侯方淼. 绿色采购研究 [D]. 北京: 对外经济贸易大学, 2007.

[100] Ji P, Ma X, Li G. Developing green purchasing relationships for the manufacturing industry: An evolutionary game theory perspective [J]. International Journal of Production Economics, 2015, 166: 155-162.

[101] 邹新强, 杨敬丽, 黄家伟. 绿色制造标准体系建设创新模式探索与实践——以湖州市为例 [J]. 中国标准化, 2019(7): 111-114.

[102] 王孝峰. 绿色制造技术在机械制造中的运用分析 [J]. 中国设备工程, 2018(18): 88-89.

[103] 郝源. 绿色制造技术在工程机械的应用 [J]. 设备管理与维修, 2019(6): 147-148.

[104] 张国玲. 环境文化视野下的发展 [J]. 管理与财富, 2006(12): 20-23.

[105] 张席洲, 尹石磊. 循环经济背景下的回收物流系统 [J]. 商场现代化, 2006(4): 85-86.

[106] 张玲. 不确定环境下逆向物流系统的构建与优化 [D]. 杭州: 浙江大学, 2014.

[107] 潘永刚, 张卉聪. 关于构建我国"无废城市"再生资源绿色回收体系的建议 [J]. 环境保护, 2019, 47(9): 30-36.

[108] 张思思. 包装废弃物逆向物流网络研究及其应用分析 [D]. 西安: 西安理工大学, 2018.

[109] Wang B, Ren C, Dong X, et al. Determinants shaping willingness towards on-line recycling behaviour: An empirical study of household e-waste recycling in China [J]. Resources, Conservation and Recycling, 2019, 143: 218-225.

[110] 郭彩凤, 徐博. 我国包装废弃物回收的现状与策略 [J]. 中国包装, 2004(3): 23-25.

[111] Sormunen P, Kärki T. Recycled construction and demolition waste as a possible source of materials for composite manufacturing [J]. Journal of Building Engineering, 2019, 24: 100742.

[112] Jin R, Li B, Zhou T., et al. An empirical study of perceptions towards construction and demolition waste recycling and reuse in China [J]. Resources, Conservation and Recycling, 2017, 126: 86-98.

[113] 董夏丹. 快递包装回收的逆向物流网络布局研究 [D]. 大连: 大连海事大学, 2015.

[114] 周镭镭, 王宇宽, 俞琳, 等. 循环经济下高校快递包装绿色回收研究 [J]. 管理观察, 2019(28): 124-126.

[115] 彭国勋, 许晓光. 包装废弃物的回收 [J]. 包装工程, 2005(5): 10-13.

[116] 侯兵. 电动汽车动力电池回收模式研究 [D]. 重庆: 重庆理工大学, 2015.

[117] 霍霞, 曾志伟, 胡明哲. 铅酸蓄电池绿色回收技术的现状与展望 [J]. 西部资源, 2017(2): 209-210.

[118] 向鹏. 废旧锂电池绿色回收与资源高值化: 变火山废山为矿山金山 [J]. 高科技与产业化, 2019(12): 71-73.

[119] 刘敬勇, 孙水裕, 曾锡辉, 等. 废弃电器电子产品绿色回收工艺及集中处理案例研究 [J]. 再生资源与循环经济, 2014, 7(3): 34-39.

[120] 张亮. 回收工业余热废热用于集中供热的研究 [D]. 济南: 山东建筑大学, 2012.

[121] Inghels D, Dullaert W., Aghezzaf E, et al. Towards optimal trade-offs between material and energy recovery for green waste [J]. Waste Management, 2019, 93: 100-111.

[122] 王恒利. 天能主攻"绿色智造" [J]. 信息化建设, 2019(5): 46-47.

[123] 王恒利. 践行绿色环保成就中国生态文明——天能集团的绿色纪事 [J]. 信息化建设，2019(6)：44-45.

[124] 傅宇. 绿色管理理论的演变及其在中国的发展前景探究 [J]. 现代交际，2018(12)：38-39.

[125] 石巍. 企业绿色管理——利润与环保的双赢之路 [J]. 现代营销：学苑版，2013(2)：26.

[126] 刘佳鑫，许刚，齐敏. 企业绿色管理模式探究 [J]. 生态经济，2017，33(8)：160-163.

[127] 邱世美. 企业绿色管理障碍及对策研究 [J]. 环境科学与管理，2017，42(9)：10-14.

[128] 褚湛. “绿色管理”理念下企业环境责任探析 [J]. 现代管理科学，2017(7)：115-117.

[129] 何德贵，范冬萍. 实现企业绿色管理价值观的软系统方法论 [J]. 系统科学学报，2017，25(4)：45-49.

[130] 徐江涛. HC 公司绿色管理体系与对策研究 [D]. 杭州：浙江工业大学，2018.

[131] 王春霞. 我国中小企业绿色管理的驱动机制研究 [D]. 济南：山东财经大学，2013.

[132] Yang J, Zhang F, Jiang X, et al. Strategic flexibility, green management, and firm competitiveness in an emerging economy [J]. Technological Forecasting and Social Change, 2015, 101: 347-356.

[133] Abdel-Baset M., Chang V., Gamal A. Evaluation of the green supply chain management practices: A novel neutrosophic approach [J]. Computers in Industry, 2019, 108: 210-220.

[134] 金光磊. 企业绿色管理体系研究 [J]. 企业导报，2012(10)：43-45.

[135] 张玉琴. 浅谈绿色管理对企业发展的重要性 [C]. 河南省冶金行业低碳冶金与节能减排学术研讨会，中国河南郑州，2011.

[136] 陈文斌，王晶. 企业实施绿色管理的必要性及实现途径研究 [J]. 中国管理信息化，2016，19(10)：76-78.

[137] Ma Y, Hou G, Yin Q, et al. The sources of green management innovation: Does internal efficiency demand pull or external knowledge supply push? [J]. Journal of Cleaner Production, 2018, 202: 582-590.

[138] Teixeira A. A, Jabbour C. J. C, Jabbour A. B. L. D. Relationship between green management and environmental training in companies located in Brazil: A theoretical framework and case studies [J]. International Journal of Production Economics, 2012, 140 (01): 318-329.

[139] Sellitto M. A, Hermann F. F, Blezs A. E, et al. Describing and organizing green practices in the context of Green Supply Chain Management: Case studies [J]. Resources, Conservation and Recycling, 2019, 145: 1-10.

[140] 杨旻旻. 绿色管理在中小企业的应用研究 [J]. 企业科技与发展，2018(9)：269-270.

[141] 张艳清，林野. 企业绿色管理障碍分析与绿色战略联盟的构建 [J]. 企业经济，2012，31(1)：34-37.

[142] Ma Y. Y, Sia C. L, Li Y, et al. Sources of resources, alliance green management, and alliance performance in an emerging economy [J]. Journal of Cleaner Production, 2016, 139: 319-327.

后记

本研究基于企业全生命周期理念，结合绿色管理、绿色物流、绿色营销、绿色文化以及绿色品牌理论，从绿色企业的设计、采购、制造、回收和管理五大方面介绍绿色企业各阶段的内涵、特点等，同时选取了联想集团、安阳强基、云南铝业及天能集团作为典型案例，剖析全生命周期、绿色设计、绿色制造、绿色回收、绿色管理理念的具体应用与价值体现，为企业实现绿色管理提供了理论依据和实践参考。本书的研究内容与结果，具有一定的理论和实践意义，但也有一定的局限性：

首先，本书涉及的理论与内容是以文献查阅为基础的，选取的典型案例的资料源于官网和企业内部资料，虽然较为全面但缺乏相关数据进行实证分析；其次，本书对绿色设计、采购、制造、回收和管理的案例选取了国内的典型案例，范围较小，对其他企业的适用性仍需结合企业自身的实际情况。

基于本书研究内容的局限性，未来进一步的研究方向可能如下：

结合企业相关数据，探究影响企业实现绿色生产过程中绿色设计、采购制造、回收及管理的关键因素，同时对绿色企业的评定标准进行具体介绍，为其他企业实现绿色生产设定具体目标；选取案例的范围可扩大至国际，国外许多典型绿色企业也有大量可借鉴的优势。

郭玲玲

2021 年 10 月